本书是河北省科技金融协同创新中心、河北省科技金融重点实验室资助项目和河北省高等学校科学技术研究项目（ZD2018218）的研究成果。

QUKUAILIAN：CONG HEXIN JISHU DAO JINRONG YINGYONG

区块链：从核心技术到金融应用

刘冲　陈刚　申晨◎著

中国财经出版传媒集团
中国财政经济出版社

图书在版编目（CIP）数据

区块链：从核心技术到金融应用／刘冲，陈刚，申晨著．
--北京：中国财政经济出版社，2020.4
ISBN 978-7-5095-9708-8

Ⅰ.①区… Ⅱ.①刘…②陈…③申… Ⅲ.①电子商务－支付方式－研究 Ⅳ.①F713.361.3

中国版本图书馆 CIP 数据核字（2020）第 040284 号

责任编辑：潘　飞　　　　封面设计：智点创意
责任校对：胡永立

中国财政经济出版社 出版
URL：http：//www.cfeph.cn
E-mail：cfeph@cfemg.cn

社址：北京市海淀区阜成路甲 28 号　邮政编码：100142
营销中心电话：010-88191537
三河市宏图印务有限公司印刷　各地新华书店经销
710×1000 毫米　16 开　12.5 印张　211 000 字
2020 年 5 月第 1 版　2020 年12月河北第 2 次印刷
定价：59.00 元
ISBN 978-7-5095-9708-8
（图书出现印装问题，本社负责调换）
本社质量投诉电话：010-88190744
打击盗版举报热线：010-88191661　QQ：2242791300

序 Preface

习近平总书记在中共中央政治局2019年10月24日就区块链技术发展现状和趋势进行第十八次集体学习时强调："区块链技术的集成应用在新的技术革新和产业变革中起着重要作用。我们要把区块链作为核心技术自主创新的重要突破口，明确主攻方向，加大投入力度，着力攻克一批关键核心技术，加快推动区块链技术和产业创新发展。""区块链技术应用已延伸到数字金融、物联网、智能制造、供应链管理、数字资产交易等多个领域。"目前，全球主要国家都在加快布局区块链技术发展。我国在区块链领域拥有良好的基础，更要加快推动区块链技术和产业创新发展，积极推进区块链和经济社会融合发展。

区块链（blockchain）是数学与加密算法、点对点网络、分布式数据存储、共识机制与激励机制等多种技术的新型应用模式。区块链技术涉及计算机、法律学、金融学、数学、计算群体工程学、密码学等交叉性学科。很多著作专业性强、专业术语较多，大多数不掌握区块链技术的人员不容易理解。本书定位于区块链金融应用，尽量以容易理解的语言为读者阐释区块链的基本知识与核心技术，也可以作为高等院校教材。全书共分6章，分别是第1章"区块链的历史与发展"，第2章"比特币与区块链"，第3章"智能合约与以太坊"，第4章"区块链技术"，第5章"公链与联盟链"，第6章"区块链金融相关应用"。本书重点介绍了区块链的智能合约与以太坊相关技术，并阐述了区块链技术在金融、共享经济等领域的具体应用。感谢刘冲、陈刚和申晨三位老师的辛苦付出，他们是河北金融学院金融科技学院的优秀青年教师，也是区块链应用研究中心的骨干成员。近年来，他们在区块链金融领域的研究与实践取得了不俗的成果。他们在本书中对于区块链技术及其在金融领域的应用与结合进行了深入解读与剖析。

希望各位读者和区块链从业者们一起利用区块链技术探索数字经济模式创新，为推进供给侧结构性改革、实现各行业供需有效对接提供服务，为加快新旧动能接续转换、推动经济高质量发展提供支撑，使区块链技术在发展新基建、助力数字经济、促进金融科技发展等方面发挥更大作用。

河北金融学院党委书记、区块链应用研究中心主任　**杨兆廷**

2019 年 11 月于古城保定

目录
Content

1

区块链的历史与发展

1.1 从比特币到区块链

2008 年 10 月 31 日，一位化名为中本聪（Satoshi Nakamoto）的人，在密码学邮件列表中发表了一篇名为《比特币：一个点对点的电子现金系统》的论文，提出了比特币的设计思路。第二年 1 月 3 日，中本聪发布比特币客户端，比特币正式上线，自此掀开了全球范围的加密货币研究热潮。

中本聪提出的加密货币方案并非首创，他综合了以前的多个数字货币的解决方案，比如，B-money（1998 年由戴伟提出，是首个去中心化的数字货币系统，它融合了用数学计算来控制新币的产生和用安全的时间戳来记录交易信息和防止双重支付的思路，但没有具体的实现），哈希现金（Hash Cash）（引入可重复使用的工作量证明机制来创建密码学货币）。在比特币系统中，中本聪对之前的数字货币做了大量的改进并真正意义上实现了它。比特币从根本上实现了用数学计算来控制新币的产生和用安全的时间戳来记录信息防止双重支付。

比特币运行到现在，已经超过 10 年时间，在这个体系中，没有一个中心化的机构去主导，所有的网络构建都是自发性的。这也是区块链的经济模型，它能构建一种激励机制，让所有的参与者都能在这个体系里去获得价值。

区块链技术是比特币原创的核心技术。在比特币被发明之前世界上并不存在区块链这个东西。比特币发明之后，很多人参考比特币中的区块链，使用类似的技术实现各种应用，这类技术统称为区块链技术。

区块链技术最核心的就是解决信任成本的问题，去中心化、去中介的信任是区块链技术的核心概念。从本质上讲，区块链技术是一种交易记录的存储技术。它对交易记录进行永久性的存储，而且存储之后永远无法删除，只能按照次序加入新的交易，由此对所有的交易历史进行永不结束的记载。上述看似简单的功能描述，实则内涵深刻，它促使我们重新思考如何去创建交易、存储数据和交换资产。

著名华裔物理学家、斯坦福大学教授张首晟生前于2018年9月29日在美国硅谷高科技创新创业高峰会上曾做过关于量子物理、人工智能、区块链的主旨演讲。在区块链方面，张教授用“分久必合，合久必分”的道理，引出了区块链去中心化技术，并且乐观预言，区块链所带来的机会是互联网的10倍甚至更多。张教授进一步指出，人工智能与区块链的结合是未来的一个重大机遇。区块链技术可以帮助人工智能得到它最需要的数据资源，同时使提供数据的人获益，并且保护其隐私。

从某种程度来说，人工智能是这个时代生产力的变革，而区块链将带来生产关系的变革。

1.2 回顾区块链10年进化史

区块链发展到现在已经超过10年，10年经历了技术、商业的革新和发展；比特币“死了”三百多次，仍是加密货币之首；ICO、STO、IEO商业泡沫接连破灭，真正的区块链技术却大浪淘沙沉者为金，国家也把区块链作为同量子通信、人工智能并列的前沿规划基础技术。回顾10年发展，加密货币及区块链经历了下面的大事件。[①]

2008—2010年：比特币创世之初

• 2008年10月31日，中本聪在密码学邮件列表中发布了“比特币白皮书”——《一种点对点的电子现金系统》，比特币自此诞生。

• 2009年1月3日，比特币创世区块被中本聪挖出，并在区块中留下“2009年1月3日，英国财政大臣在第二次拯救银行的边缘”的注解，这是当天《泰晤士报》的头条标题。

---

① 参见 https：//mp. weixin. qq. com/s? src = 11&timestamp = 1576621202&ver = 2041&signature = Hr-Rcu2rX * xxcOfDBQ3dza6rO - CzJW9Rl1Qo2Pqclyr * r7zCawW4IvEyTcJPK9P4Vd0YFRgEWysgwRsnc5G9CpPn5naxK3tSyUrUY9Tr5Grolj * vwRGVl9ISP2sNU37Z * &new = 1。

• 2009 年 1 月 12 日，中本聪将 10 枚比特币转给了比特币早期开发者 Hal Finney，这是第一笔比特币转账。

• 2010 年 5 月 22 日，比特币爱好者 Laszlo Hanyecz 使用 10000 个比特币买了一张价值 25 美元的披萨优惠券，这是比特币第一次在真实场景中的应用。

• 2010 年 7 月 18 日，P2P 传输网络协议“电驴”创始人 Jed McCaleb 上线了全球第一个比特币在线交易所“Mt. Gox”，一度承担全球超过 70% 的比特币交易。

• 2010 年，未来影响区块链发展的两位重要人物踏入比特币与区块链的领域，分别是 ByteMaster 和 Vitalik Buterin，他们开始对比特币技术进行思考和实践。

2011—2012 年：大规模产业化前期

• 2011 年 6 月 9 日，中国第一个比特币交易网站“比特币中国”上线运营。

• 2011 年 6 月 19 日，Mt. Gox 交易所被黑客攻击，黑客在短时间将比特币价格压至 0.01 美元，几乎要归零，致使该交易所被迫暂时关停。

• 2012 年 6 月，美国蝴蝶实验室宣布发明 ASIC 矿机，并宣布把新产品上市时间定在 2012 年 9 月。

• 2012 年 7 月，烤猫在论坛上宣称自己能造出 ASIC 矿机，吴忌寒投入 10 万元身家，并帮烤猫筹钱，最后成功筹集了 100 万元资金用于挖矿专用芯片的研究。

• 2012 年 11 月 28 日，比特币产出迎来首次“产能减半”，每个区块产生的比特币从 50 个减至 25 个（比特币通过产能减半来保证总量达到 2100 万枚）。

2013 年：ASIC 矿机问世

• 2013 年年初，张楠骞研发出 ASIC 矿机，命名为“阿瓦隆”。

• 2013 年 6 月，烤猫的矿机 USB 面世，并保持了对全网 20% 算力的控制。

• 2013 年 9 月 1 日，李林的比特币交易平台火币网上线。同年，徐明星的比特币交易平台 OKCoin 问世。

• 2013 年 10 月 29 日，Robocoin 和 Bitcoiniacs 在温哥华推出全球首款比特

币 ATM。

• 2013 年 12 月 5 日，中国央行等五部委发布《关于防范比特币风险的通知》，宣布比特币不是货币，并禁止所有金融机构参与比特币业务。

• 2013 年底，吴忌寒与詹克团合作，研制出蚂蚁 S1 矿机，矿机厂商比特大陆开始登上历史舞台。

2014—2016 年：智能合约、区块链 2.0

• 2014 年 2 月 24 日，Mt. Gox 交易所称超过 85 万枚比特币在过去几年里被盗，并宣布关闭交易所，比特币价格出现巨大波动。

• 2014 年 7 月 24 日，Vitalik Buterin 开发的以太坊项目开始进行预售，共募集 31529 个比特币，按当时市值约为 1800 万美元。

• 2015 年 1 月 26 日，比特币交易平台 coinbase 上线。

• 2015 年 10 月 31 日，比特币登上《经济学人》杂志封面，比特币更多地被学术界关注。

• 2016 年 6 月 15 日左右，以太坊的一个智能合约众筹项目 The DAO 被黑客攻击，以太坊面临重大危机。

• 2016 年 7 月 9 日，比特币迎来第二次“产能减半”，每个区块出矿将从 25 枚比特币减少为 12.5 枚。

• 2016 年 7 月 20 日，以太坊分叉为两条链——ETC 和 ETH，挽回了“The DAO 事件”的大部分损失。

2017 年：监管、区块链 3.0

• 2017 年 4 月，ByteMaster 创立了 BlockOne 公司，并公布了新项目 EOS，开启区块链 3.0 时代。

• 2017 年 7 月 4 日，赵长鹏创办的币安交易所上线，并迅速成长为全球最大的数字货币交易平台。

• 2017 年 9 月 4 日，国家七部委联合发布了公告，禁止境内出现代币私募行为。

• 2017 年是代币募资的集中爆发年，这一年使用以太坊智能合约发行代币的项目多如牛毛，但大多数成为圈钱的“空气”项目。

• 2017 年春节前后，国内的一个 3 点钟无眠区块链社群火爆，一种区块链的信仰者或观察者在微信群中发表自己的观点，这也是引发 2018 年中国区块链异常火热的重要因素之一。

2018—2019 年：区块链应用、中心化背书的数字货币

• 2018 年 9 月，矿机产业不断发展，全球最大矿机生产商比特大陆向港交所递交招股书，另外，两家排名前三的矿机公司嘉楠耘智和亿邦国际也向港交所递交了招股书。

• 2018 年，各国均在积极规范代币募资的行为，监管政策逐渐完善。谋求代币合法合规成了行业共识，欺诈性的代币募资行为在逐渐减少，公众的防范意识进一步增强。

• 2018 年，关于区块链的讨论开始得到更多研究，票改、无币区块链、链改、通证经济、赋能实体经济等新概念被提出，区块链的价值逐渐从加密货币中脱离出来。

• 2018 年，多个行业开始用区块链进行尝试和实验，包括电子发票、版权、货物溯源、司法存证等诸多实例。

• 2019 年 6 月，二十国集团峰会（G20）批准了 FATF 提出的加密资产监管指南。

• 2019 年 6 月，Facebook 宣布计划开发一种名为 Libra 的新型加密数字货币，以及配套的数字钱包。

• 2019 年，中国、日本、俄罗斯等国家纷纷计划发行央行数字货币 CBDC（Central Bank Digital Currencies）。

2

比特币与区块链

区块链源于比特币，根据中本聪的思路设计发布的开源软件以及建构其上的 P2P 网络构成比特币系统，可以说，区块链是比特币的底层技术，而比特币只是区块链的第一个成功应用。

在比特币之后，区块链技术及其在各行业领域潜在的应用得到了各行业的广泛认可，区块链技术本身不断进化，尤其是以智能合约为特点的第二代区块链以太坊 Ethereum；同时，也出现了各种区块链应用，既包含以技术见长的公链，也包含以去中心化为特点的各种应用。

学习区块链技术，了解原汁原味的区块链概念和运行原理，最好的方式是阅读“比特币白皮书”。本章从解读“比特币白皮书”入手，逐步介绍区块链的原由、概念和运行机理。

2.1 解读“比特币白皮书”

区块链源于比特币的底层技术，比特币是互联网上第一种能够运行 10 年的去中心化的数字货币。互联网使用数据复制的方式传递信息，而在互联网上创造数字货币的挑战在于保证其价值及交易的可靠，具体来说是：

- 如何确定货币的真实性
- 如何保证在数据复制的互联网上的货币不能出现“双重支付”的问题

为解决这些问题，在比特币之前，关于数字货币的尝试已出现很多，包括 B - money 和 HashCash，但没有一种能够完美解决问题并成熟运行。2008 年 10 月 31 日，中本聪发表了“比特币白皮书”，中本聪结合 B - money 和 HashCash 等数字货币的尝试经验，创建了一个完全去中心化的电子现金系统，不依赖于通货保障或是结算交易验证保障的中央权威。根据其描述，比特币大体上由这些构成：

- 比特币协议：一个去中心化的 P2P 点对点网络。
- 区块链：一个分布式的公共的交易账簿。
- 分布式挖矿：一个去中心化的数学的和确定性的货币发行机制。
- 交易脚本：一个去中心化的交易验证系统。

本节通过对“比特币白皮书”的解读，来解释比特币系统的设计和运行机制。①

摘要

本文提出了一种完全通过点对点技术实现的电子现金系统，它使得在线支付能够直接由一方发起并支付给另外一方，中间不需要通过任何的金融机构。虽然数字签名（Digital signatures）部分解决了这个问题，但是，如果仍然需要第三方的支持才能防止双重支付（double - spending）的话，那么这种系统也就失去了存在的价值。我们在此提出一种解决方案，使现金系统在点对点的环境下运行，并防止双重支付问题。该网络通过随机散列（hashing）对全部交易加上时间戳（timestamps），将它们合并入一个不断延伸的基于随机散列的工作量证明（proof - of - work）的链条作为交易记录，除非重新完成全部的工作量证明，形成的交易记录将不可更改。最长的链条不仅将作为被观察到的事件序列（sequence）的证明，而且被看作来自 CPU 计算能力最大的池（pool）。只要大多数的 CPU 计算能力都没有打算合作起来对全网进行攻击，那么，诚实的节点将会生成最长的、超过攻击者的链条。这个系统本身需要的基础设施非常少。信息尽最大努力在全网传播即可，节点（nodes）可以随时离开和重新加入网络，并将最长的工作量证明链条作为在该节点离线期间发生的交易的证明。

任何一篇白皮书或论文摘要部分都非常重要，其实摘要最重要的是告诉潜在的读者：“我发现了什么问题，并且通过什么办法解决这些问题，且说明了解决这个问题的主要方式和优势。”从“比特币白皮书”摘要部分，可以知道中本聪抛出的问题：“一个需要第三方支持的点对点电子现金支付系统是没有价值的。”

---

① “比特币白皮书”中文稿，参见 https：//www.8btc.com/wiki/bitcoin - a - peer - to - peer - electronic - cash - system。

什么是“第三方支持的点对点电子现金支付系统”？点对点即是 P2P 系统，传统上我们理解 P2P 好像是去中心化的，但事实上很多 P2P 系统其实是需要第三方支持的，比如，有些 P2P 系统需要一个或多个索引服务器，迅雷下载就是比较典型的，它需要一个中心化的服务器帮助点对点建立连接，所以，我们要搞区分 P2P 与去中心化的 P2P；中本聪强调的是“一个去中心化的 P2P 支付系统”。既然是支付系统，当然要解决双花问题，这和是否是去中心化没有关系，只是中心化的系统更容易解决双花问题而已。比特币系统要解决两个主要问题，一个是去中心化的 P2P 系统，一个是支付要解决的双花问题，所以，整个白皮书提到的技术方案都是围绕这两个问题展开的。其实，中本聪在写这篇论文时，有关去中心化的 P2P 系统已经有比较完善的解决方案了，所以白皮书的重点都放在如何通过 P2P 系统解决双花问题。

要解决双花问题就必须记账核对，那么，如何在一个没有中心的 P2P 系统中记账又受到认同呢？比特币引入了基于时间戳的随机散列，并且让其形成前后文相关的序列，这就是其被称为区块链的原因。

该摘要中还表示比特币系统的一个重要的特点是“这个系统本身需要的基础设施非常少”，因为没有了中心化的服务器存在，相关的维护、备份、容灾、管理等成本会大大降低，这也是未来各种区块链项目强调的优势之一。

简介

互联网上的贸易，几乎都需要借助金融机构作为可资信赖的第三方来处理电子支付信息。虽然这类系统在绝大多数情况下都运作良好，但是，这类系统仍然内生性地受制于“基于信用的模式”（trust based model）的弱点。我们无法实现完全不可逆的交易，因为金融机构总是不可避免地会出面协调争端。而金融中介的存在，也会增加交易的成本，并且限制了实际可行的最小交易规模，也限制了日常的小额支付交易。并且潜在的损失还在于，很多商品和服务本身是无法退货的，如果缺乏不可逆的支付手段，互联网的贸易就大大受限。因为有潜在的退款的可能，就需要交易双方拥有信任。而商家也必须提防自己的客户，因此会向客户索取完全不必要的个人信息。而实际的商业行为中，一定比例的欺诈性客户也被认为是不可避免的，相关损失被视作销售费用处理。而在使用物理现金的情况下，这些销售费用和支付问题上的不确定性却是可以避免的，因为此时没有第三方信用中介的存在。所以，我们非常需要这样一种电子支付系统，它基于密码学原理而不基于信用，使得任何达成一致的双方，能够直接进行支付，从而不需要第三方中介的参与。杜绝回滚（reverse）支付交易的可能，这就可以保护特定的卖家免于欺诈；而对于想要保护买家的人来说，在此环境下设立通常的第三方担保机制也可谓轻松加愉快。在这篇论文中，我们将提出一种通过点对点分布式的时间戳服务器来生成依照时间前后排列并加以记录的电子交易证明，从而解决双重支付问题。只要诚实的节点所控制的计算能力的总和，大于有合作关系的（cooperating）攻击者的计算能力的总和，该系统就是安全的。

“数据是否可更改”，这个问题在不同的场景中有不同的答案。在一般的业务系统中，数据的增、删、改、查是必备的功能。只要是系统，运行时就难免出错，可能源于系统的漏洞，也可能源于系统使用人员的操作失误，或者系统被他人攻击存在的风险。在比特币系统中，中本聪采取了“数据不可更改”的策略，所以在简介中就阐述了可更改的弱点。当然，也存在一些争议：“如果缺乏不可逆的支付手段，互联网的贸易就大大受限。”对于这点，仁者见仁智者见智。

该简介中说明的通过数学，通过密码原理代替中心化中介信用（金融机构）使交易达成却是革命性的，这也是比特币最有研究价值的地方，这里面需要注意的是比特币系统代替的是中心化中介的信用，并不能保证交易双方的信用，相反，一旦交易的某一方出现信用问题，这笔交易是无法撤销的，初次接触比特币的人一定要尤为注意。也就是说，和传统银行交易不同，一旦你确定支付，哪怕对方骗了你，你的交易损失是无法追回的。这里面又存在一个悖论，你是信任中心化中介的信用还是信任你的交易对方的信用，这就要仁者见仁了，如果你选择后者，那么比特币系统是你的好选择，如果你选择前者，那么传统的中心化支付是你的选择。

从该简介中可以得到如下几点：

- 比特币建立了基于密码学而非信用的支付体系，不需要中介，杜绝回滚交易。
- 解决卖家的利益保护问题。而对于买家利益的保护，仍需要三方担保机构，所以，比特币的出发点是去维护卖家的利益。
- 比特币替代的是中心化中介的信任，而不能保证交易双方的信用。

交易（Transactions）

一枚电子货币（an electronic coin）是这样的一串数字签名：每一位所有者通过对前一次交易和下一位拥有者的公钥（Public key）签署一个随机散列的数字签名，并将这个签名附加在这枚电子货币的末尾，电子货币就发送给了下一位所有者。而收款人通过对签名进行检验，就能够验证该链条的所有者。

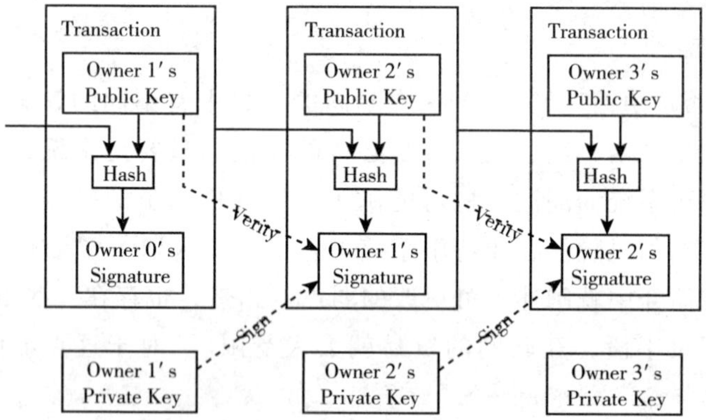

该过程的问题在于，收款人将难以检验，之前的某位所有者是否对这枚电子货币进行了双重支付。通常的解决方案，就是引入信得过的第三方权威，或者类似于造币厂（mint）的机构，来对每一笔交易进行检验，以防止双重支付。在每一笔交易结束后，这枚电子货币就要被造币厂回收，而造币厂将发行一枚新的电子货币；而只有造币厂直接发行的电子货币，才算作有效，这样就能够防止双重支付。可是该解决方案的问题在于，整个货币系统的命运完全依赖于运作造币厂的公司，因为每一笔交易都要经过该造币厂的确认，而该造币厂就好比是一家银行。

我们需要收款人有某种方法，能够确保之前的所有者没有对更早发生的交易实施签名。从逻辑上看，为了达到目的，实际上我们需要关注的只是于本交易之前发生的交易，而不需要关注这笔交易发生之后是否会有双重支付的尝试。为了确保某一次交易是不存在的，那么，唯一的方法就是获悉之前发生过的所有交易。在造币厂模型里面，造币厂获悉所有的交易，并且决定了交易完成的先后顺序。如果想要在电子系统中排除第三方中介机构，那么交易信息就应当被公开宣布（publicly announced），我们需要整个系统内的所有参与者，都有唯一公认的历史交易序列。收款人需要确保在交易期间绝大多数的节点都认同该交易是首次出现。

白皮书中的这张图非常重要，它说明了比特币的交易记录方式，是一个基于时间序列的链式结构，如果说是链式结构可能有人理解起来有困难，你可以把每笔交易想象成一条记录，这条记录保存了付款人和收款人以及交易数据等重要信息。

理解交易，首先要理解非对称加密。非对称加密是一种加密算法，就是保护重要信息在不安全的信道里传输时不被闲杂人等看到信息内容。在非对称加密里，秘钥通常是成对出现的，即公钥和私钥。公钥加了密只有私钥能解密，私钥加密后也只有公钥能解密。私钥是私有的绝对不能给别人，公钥是公共传播的。所以，只要私钥在手，别人发信息给你，只要用你的公钥加密，除了你以外，没有任何人可以解密。

从上图中可以看出，比特币记账用一个基于时间的链式存储的数据结构把每一笔交易串在一起，通过逻辑上的顺序连接，即后面的区块保存着前一个区块的存储地址，这样最新的区块就可以不断地追溯前一个区块的地址直到创世区块，即可溯源。

在交易里，收款地址就是公钥编码后的一串数字（账户地址）。当 A 转账给 B，则 A 用 B 的收款地址即 B 的公钥对这条记录加密，那么此交易只能用 B 自己的私钥解密，即 B 拥有了这条“记录”。同时，A 用自己的私钥进行加密（签名），并把自己的公钥加入这条记录末尾。于是，B 用自己的私钥解密记录，并用 A 公开的公钥对记录验证，证明这是 A 发出的一条交易（验证签名）。也就是说，这条记录有双重加密：B 的公钥加密 + A 的私钥加密，同时记录里放了 A 的公钥，这条记录只能用 B 的私钥和 A 的公钥才能完全解密记录。

如何理解“一枚电子货币是这样的一串数字签名”？其实是说电子货币是一条加密的记录，你拥有了记录即拥有这笔数字资产的所有权。这笔交易中则包含了 B 拥有的这条加密记录。此记录里的公钥表示你的身份，私钥代表你的所有权。所以，当你拥有了某条记录，即拥有了对应数量比特币的所有权，就可以创建一条新的记录把这些比特币花出去，就会重复进行上述图片描述的过程，此条主链不断延长，并且可以通过每条记录公开的公钥溯源到创世区块。

文中提到，在之前的数字货币支付时，无法验证之前的所有者是否用这笔资产进行了双重支付。也就是说，某人用资产创建了多条交易，传统的方法还是依赖第三方机构或者类似造币厂去验证每一笔交易，然后做各种处理。对于这种中心化的处理方式，中本聪肯定是看不上的，其对于比特币的处理方法则是：公开宣布交易，所有人可验证交易创建人。

在这种情况下，即使双重支付的多笔交易被创建了，也必然是有先后顺序的，交易公开，大家一起验证，只需要保证之前的交易是有效的，就添加到交易链条上。那么双重支付的其他笔交易再被验证必然是无效的了。

时间戳服务器（Timestamp server）

本解决方案首先提出一个“时间戳服务器”。时间戳服务器通过对以区块（block）形式存在的一组数据实施随机散列而加上时间戳，并将该随机散列进行广播，就像在新闻或世界性新闻组网络（Usenet）的发帖一样。显然，该时间戳能够证实特定数据必然于某特定时刻是的确存在的，因为只有在该时刻存在了，才能获取相应的随机散列值。每个时间戳应当将前一个时间戳纳入其随机散列值，每一个随后的时间戳都对之前的一个时间戳进行增强（reinforcing），这样就形成了一个链条（Chain）。

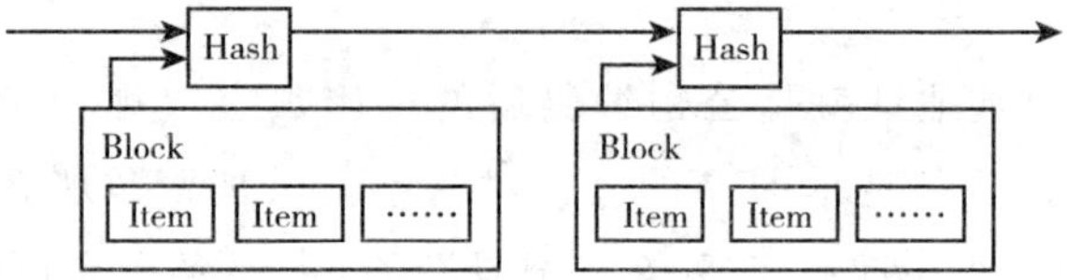

看到“时间戳服务器”这个词，读者可能会产生误解：不是说比特币系统是去中心化的吗，为什么会有服务器这种中心化的概念存在？

原文中说“时间戳服务器通过对以区块（block）形式存在的一组数据实施随机散列而加上时间戳”，加上时间戳容易，但是如何取得时间呢？如果是加上本机时间，那么每个节点的时间都不统一，况且有人恶意更改本机时间呢？如果不是本机时间，去网络上取国际标准组织的时间似乎是可行的，但是，这是典型的中心化操作，和中本聪倡导的去中心化理念不符。

那么，如何获得一个去中心化的时间呢？其实方法很简单，还是利用“多数人的正义”，时间来自于连接的其他节点（node）时间的中位数（mean，是个数学概念，比平均值更不受极端数字影响），要求连接的节点（node）数量至少为 5，中位数和本地系统时间差别不超过 70 分钟，否则会提醒你更新本机的时间。同时，在接收到新的 block 时会拒绝时间比自己晚 2 小时和早于前 11 个 block 时间中位数的 block。

由此，我们知道了这个时间的正确来源了——还是利用大多数人的机器时间。其实，比特币的核心理念一直是认为多数人是正义的。即使如果从一开始比特币的系统时间就比实际时间快 1 年，对整个系统也是没有影响的，原因很简单，后加入的节点都会按照前面多数人的时间中位数更改自己的节点时间，最后成为比特币系统自有的时间模式。

那么，“时间戳服务器”指的其实是比特币系统这个分布式 P2P 系统，节点从服务器获取时间，是从与之关联的其他多个挖矿节点获得时间并综合。

了解比特币时间戳的机制后，后面的就容易理解了。将一段时间内两个区块的产生间隔中的所有交易进行 Hash 运算，再盖上时间戳，这样我们就有了一个按时间序列产生的所有交易的记录了，区块链就这样形成了。

因为时间是线性增长的，所以区块链是按照时间先后顺序组织起来的。

工作量证明（Proof – of – Work）

为了在点对点的基础上构建一组分散化的时间戳服务器，仅仅像报纸或世界性新闻网络组一样工作是不够的，我们还需要一个类似于亚当·柏克（Adam Back）提出的哈希现金（Hashcash）。在进行随机散列运算时，工作量证明机制引入了对某一个特定值的扫描工作，比方说 SHA – 256 下，随机散列值以一个或多个 0 开始。那么随着 0 的数目的上升，找到这个解所需要的工作量将呈指数增长，但是，检验结果仅需要一次随机散列运算。我们在区块中补增一个随机数（Nonce），这个随机数要使得该给定区块的随机散列值出现了所需的那么多个 0。我们通过反复尝试来找到这个随机数，找到为止。这样我们就构建了一个工作量证明机制。只要该 CPU 耗费的工作量能够满足该工作量证明机制，那么，除非重新完成相当的工作量，该区块的信息就不可更改。由于之后的区块是链接在该区块之后的，所以想要更改该区块中的信息，就还需要重新完成之后所有区块的全部工作量。

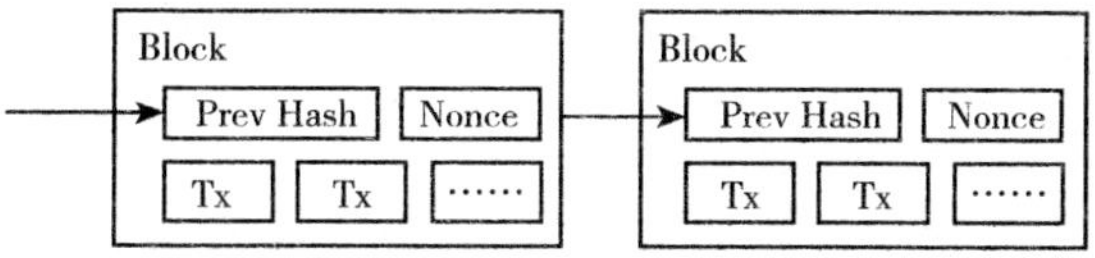

同时，该工作量证明机制还解决了在集体投票表决时，谁是大多数的问题。如果决定大多数的方式是基于 IP 地址的，一 IP 地址一票，那么如果有人拥有分配大量 IP 地址的权力，则该机制就被破坏了。而工作量证明机制的本质则是一 CPU 一票。“大多数”的决定表达为最长的链，因为最长的链包含了最大的工作量。如果大多数的CPU为诚实的节点控制，那么，诚实的链条将以最快的速度延长，并超越其他的竞争链条。如果想要对业已出现的区块进行修改，攻击者必须重新完成该区块的工作量外加该区块之后所有区块的工作量，并最终赶上和超越诚实节点的工作量。我们将在后文证明，设想一个较慢的攻击者试图赶上随后的区块，那么其成功概率将呈指数化递减。

另一个问题是，硬件的运算速度在高速增长，且节点参与网络的程度会有所起伏。为了解决这个问题，工作量证明的难度（the proof - of - work difficulty）将采用移动平均目标的方法来确定，即调整难度值使得每小时生成区块的速度为某一预设的平均数。如果区块生成的速度过快，那么难度就会提高。

从上一小节可以知道，比特币对区块加上时间戳，并且让记录交易信息的区块按时间顺序连接起来形成一个链。那么，接下来思考一个问题：在没有中心化机构管理的情况下，如何保证记录正确信息的区块被正确地添加到主链上？

另外，还有一个问题就是，如果有人恶意更改时间，同时修改比特币源码以逃过时间检测机制怎么办？或者恶意构造交易实现双花欺骗，又该怎么办？

中本聪采用了哈希现金（HashCash）即工作量证明机制（PoW），简单讲就是提升作恶的成本。工作量证明过程：比特币在每个新生成的区块中添加一个随机数，该数进行随机散列后得到的结果，对于想获得记账权的人，需要使用自己的算力去穷举碰撞这个结果数字，直到成为第一个碰撞成功的节点，然后进行打包交易记账。这个过程中付出的计算即“工作量”。对于想作恶的节点，无疑需要付出这些工作量，如果想修改之前的区块，因为区块是链式连接的，那么还需要付出后面所有连接的区块的工作量，且要速度足够快到超过主链延伸的速度，可能性趋于0。

这样也让正常的操作要付出更多的计算成本。我们可以借鉴互联网上其他应用的例子，我们经常会在论坛发现各种机器灌水帖子，只需要启动程序就可以简单实现对于正常内容的干扰（可以视为攻击），这些东西干扰了我们的正常阅读，一般论坛会引入人机识别机制，就是常见的图片验证码，包括12306网站使用的更复杂图片验证码，这些验证码你可以想象成是一种提升作恶成本的机制。所不同的是，人识别这些东西会很快，而机器识别需要更复杂的算法，或者在某些领域这些机器识别技术还无法完成，这就完成了“真人证明”。这个机制的后果就是，恶意发帖的人，说能发帖的频率和真人一样了，那么，在一个大多数人正常的论坛，干扰信息就是少数，保证了正常信息的发布。

比特币的 PoW 证明思路一样，需要一种机制来保证正常节点和恶意节点付出一样的成本来生成区块，而不同于“真人证明”的是，我们面对的都是运行的程序，这就牵涉到如何保证正常的程序和恶意程序付出一样多的成本。程序的复制和传输不需要太多的成本，要让程序运行最大成本就是硬件（CPU、内存）和消耗（电力），所以，比特币引入 SHA256 算法，你只需要知道进行 SHA256 运算需要消耗大量的 CPU 时间和电力，这不像进行加法运算那样在一瞬间就可以完成。

PoW 利用了信息安全的另一个特点，就是安全和成本相关性。这个世界没有绝对的安全一说，安全有三个延伸层面：可管理、可察觉、攻击成本，比特币的系统利用了其中的可管理与攻击成本，通过原文“随机散列值以一个或多个 0 开始。那么随着 0 的数目的上升，找到这个解所需要的工作量将呈指数增长”实现可以管理，通过 SHA256 碰运气实现攻击成本提升，所以比特币并不关注可察觉性，你可以作恶但这不重要，因为没有人会花 100 块钱去获取 1 块钱，这属于经济学原理。

同时，该工作量证明机制还解决了在集体投票表决时，谁是大多数的问题。如果决定大多数的方式是基于 IP 地址的，一个 IP 地址一票，那么，如果有人拥有分配大量 IP 地址的权力，则该机制就被破坏了。而工作量证明机制的本质则是一 CPU 一票。“大多数”的决定表达为最长的链，因为最长的链包含了最大的工作量。如果大多数的 CPU 为诚实的节点控制，那么诚实的链条将以最快的速度延长，并超越其他的竞争链条。如果想要对已出现的区块进行修改，攻击者必须重新完成该区块的工作量，外加该区块之后所有区块的工作量，并最终赶上和超越诚实节点的工作量。我们将在后文证明，设想一个较慢的攻击者试图赶上随后的区块，那么其成功概率将呈指数化递减。

另一个问题是，硬件的运算速度在高速增长，且节点参与网络的程度会有所起伏。为了解决这个问题，工作量证明的难度（the proof - of - work difficulty）将采用移动平均目标的方法来确定，即令难度指向令每小时生成区块的速度为某一预设的平均数。如果区块生成的速度过快，那么难度就会提高。

本节白皮书摘录部分传达的一条重要信息是，根据比特币“大多数人正义”的设计，比特币区块链只认可最长的那条链（交易记录），因为这是一开始由正义的人构造的，后来者需要付出指数级的成本才能更改，验证了 PoW 的有效性。

对白皮书中“另一个问题是，硬件的运算速度在高速增长，且节点参与网络的程度会有所起伏”这句也需要作相应了解，也就是说中本聪在设计的时候考虑今后几年硬件摩尔定律的增长，可能到某一天具有海量运算能力的硬件会非常便宜，以前需要计算一天的工作量可能1秒就完成；中本聪的解决方案非常巧妙，算力的增长会让区块生成的数据加快，那么我们就要让区块的增长和计算难度相关，通过前一节的“碰撞SHA算法的0”来实现，越到后来你需要找到的连续0的数量就越多，根据SHA算法原理，你需要消耗的计算能力也是成指数增长的，这样就抵消了硬件计算成本的下滑。

理解本节白皮书最需要的就是经济学的成本概念，理解了计算、作恶和成本相关，同时这个成本也是考虑到单位计算能力成本的不断下降与抵消，就理解了比特币PoW的核心思想。

网络

运行该网络的步骤如下：

1）新的交易向全网进行广播；

2）每一个节点都将收到的交易信息纳入一个区块中；

3）每个节点都尝试在自己的区块中找到一个具有足够难度的工作量证明；

4）当一个节点找到了一个工作量证明，它就向全网进行广播；

5）当且仅当包含在该区块中的所有交易都是有效的且之前未存在过的，其他节点才认同该区块的有效性；

6）其他节点表示他们接受该区块，而表示接受的方法，则是在跟随该区块的末尾，制造新的区块以延长该链条，而将被接受区块的随机散列值视为先于新区块的随机散列值。

节点始终都将最长的链条视为正确的链条，并持续工作和延长它。如果有两个节点同时广播不同版本的新区块，那么其他节点在接收到该区块的时间上将存在先后差别。当存在此情形，它们将在率先收到的区块基础上进行工作，但也会保留另外一个链条，以防后者变成最长的链条。该僵局（tie）的打破要等到下一个工作量证明被发现，而其中的一条链条被证实为是较长的一条，那么，在另一条分支链条上工作的节点将转换阵营，开始在较长的链条上工作。所谓“新的交易要广播”，实际上不需要抵达全部的节点。只要交易信息能够抵达足够多的节点，那么他们将很快被整合进一个区块中。而区块的广播对被丢弃的信息是具有容错能力的。如果一个节点没有收到某特定区块，那么该节点将会发现自己缺失了某个区块，也就可以提出自己下载该区块的请求。

这一节与前几节存在一定的关联，重点有以下几点：

- 广播交易：在前面交易里说过，比特币网络中的每笔交易都会进行全网广播，让所有节点去验证此条交易的有效性，且交易信息加密并有时间戳，是无法修改的，那么所有节点验证的交易信息相同。
- 如何记账：在前面工作量证明中也解释了工作量证明过程。
- 如何拥有记账权：争夺记账权的节点中，只有第一个完成了工作量证明的节点，就表示先找到新的区块，并向全网广播，让其他节点验证新的区块。

验证区块（1）：假如有两个节点几乎同时发现了新的区块，并立即向全网广播。在计算机的世界里，“同时”的概念几乎是不会存在的，哪怕精确到毫秒、纳秒级，总有个先后顺序；一旦有节点收到了这个区块的广播，那么，节点就会进行验证。当且仅当包含在该区块中的所有交易都是有效的且之前未存在过的，其他节点才认同该区块的有效性。那么，当其他节点接收到一个区块时，将先被验证的区块添加到主链上，于是，后接收的区块被验证无效。验证完了之后，其他节点立马就在该区块的基础上去计算寻找下一个新的区块，然后添加到主链上，如此循环往复下去，主链不断延伸。

验证区块（2）：还存在一种情况，两个节点 A、B 几乎同时发现新区块并广播出去，和 A、B 连接周围节点则很可能接受到不同的区块。也就是和 A 的周围节点先收到了 A 发的广播，B 的周围节点先收到的是 B 的广播，而两个区块记录了相同的信息。怎么办呢？“它们将在率先收到的区块基础上进行工作，但也会保留另外一个链条”，也就是发生分叉，两个链条会同时存在。等后面的工作量证明完成后添加新的区块时，最长的那条链说明是被认可最多的链（谁是大多数的问题），这时，另一条链上的“矿工”就会转移阵地回到主链上“挖矿”，该链被抛弃。于是，比特币就这样经历分叉、抛弃、分叉、合并，最终留下来被认可的只会是最长的那条主链，因为主链上包含的工作量证明最多。

51% 攻击：如果有一大批节点（如矿池）修改了代码，要创造一个它们自己的最长的链条，这就是比特币的里面的 51% 攻击。51% 攻击是理论上的值，只要作恶的节点大于正义节点就可以，也就是说，在一个假定的环境中，大家组团作恶形成作恶集团，其中一个集团控制的计算力最多即可，比如 A 集团控制 30%，B 集团控制 25%，C 集团控制 25%，正义控制 20%，那么，最终 A 集团会获胜。这完全是从技术理论出发，一旦形成这种局面，其实就是硬分叉，整个体系会分裂，形成 A、B、C 三种新币，根据经济学理论，最后整体价值下降，对谁都没有好处。比特币进一步通过下一节的激励机制来减少 51% 攻击的可能，保证比特币系统的安全可靠。

激励

我们约定如此：每个区块的第一笔交易进行特殊化处理，该交易产生一枚由该区块创造者拥有的新的电子货币。这样就增加了节点支持该网络的激励，并在没有中央集权机构发行货币的情况下，提供了一种将电子货币分配到流通领域的方法。这种将一定数量新货币持续增添到货币系统中的方法，非常类似于耗费资源去挖掘金矿并将黄金注入流通领域。此时，CPU 的时间和电力消耗就是消耗的资源。另外一个激励的来源则是交易费（transaction fees）。如果某笔交易的输出值小于输入值，那么，差额就是交易费，该交易费将被增加到该区块的激励中。只要既定数量的电子货币已经进入流通，那么，激励机制就可以逐渐转换为完全依靠交易费，本货币系统就能够免于通货膨胀。激励系统也有助于鼓励节点保持诚实。如果有一个贪婪的攻击者能够调集比所有诚实节点加起来还要多的 CPU 计算力，那么，他就面临一个选择：要么将其用于诚实工作产生新的电子货币，或者将其用于进行二次支付攻击。他会发现，按照规则行事、诚实工作是更有利可图的。因为该种规则使得他能够拥有更多的电子货币，而不是破坏这个系统使得其自身财富的有效性受损。

前述内容对比特币的整个运作流程和机制做了一定的介绍，而本节的“激励”机制保证了在没有中央集权机构管理的情况下，让整个比特币系统长期运作。

在任何一个去中心化的体系中，如果参与其中的人不管是为了理想、兴趣、好玩、消遣时间，都不会得到任何的奖励，缺乏激励机制，相信都不会运行长久。要维持这个系统持续运行，必然需要依靠合适的激励制度，足够的激励可以让参与的节点持续地运作下去，而不是仅仅靠一时的兴趣。激励，让比特币形成了完整持久的闭环生态。

同时，激励机制也伴随着比特币的发行，使得“矿工”在维持比特币网络的同时，能够获得比特币的奖励。在这个过程中，获得记账权的“矿工”得到的激励主要有两种：区块激励（新发行比特币）和交易费激励。

区块激励：每个区块的第一笔交易是特殊的交易。通常的交易是由“输入”和“输出”组成，当前交易的“输入”是由上一笔交易的“输出”形成，同样，该交易的“输出”会成为另一笔交易的“输入”。之前说过，比特币只是一串代码，本质上并不属于任何人，只有拥有了这条交易记录才是拥有了对应比特币的所有权。但是，每个区块的第一笔交易只有“输出”，输出的对象是区块创造者，即完成工作量的“矿工”会收到这些新“发行”的比特币，作为奖励。需要说明的是，每个区块奖励的比特币数量每 4 年减半一次。最早是 50 个 btc，现在减少到 12.5 个，2020 年 5 月预计会减少到 6.25 个。比特币总量是 2100 万个，直到全部的比特币被“挖完”，大概是在 2140 年。

交易费激励：每个区块本质上是加密的记录，包含了该区块和上个区块之间所有的交易信息。其中，每笔交易的交易费（即输入值 - 输出值），同样会被添加到区块的奖励中。

原文中“每个区块的第一笔交易进行特殊化处理，该交易产生一枚由该区块创造者拥有的新的电子货币”，这种设计非常的重要，其实是阐述了如何开始这个激励。比特币系统实际上是一个非常依赖 CPU 算力的系统，需要大量的运算进行 PoW 和交易确认，激励机制的设计最重要的就是要维持系统核心需求，BT 下载需要的是带宽和存储，所以，BT 的激励机制和带宽相关，而比特币需要的是计算，所以自然的就必须要把计算和激励挂钩，这就是为什么比特系统算力越大获得的收益越多的原因。

回收硬盘空间

如果最近的交易已经被纳入了足够多的区块，那么就可以丢弃该交易之前的数据，以回收硬盘空间。为了同时确保不损害区块的随机散列值，交易信息被随机散列时，被构建成一种 Merkle 树（Merkle tree）的形态，使得只有根（root）被纳入了区块的随机散列值。通过将该树（tree）的分支拔除（stubbing）的方法，老区块就能被压缩。而内部的随机散列值是不必保存的。不含交易信息的区块头（Block header）大小仅有 80 字节。如果我们设定区块生成的速率为每 10 分钟一个，那么每一年产生的数据位 4.2MB（80 bytes × 6 × 24 × 365 = 4.2MB）。2008 年，PC 系统通常的内存容量为 2GB，按照摩尔定律的预言，即使将全部的区块头存储于内存之中都不是问题。

本小节主要解决如何进行交易记录所占存储空间压缩的问题。我们可以假想，参与比特币网络中的“矿工”会越来越多，比特币账本的内容体积也会越来越大，而“矿工”对新交易进行验证时，需要涉及历史交易，验证所需要的计算时间从理论上来说就会越来越多，这就带来一个问题，对参与者“矿工”的要求门槛会越来越高；即使在摩尔定律的预言下，计算机性能越来越佳，比特币系统也希望能够控制住计算和存储带来的压力，那么势必需要性能优化方式。Merkle 树就是这样的一种压缩存储并保证交易验证仍然能够正常进行的方式。

Merkle Tree，通常也被称作 Hash Tree，就是存储 hash 值的一棵“树”。Merkle Tree 的叶子是数据块的 hash 值。在 P2P 网络中，Merkle Tree 用来确保从其他节点接受的数据块没有损坏且没有被替换，甚至检查其他节点不会欺骗或者发布虚假的块。大家所熟悉的 BT 下载就是采用了 P2P 技术来让客户端之间进行数据传输，一来可以加快数据下载速度，二来减轻下载服务器的负担。在比特币系统中，区块中存储的交易信息被随机散列时，被构建成一种 Merkle 树。

简化的支付确认

在不运行完整网络节点的情况下，也能够对支付进行检验。一个用户需要保留最长的工作量证明链条的区块头的拷贝，它可以不断向网络发起询问，直到它确信自己拥有最长的链条，并能够通过 merkle 的分支通向它被加上时间戳并纳入区块的那次交易。节点想要自行检验该交易的有效性原本是不可能的，但通过追溯到链条的某个位置，它就能看到某个节点曾经接受过它，并且于其后追加的区块也进一步证明全网曾经接受了它。

当此情形发生时，只要诚实的节点控制了网络，检验机制就是可靠的。但是，当全网被一个计算力占优的攻击者攻击时，将变得较为脆弱。因为网络节点能够自行确认交易的有效性，只要攻击者能够持续地保持计算力优势，简化的机制会被攻击者焊接的（fabricated）交易欺骗。那么一个可行的策略就是，只要他们发现了一个无效的区块，就立刻发出警报，收到警报的用户将立刻开始下载被警告有问题的区块或交易的完整信息，以便对信息的不一致进行判定。对于日常会发生大量收付的商业机构，可能仍会希望运行他们自己的完整节点，以保持较大的独立完全性和检验的快速性。

在开放的分布式系统中，节点可以自由地加入和退出；本小节说的节点“运行不完整”一种可能的情况包括有些节点的计算机有一段时间未连网，没有下载到近一段时间的交易信息。

比特币网络节点庞大，总会有部分节点没有联网，所以，在缺少部分节点的情况下，要保证整个网络依然能正常运行，必须对新的交易进行正常的检验。每个节点始终都要在被工作量证明为最长的链条上工作。有些节点有时没联网，而网络上的交易一直也在不断进行，交易的链条也就越来越长，这些节点如何在后来又联网的情况能够找到这些缺失的交易呢？这些节点一旦联网上线后，就不停向其邻近网络节点询问：“有没有最新、最长的工作量证明后的交易链条的备份？有的话，请立即给我一份。”邻近节点也很乐意帮忙，于是，它们就握手建立连接，这些节点就能从邻近节点下载到最新的完整的交易链条了。这些节点可以通过 merkle 树状网络的分支来检查之前缺失的一些交易，如果别的节点都已验证通过了，这些节点也会验证通过并盖上时间戳。如果网络被大多数诚实的节点所控制，那么，这个网络的检验机制就是可靠的。

然而，任何事情都有两面性，开放的分布式系统中可能会出现尝试作恶的节点。当这些尝试作恶节点一旦控制了整个网络的 51% 算力后，他们就可以利用自己的算力在网络上制造出一个虚假的交易，将自己花出去的币，再通过发起一笔虚假的交易，将币转回到自己的另外一个钱包里，从而实现了不花钱就能买到东西，或是只花一笔钱买到需要用两笔钱才能买到的产品。对于作恶节点干的坏事，网络一时还没有好的办法能杜绝。只能通过诚实节点随时要保持警惕，一旦发现有作恶发起的虚假交易，便立即进行识别判定，并向全网发出警报：“有作恶发起了虚假交易”，告知全网节点该虚假交易的所有细节，以便其他节点能共同进行抵制判定。

价值的组合与分割

虽然可以一个一个地对电子货币进行处理，但是，对于每一枚电子货币单独发起一次交易将是一种笨拙的办法。为了使得价值易于组合与分割，交易被设计为可以纳入多个输入和输出。一般而言是某次价值较大的前次交易构成的单一输入，或者由某几个价值较小的前次交易共同构成的并行输入，但是，输出最多只有两个：一个用于支付，另一个用于找零（如有）。需要指出的是，当一笔交易依赖于之前的多笔交易时，这些交易又各自依赖于多笔交易，但这并不存在任何问题。因为这个工作机制并不需要展开检验之前发生的所有交易历史。

日常生活中，我们使用账户余额记账法。消费者每产生一笔交易都会使自己和商家的账户出现一次改动。自己的账户减去某个数字，商家增加某个数字，从而形成新的账户余额。而比特币采用了一种 UTXO 的账本记账方式，每一笔交易都可以有多个输入和多个输出，便于进行价值的组合和分割。以下可以设想 3 个场景：

场景 1：甲向乙转 100 元钱。可以简单描述为甲向网络系统输入 100 元，系统再输出 100 元钱给到乙，即输入 = 输出。

场景 2：甲要向乙买 100 元钱商品，而甲的钱包 1 有 60 元，钱包 2 有 40 元，也就是说任何一个钱包的余额都不足以支付本次的货款。传统支付方式是这样子的：甲先将钱包 2 的 40 元转账到钱包 1（这里的钱包对应的是银行账户，暂时忽略转账手续费），再将钱包 1 合计的余额 100 转账给乙，从而买到商品，即钱包 2 + 钱包 1 = 输入 = 输出 =100 元。而比特币网络就没这么麻烦，甲可发起一笔交易组合，即把钱包 1 的 60 元转给乙，再把钱包 2 的 40 元转账给乙，系统经过组合，乙就收到 100 元，从而也能完成交易，即钱包 1（输入 1） + 钱包 2（输入 2） = 乙的钱包（输出） =100 元。

场景 3：甲的钱包 1 有 60 元，钱包 2 有 50 元，而商品价值 100 元。甲从钱包 1 转 60 元给乙，又从钱包 2 转账 50 元给乙，合计转了 110 元给乙，乙需要转回 10 元给甲的钱包 3。这些交易可同时进行，从而实现找零的机制。以上场景 2 和场景 3 由前几笔交易组合而成，而前几笔交易也有可能由它们的前几笔交易组合而成，但这不影响正常的交易，因为节点不需要对更久以前的交易都做一次检查。

这种记账方式是比特币这种数字货币与我们生活中的记账所不同的地方。

隐私（Privacy）

传统的造币厂模型为交易的参与者提供了一定程度的隐私保护，因为试图向可信任的第三方索取交易信息是严格受限的。如果将交易信息向全网进行广播，就意味着这样的方法失效了。但是，隐私依然可以得到保护：将公钥保持为匿名。公众仅仅能得知某一交易发生了，但难以获得这笔交易与哪些人相关联，也就是说，公众难以获得交易者信息。这同股票交易所发布的信息是类似的，股票交易发生的时间、交易量是记录在案且可供查询的，但是交易双方的身份信息却不予透露。作为额外的预防措施，使用者可以让每次交易都生成一个新的地址，以确保这些交易不被追溯到来自一个共同的所有者。但是，由于并行输入的存在，一定程度上的追溯还是不可避免的，因为并行输入表明这些货币都属于同一个所有者。此时的风险在于，如果某个人的某一个公钥被确认属于他，那么就可以追溯出此人的其他很多交易。

比特币系统是一种分布式的记账系统，意味着“账本”全网可见，也就意味着“账本”中所有的交易记录对任何参与网络的节点都是可见的，在这种情况下，该如何对交易以及交易参与者的隐私进行保护呢？比特币采用的非对称加密机制、交易地址生成机制，可以让交易者的每一次交易都拥有不同的地址，在一定程度上避免追溯、保护隐私；但如果公钥被泄露，就能确定公钥和地址之间的关系，进而追踪该公钥对应账户持有者的其他交易。比特币采用基本匿名的方式来有限度地保护隐私。

计算

设想如下场景：一个攻击者试图比诚实节点产生链条更快地制造替代性区块链。即便他达到了这一目的，但是整个系统也并非就此完全受制于攻击者的独断意志了，比方说凭空创造价值，或者掠夺本不属于攻击者的货币。这是因为节点将不会接受无效的交易，而诚实的节点永远不会接受一个包含了无效信息的区块。一个攻击者能做的，最多是更改他自己的交易信息，并试图拿回他刚刚付给别人的钱。诚实链条和攻击者链条之间的竞赛，可以用二叉树随机漫步（Binomial Random Walk）来描述。成功事件定义为诚实链条延长了一个区块，使其领先性 +1，而失败事件则是攻击者的链条被延长了一个区块，使得差距 -1。攻击者成功填补某一既定差距的可能性，可以近似地看做赌徒破产问题(Gambler's Ruin problem)[①]。

本小节设计了一种对比特币系统的攻击方式，并通过数学模型及 C 语言代

① 参见 https://www.jianshu.com/p/7df33ae5fb56。

码对比特币的安全性进行了验证。事实上，在比特币出现之前有很多对互联网上加密货币的设想，有的实现运行不成功，有的难以实现，而只有比特币第一个将理论与实践完美结合。

总结

通过对“比特币白皮书”的阅读，我们简单总结比特币的几个特点：

- 采用带有时间戳标记的分布式数据库记录数据。
- 数据库本身即是由不断有序增加的区块链条构成，或者说数据被记录在一种链状的时态数据库里。
- 区块则按时间顺序前后相连而形成区块链条，并且每个区块都通过密码学方法使之与其前后区块唯一关联。
- 具备可靠且适合于自身需求的共识机制，来保障去中心化数据记录和数据验证机制的可靠性，从而做到数据能够抗审查。
- 数据公开透明。
- 通过点对点 P2P 技术，保障数据能够及时分发。
- 维持系统长久开放运行的经济激励机制。

区块链这个术语来源于比特币的底层技术，并在随后的发展中得到了多方面的尝试，通过其共识机制和智能合约起到的安保、确权、监管、经济自治等作用，成为集去中心化运作、数据抗审查、去公信力等本质特征于一体的新兴互联网技术。

2.2 比特币的账号系统

比特币交易通过数学来保证信任，其底层是大量的密码学知识，主要包括地址、公钥、私钥、哈希、非对称加密和数字签名等。本小节着重介绍公钥、私钥、地址三者之间的关系，这三者与银行账户的账号和密码的关系类似，但存在着很强的数学、密码学背景。与中心化的银行系统的区别是，比特币系统并不存在一个中心的账户管理机构，比特币账户的生成是分散的，那么，如何保证每个账户的账号不会重复，进行比特币转账时，保证输入的账号和密码能够对应呢？这个问题的答案有赖于比特币私钥、公钥、地址的机制。

私钥

一般来说，我们看到的私钥是类似下面这样一段字符串（比特币中私钥总是以5开始）：

5Kb8kLf9zgWQnogidDA76MzPL6TsZZY36hWXMssSzNydYXYB9KF

私钥本质上是一串数字和字母的随机组合，由32字节组成的数组，1个字节等于8位二进制，一个二进制只可能为0或者1，因此，私钥的总数是将近2^(8×32)=2^256（2的256次方）。这个数量已经超过了宇宙中所有原子的数目，所以想通过暴力破解他人的密钥基本不可能。我们说比特币私钥在密码学上是安全的，并不是说不可能出现重复的私钥，而是说不可能通过遍历的方式，即暴力破解的方式找到特定的私钥，而不通过私钥就不能花费地址上面的比特币，从而通过数学、加密学来保证比特币的安全性。

私钥的总数量很大，但是，私钥的生成机制是依赖随机数的产生机制，而在计算机中真正的随机是很难做到的，大部分私钥的生成都是依赖于伪随机算法。伪随机是用函数生成随机数。它并不真正是随机的，只是一个比较近似真随机的随机数。私钥生成的随机性很重要，密码学上安全的随机是指：随机是不可预测的，随机的结果是不可遍历的，如果不是安全的随机数生成器，生成的私钥就有可能被别人碰撞到。不依赖随机生成的私钥就会大大地降低其生成的概率空间。

公钥和地址的生成都依赖私钥，所以我们只需要保存私钥即可，有了私钥就能生成公钥和地址，就能够生成一个具体的比特币账户，并交易对应地址上面的比特币。

如何生成我们看到的私钥字符串？前文提及的私钥字符串是按照一定的规律从32位byte数据格式化生成的，32个byte的数组是由256个0或者1组成的，如果显示出来，不仅仅是识别率不高，而且私钥太长。因此，私钥字符串就是对于原始的随机数进行一定的转换，转换为识别率高的形式，前文中的私钥是对32个byte数组做Base58的转换。

Base58是一种编码方式，目前主要用于比特币及各种加密货币的地址和私钥的产生过程中。与更通用的Base64编码方式不同，Base58不使用“0”“O”“I”“l”“+”和“/”等符号，因为地址和私钥需要用户识别，为了避免输入的混淆，特地将这样的字符去除。但即使这样，上面那段没有规律的字符串输入起来还是挺费劲的，当然也可以把私钥转换成其他形式，比如以单词串的形式，叫做“助记词”，又或者用自己记住的某一句话来生成私钥，但需要注意的是，这种方式生成的私钥随机的安全性并不高。

公钥

比特币的根基是椭圆曲线数字签名算法，有三个概念 ECDSA、ECC、DSA。

- 椭圆曲线数字签名算法（ECDSA）是使用椭圆曲线密码（ECC）对数字签名算法（DSA）的模拟。
- 椭圆曲线加密法（ECC）是一种公、私钥加密技术。传统的公钥、私钥加密往往采用大质数的积来产生，但 ECC 以数学中椭圆曲线理论为基础，利用椭圆曲线方程的性质来产生密钥，这样做的特点是密钥长度小、安全系统高、数字签名耗时少、加密解密性能高。
- DSA（Digital Signature Standard）数字签名技术：在 DSA 数字签名和认证中，发送者使用自己的私钥对文件或消息进行签名，接受者收到消息后使用发送者的公钥来验证签名的真实性。

简单理解就是：私钥用来签名，而公钥用来验证签名。

公钥是由私钥生成的，通过椭圆曲线（ECPoint）生成，一个私钥经过椭圆曲线变换之后能够得到公钥，公钥是一个 65 个 byte 数组，一般我们会看到这样的一个公钥：

04a34b99f22c790c4e36b2b3c2c35a36db06226e41c692fc82b8b56ac1c540c5bd5b8dec5235a0fa8722476c7709c02559e3aa73aa03918ba2d492eea75abea235

地址

如果将比特币账户与银行账户做对比，不严格地来说，公钥相当于银行账户的账号，私钥相当于银行账户的密码。但公钥太长了，所以需要有更短一些的“地址”的概念，方便发送地址给别人，同时不暴露自己的公钥。

综合私钥、公钥的概念，总结出如下生成一个比特币地址的过程：

- 首先，使用随机数生成器生成一个私钥。拥有了这串数字，就可以对相应钱包地址中的比特币进行操作，所以私钥必须被安全地保存起来，以防泄露。
- 使用椭圆曲线算法处理可以由私钥生成公钥。公钥由私钥生成，但通过已知的公钥却无法反向推导计算出私钥。这种非对称加密方式是保障比特币安全的算法基础。按同样的原理，公钥计算得到公钥哈希，而反过来是行不通的。

- 将一个字节的地址版本号连接到公钥哈希头部（在比特币网络中，这一字节为“0”），然后，对其进行两次 SHA256 运算，最后将结果的前 4 字节作为公钥哈希的校验值，连接在其尾部。
- 对上一步结果使用 BASE58 进行编码，最终就得到了钱包地址。

综合上文对私钥、公钥、地址生成的介绍，可以这样简单地理解：银行账户体系是先有账号再设置密码，由中心化的银行系统来管理；而比特币是先生成不重复的密码，再通过密码计算出对应的账号，当然，这个过程是在数学、密码学工具支持下建立的私钥、公钥、地址的体系。

2.3 比特币的交易过程

理解比特币的交易过程，有助于理解相关区块链的记账过程，比特币交易是比特币系统中最重要的部分。区块链的交易本质是数据结构，这些数据结构中含有交易参与者价值转移的相关信息，每笔交易都是在区块链上的一个公开记录。本小节将剖析比特币区块链交易中包含的信息、如何被创建、如何被验证以及如何成为所有比特币区块链永久记录的一部分。①

一笔比特币交易的生命周期起始于它被创建的那一刻，即交易发起者进行转账。随后，比特币交易会被一个或多个签名加密，这些签名可对外公布并标志对该交易指向的比特币的使用许可。随后，比特币交易被广播到比特币网络中，网络中的每一个记账节点可以通过公钥对签名进行验证并将交易继续在网络中进行广播，直到这笔交易被网络中大多数节点接收。接下来，比特币网络中的节点通过 PoW 机制进行竞争记账，争夺记账权。最终，比特币交易被获得记账权的节点验证并被添加到区块链上一个记录着许多比特币交易的区块中。

一笔比特币交易一旦被记录到区块链上并被足够多的后续区块确认，便成为比特币总账本的一部分，并被所有比特币记账节点验证、认可为有效交易。下面我们就来看这三步是如何进行的。

---

① 参见 Andreas M. Antonopoulos 所著《精通比特币》。

创建交易

比特币的交易与纸质支票比较类似。每笔比特币交易其实是以货币转移为目的，也可以把交易视为一种工具，这个工具只有在交易被执行时才会在比特币金融体系中体现。

比特币交易可以被任何人在线上或线下创建，即便创建这笔交易的人不是这个账户的授权签字人。比如，一个负责应付账款的柜员在处理应付票据时可能会需要 CEO 签名。同样，负责应付账款的相关人员也可以创建比特币交易，然后让 CEO 对它通过私钥进行数字签名，从而使之有效；也就是说，只有经过拥有者的私钥签名的交易才是有效的。一张支票是指定一个特定账户作为资金来源的，但是，比特币交易指定以往的一笔交易作为其资金来源，而不是一个特定账户。

一笔比特币交易一旦被创建，它需要被资金所有者们签名。如果经过验证它是合法创建并签名的，则该笔交易现在就是有效的，它包含了转移这笔资金所需要的所有信息，有效的比特币交易必须能接入比特币网络，从而使之能被传送到下一个登记在公共区块链的节点上。

广播交易至区块网络

首先，每笔交易只有传递至比特币网络，才能被传播，才能加入区块链中。本质上，一笔交易只是 300 到 400 字节的数据，而且它们必须被发送到成千上万个比特币节点中的任意一个。只要发送者能使用多于一个比特币节点来确保这笔交易被传播，那么发送者并不需要信任用来传播该笔交易的单一节点；同样，发送节点（记账节点）也不需要信任发送者，也不用建立发送者的“身份档案”。由于这笔交易是经过签名且不含任何机密信息，比如私钥或密码，因此，它可被任何网络公开地进行传播。

与传统的中心化系统不同，区块链的交易在公开网络中传输即可，并不依赖于中心化的网络通信加密，而传统的金融系统往往需要网络通信的加密，比如信用卡交易包含敏感信息，就必须依赖加密网络连接完成信息传输。只要比特币交易可以到达能将它广播到比特币网络的比特币节点，这笔交易是如何被传输至每一个节点的并不重要。因此，类似比特币的区块链可以通过未加密网络被发送到比特币网络。在极端情况下，一笔比特币交易也可以通过封包无线电、卫星或短波、扩频或跳频等避免被侦测或阻塞通信的方式进行传输。一笔比特币交易甚至可被编为文字信息中的表情符号并被发表到公开的在线论坛，或被发送成一条短信或一条即时通信聊天信息。因为比特币将金钱变成了一种可在线传输的数据结构，所以在本质上是不可能阻止任何人创建并执行比特币交易的。

交易在网络中传播

当一笔比特币交易被发送到任意一个连接至比特币网络的节点，这笔交易将会被该节点验证。如果交易被验证有效，该节点将会将这笔交易传播到这个节点所连接的其他节点；同时，交易发起者会收到一条表示交易有效并被接受的返回信息。如果这笔交易被验证为无效，这个节点会拒绝接受这笔交易，不放入待记账池，并返回给交易发起者表示拒绝的信息。

比特币网络是一个点对点的 P2P 网络，这意味着每一个节点都连接到一些其他的节点。整个网络形成了一个松散连接的结构，没有固定拓扑或任何结构，这使得所有节点的地位都是对等的。比特币交易相关信息会从一个节点传播到连接的其他节点上。一笔刚通过验证且并被传递到比特币网络中任意节点的交易会被发送到相邻的 3 到 4 个节点，而每一个相邻节点又会进一步将交易发送到 3 至 4 个与它们相邻的节点。以此类推，在几秒钟之内，一笔有效的交易就会以指数级速度在网络中传播，直到所有连接到网络的节点都接收到它。

为了避免垃圾信息的滥发、DDOS 拒绝服务攻击或其他针对比特币系统的恶意攻击，每一个节点在传播信息之前均对该信息进行独立检验，验证其有效性，确保在整个网络中的交易处于正常状态。一般来说，一个异常交易所能到达的节点不会超过一个。比特币网络被设计为能高效且灵活地传递交易和区块至所有节点的模式，因而，比特币网络能抵御入侵。

通过以上这三大步，一个比特币的交易就完成，并且这个交易将永不可能被更改（理论上存在 51% 攻击），并永久记录于比特币区块链中。

2.4 比特币 UTXO

比特币区块链本质上可以说是一个基于互联网的去中心化的账本系统，而这个账本上记载的，就是一笔笔比特币地址之间的转账交易，一笔交易的具体过程在 2.3 节中已经做了介绍，那么，比特币的账号系统又是如何构建呢？

通常有一种简单化的说法，将比特币地址（或公钥）类比为用户的银行卡号，也即用户的账户。最容易想到的交易系统的记录方式是以账户为基础的，不同用户之间的交易主要是对账户余额的更改，这种记账方式是最容易想到的，但是，比特币区块链并没有采用这种方式。原因很简单，如果采用这种记账方式的话，每当要进行一笔新交易的时候，系统都不得不回溯所有的交易历史，这样才能确定最新的这笔交易是不是合法。当系统庞大、交易数量众多的时候，每次都进行这样的检验无疑是笨重低效的。

UTXO：未被花费的交易输出

比特币并不是基于账户的方案，而是基于 UTXO 方案。UTXO 的全称为 Unspent Transaction Output，意为“未被花费的交易输出”。在比特币区块链中，交易写入区块，而区块构成了一组链式结构，即区块链，所有合法的比特币交易都可以通过区块链追溯到前一个或多个交易的输出 UTXO，而每笔交易的源头最终都是“挖矿奖励”。所在比特币的区块上记录了一笔一笔的交易，每一笔交易都有若干笔交易输入（转出者），也就是资金来源，同时也有若干笔交易输出（转入者），也就是资金去向。每一笔交易都要花费一笔输入，产生一笔输出，而产生的这笔输出，也就是 UTXO。

在 UTXO 模型里，不用在乎用户的余额是多少，因为只有 UTXO 是可以作为交易的输入被花费出去的，且每个 UTXO 支付一次后从逻辑上就会被系统销毁。比特币规定每一笔新的交易的输入必须是某笔交易的未花费的输出，而每笔交易的输入部分同时也需要上一笔输出，且使用所对应的私钥进行签名，并且每个比特币的节点都会存储当前整个区块链上的 UTXO，整个网络上的记账节点就可以通过 UTXO 及签名算法来验证新交易的合法性。这样，节点不需要追溯全部历史就可以验证新交易的合法性。

交易的输入和输出

比特币的交易是转账，并不是通常意义的一手交钱一手交货式的交易。如果每一笔转账都需要构造一笔交易数据，在特定场景下会比较复杂，为了使价值更易于组合与分割，比特币的交易被设计为可以存在多个交易输入部分和交易输出部分，即一笔交易可以转账给多个地址，资金来源也可以来自多个地址。而从交易的生成到在网络中传播，再到通过 PoW 工作量证明、整个网络节点验证有效性，最终记录到区块链，这个过程就是交易的整个生命周期。

交易的本质是一个包含交易发送方、接收方、资产转移等相关信息的数据结构，其数据结构见表 2－1：

表 2－1　　交易的数据结构

字段	描述	大小
版本	交易参照的规则	4 字节
输入数量	交易输入部分的数量	1—9 字节
输入列表	一个或多个交易输入（可能是“挖矿奖励”）	不定
输出数量	交易输出列表的数量	1—9 字节
输出列表	一个或多个交易输出（输出之和看上去与输入之和不一致，差值作为“矿工”手续费）	不定
锁定时间	锁定时间	4 字节

从整体结构来看，交易最主要的两部分就是交易的输入与输出。输入标识着交易的发起者，输出标识着交易的接收者、对于自己的找零，而交易手续费则是输入的总和与输出的总和之差，由记账节点获得。由于所有的交易输入必然是前面某笔交易的未花费输出，所以，交易最核心的字段是交易的输出 UTXO。

比特币的交易输入（TxIn）有 3 种类型，分别是 Standard TxIn（标准输入）、Spend Coinbase TxOut（花费“挖矿奖励”）、Coinbase/Generation（产生“挖矿奖励”）。

比特币的交易输出（TxOut Script）有 2 种类型，分别是 Standard TxOut（标准交易输出）、Coinbase TxOut（“挖矿奖励”输出）。

脚本

脚本是比特币交易里一个比较重要的技术。从具体实现上来看，每一笔交易的每一项输出严格意义上并不是指向一个具体的地址，而是指向一个可以执行的脚本。脚本类似一套规则，约束着接收方以什么方式才能花掉这个输出上锁定的比特币资产。

交易的合法性验证也依赖于交易输出脚本，目前存在2类脚本：锁定脚本与解锁脚本。锁定脚本基于可变的模式，通过一段脚本语言来实现，位于交易的输出部分；而解锁脚本与锁定脚本功能对应，只有按照锁定脚本的规则去解，才能使用这个脚本上锁定的资产，位于交易的输入。理论上，通过脚本语言可以编写出无数的条件规则，这也是为什么比特币作为一种“可编程的货币”所拥有的特性。而解释该脚本是通过类似编程领域里的“虚拟机”，只不过它分布式地运行在比特币网络里的每一个节点。

比特币的脚本目前常用的主要分为2种。一种是普通的类型P2PKH（Pay - to - Public - Key - Hash），即支付给公钥的哈希即地址，接收方只需要使用地址对应的私钥对该输出进行签名，即可花掉该输出。另一种是P2SH（Pay - to - Script - Hash），支付脚本的哈希。拿多重签名来举例，它要求该输出同时要有N把私钥中的M把私钥（M≤N）同时签名才能花掉该资产，它类似于现实生活中需要多把钥匙才能同时打开的保险柜，只是更加灵活。

比特币中的脚本机制相对简单，只是一个基于堆栈式的解释相关OP指令的引擎，非图灵完备，能够解析的脚本规则并不是太多，不能实现很复杂的逻辑。但它为区块链可编程提供了一个原型，后续一些可编程区块链项目其实是基于脚本的原理发展起来的，比如以太坊，就是深入强化了脚本机制，脚本机制里不再单单是简单的OP指令，而是支持脚本语言，该脚本语言可以通过“虚拟机”去执行。以太坊实现了一个支持图灵完备脚本语言的区块链平台。

脚本的机制对于区块链来说非常重要，它类似于区块链技术提供的一个扩展接口，任何人都可以基于这个接口，去开发基于区块链技术的应用，比如智能合约的功能。脚本机制也让区块链技术作为一项底层协议成为可能。未来很多基于区块链的颠覆性应用，都有可能是通过区块链的脚本语言来完成的。

如何计算某用户的余额

通过统计某用户的地址上所有合法的未花费的输出来计算余额。张三拥有10个btc，其实就是当前区块链账本中，有若干笔交易的输出（UTXO）收款人都是张三的地址，而这些UXTO的总额为10。这个地址一共收了多少UTXO，则是要通过比特币钱包代为跟踪计算，所以钱包里显示的余额其实是有多少价值BTC的输出指向张三的地址。

比特币如何使用 UTXO 进行转账

假设 A 地址下有 1 个 btc，A 要把 1 个 btc 转给 B，则账本上交易的输入就是 A，输出为 B 的地址，这时脚本会校验 A 地址是否有 1 个 btc（如果余额都不够，怎么会给你转），即在某一笔输出（UTXO）中查询到了 A 确实有 1 个 btc。所以，A 可以作为输入转给 B 一个 btc，这时就有一笔价值 1 个 btc 的输出指向 B 地址，直到 B 进行下一次转账前这笔交易都是 B 未被花费的输出（UTXO）。后续 B 要转给 C 时，又重复 A 转 B 的操作。

图 2－1 描述了三个交易的记录内容：

- 第一个交易是张三“挖矿”所得的 coinbase 交易，coinbase 交易就是“挖矿交易”，当矿机找到一个合格的区块后，它就获得一个特权，能创造一个 coinbase 交易，并且把交易输出写上自己的地址，张三通过“挖矿”获得了 12.5 个 btc，即价值 12.5 个 btc 的 UTXO 指向的是他的地址。

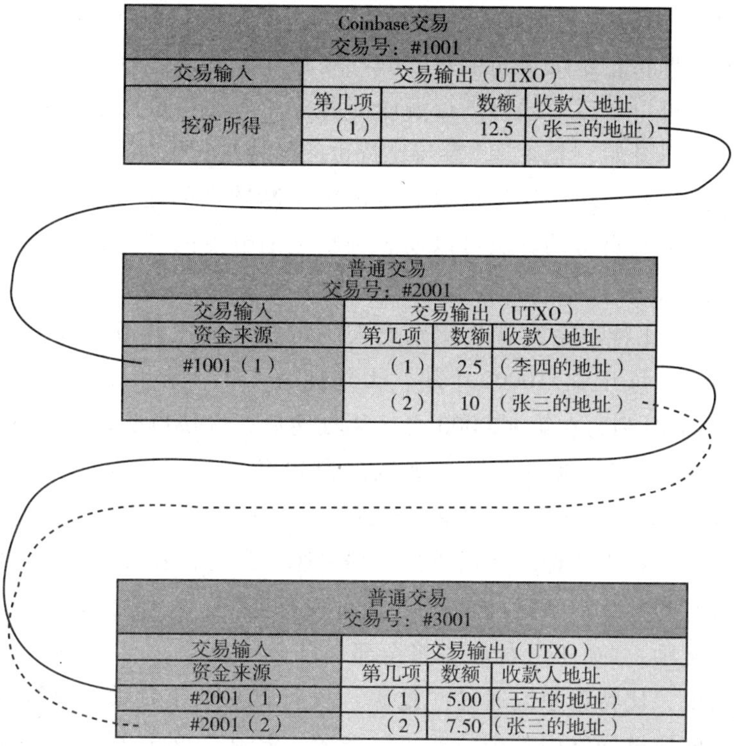

图 2－1　3 个交易的记录内容

- 在第二个交易中，张三转账 2.5 个 btc 给李四，张三就发起了#2001 号交易，资金的输入为#1001（1），而在本次交易输出的 UTXO 中，2.5 个 btc 的收款人地址为李四。但是，这笔交易必须把上一个 UTXO 全部消耗，所以还剩下的 10btc 的交易输出的收款地址为张三自己。
- 第三个交易：张三和李四一起转给王五 5 个 btc，张三或李四发起#3001 号交易，输入来源有两个部分，分别是#2001（1）和#2001（2），输出为王五的收款地址，并且张三还剩下的 7.5 个 btc 输出到自己的地址。后续王五如果需要花费他的 5 个 btc，输入就需要变为#3001（1）。

2.5 "挖矿"：比特币的发行方式

在比特币的世界里，有些非常有意思的比喻，像挖金子一样"挖"比特币叫做"挖矿"，挖比特币的人被称为"矿工"，而用于"挖"比特币的计算机被称为"矿机"。比特币是通过"挖矿节点"，不断消耗自身的算力，来换取新的比特币。由于比特币系统是完全开源的，这套开源的代码包含了"挖矿"的功能，任何人都可以把这套代码进行编译部署，加入比特币网络，把"挖矿"功能开启，就可以开始"挖矿"，参与比特币的区块链记账体系的运行。

通过创造出新区块，比特币以确定的但不断减慢的速率被铸造出来。在比特币系统中，通过自身的算法可以动态调整全网节点的"挖矿"难度，保证每过大约 10 分钟，在比特币网络中，就会有一个节点"挖矿"成功；一旦有人"挖矿"成功，比特币系统就会奖励此人一定数量的比特币，这个数量也是通过算法控制的。每开采 210000 个块，大约耗时 4 年，货币发行速率降低 50%。在 2016 年的某时刻，在第 420000 个区块创建后，区块链奖励降低到 12.5 比特币/区块；在第 13230000 个区块，大概在 2140 年之前，新币的发行速度会以指数形式进行 64 次"二等分"，不断变成前一次的一半，直到最终每区块发行比特币数量变为比特币的最小货币单位，即 1 聪。最终，在经过大概 1344 万个区块之后，所有的共 2100 万枚比特币将全部发行完毕。在那之后，新的区块不再包含比特币奖励，"矿工"的收益将全部来自交易费。

简单来说，比特币系统通过"挖矿"发行自身数字货币。发行数字货币的过程，就是区块链网络中各个"矿工"竞争"挖矿"的过程，也是相互合作完成对交易进行记账的过程。在每一个 10 分钟内，看谁通过计算抢险完成 PoW

验证，获得记账权，就先挖到“矿”，从而获得一定数量的比特币奖励，这个奖励的过程就是比特币发行的过程。

10 分钟与 PoW

“挖矿”是比特币系统中一个形象化的表述。它真正的名称是 PoW 算法，也就是工作量证明算法。工作量证明，是从经济学中来的，是 1993 年由两个经济学家提出来的，为了防止对服务滥用或者资源滥用，而采取的一种有效阻断的经济策略。

PoW 算法在比特币之前就已经被广泛使用了，其中，比较有名的就是 Google 邮箱的反垃圾邮件系统。Google 是这样做的：它要求每一个给 google 邮件服务器发电邮的对方服务器，必须先完成一定量的计算工作，这个计算可能会耗时对方服务线程 2 到 3 秒。2 到 3 秒的时间，如果是一个人在发邮件，是完全可以忍受的；如果对方是个发送垃圾邮件的脚本程序，它是根本无法忍受的，因为垃圾邮件脚本要做的是每秒成千上万封地往外发。

那 PoW 算法在比特币系统是怎样应用的？中本聪在设计、实现比特币系统的时候，希望每 10 分钟完成一次比特币发行，由于比特币网络中有成千上万个节点，那该把币发行给谁呢？按照工作量证明的策略，也就是 PoW 算法的思路，中本聪在比特币系统中，给每一个节点出了一个难题。每个区块头的数据结构里面都有个 Nonce 字段，中本聪解决的难题就是：在其他字段值不变的前提下，通过不断调节 Nonce 的值，来对 BlockHeader 这个结构体计算 Hash，要求找到一个 Nonce 值，使得算出来的 hash 值小于或大于某个固定值，这个固定值，在 BlockHeader 结构体中，由 Bits 来标示。由于 hash 算法是一个不可逆的算法，没法通过具体的 hash 值，倒推出原文。这样每个节点只能采用穷举的方法，也就是从 1 开始，2、3、4、5……不断地往后试。这个过程就开始考验各个节点的 CPU 计算速度了，算得快的，很快就能得到 Nonce 值，然后，他就把这个 Nonce 值放在结构体里，通过 P2P 网络广播出去。每个系统节点收到后，发现这个 Nonce 值是合法的，能满足要求，就认为“挖矿”成功。对于那些算到半截的节点，如果发现有人已经算出来了，就放弃本次穷举了，然后再开始通过穷举的办法，去寻找下一个区块头的 Nonce 值。因此说，所谓“挖矿”，就是计算机通过穷举的办法，不断去找 Nonce 值、算 Hash 值的过程。

比特币的区块平均每 10 分钟生成一个。这就是比特币的“心跳”，是货币发行速率和交易达成速度的基础。不仅是在短期内，而是在几十年内它都必须要保持恒定。在此期间，计算机性能将飞速提升。此外，参与“挖矿”的人和计算机也会不断变化。为了能让新区块保持10分钟一个的产生速率，“挖矿”的难度必须根据这些变化进行调整。事实上，难度是一个动态的参数，会定期调整以达到每10分钟一个新区块的目标。简单地说，难度被设定在，无论“挖矿”能力如何，新区块的产生速率都保持在10分钟一个。

那么，在一个完全去中心化的网络中，这样的调整是如何做到的呢？难度的调整是在每个完整节点中独立自动发生的。每2016个区块（2周产生的区块）中的所有节点都会调整难度。难度的调整公式是由最新2016个区块的花费时长与20160分钟比较得出的。难度是根据实际时长与期望时长的比值进行相应调整的（或变难或变易）。简单来说，如果网络发现区块产生速率比10分钟要快时，会增加难度；如果发现比10分钟慢时，则降低难度。

为了防止难度的变化过快，每个周期的调整幅度必须小于一个因子（值为4）。如果要调整的幅度大于4倍，则按4倍调整。由于在下一个2016区块的周期不平衡的情况会继续存在，所以进一步的难度调整会在下一周期进行。因此平衡哈希计算能力和难度的巨大差异有可能需要花费几个2016区块周期才会完成。

简单来说，比特币通过在PoW中调整计算难度来保证10分钟的发行周期。

“挖矿”的具体过程

“矿工”不仅仅是“挖矿”，或者说“挖矿”不仅仅是为了获得比特币，比特币的获得只是“挖矿”的一种奖励，“挖矿”的更主要的内容是维护比特币区块链的一套去中心化的记账体系。这个过程由4种独立的过程相互作用产生：1. 每个“挖矿节点”依据既定标准对每个交易进行独立验证；2. 通过完成PoW工作量证明算法的验算，“挖矿节点”将交易记录独立打包进新区块；3. 每个“矿工”对新产生的区块进行校验，并组装进自己记录的区块链；4. 每个“矿工”对网络中广播的区块链进行独立选择，在工作量证明机制下选择累计工作量最大的链，也是最长的链。每个阶段的主要内容如下：

（1）独立验证

在收到交易后，每一个“挖矿节点”都会在全网广播前对这些交易进行有效性校验，并以接收时的相应顺序，为有效的新交易建立一个交易池。节点在校验每一笔交易时，都需要对照既定的标准列表进行检查，下面列出一些基本的检查项目：

- 交易数据的语法和数据结构必须正确。
- 交易的输入与输出列表都不能为空。
- 交易的字节大小需要小于区块最大值。
- 每一个输出值，以及输出总量，必须在规定值的范围内。
- 交易的字节大小是 100 的倍数。
- 交易中的签名数量应小于签名操作数量的上限。
- 对于每一个输入，引用的输出是必须存在的，并且没有被花费，即存在 UTXO 与之对应。
- 使用引用的 UTXO 获得输入值，并检查每一个输入值和总值是否在规定值的范围内。
- 如果输入值的总和小于输出值的总和，即没有足够的资产供转出，交易将被中止。
- 如果交易费用太低以至于无法进入一个新的区块，交易将被拒绝。
- 每一个输入的解锁脚本必须依据相应 UTXO 的锁定脚本来验证。

（2）将交易记录独立打包进新区块

验证交易后，比特币节点会将这些交易添加到自己的交易池中，用来暂存尚未被加入区块的交易记录。

“矿工”从交易池中选择交易进行打包，选择时与“矿工费”和优先级相关。

首先选择较高优先级的交易记录来构建候选区块。区块中用来存储交易的前 50K 字节是保留给较高优先级交易的。节点在填充这 50K 字节的时候，会优先考虑最高优先级的交易，不管它们是否包含了“矿工费”，也就是说优先级先于“矿工费”。这种机制使得高优先级交易即便是零“矿工费”，也可以优先被处理。

其次，“矿工”会选出那些包含最高“矿工费”的交易，并按照“每千字节矿工费”进行排序，优先选择“矿工费”高的交易来填充剩下的区块。如果区块中仍有剩余空间，“挖矿节点”也可以选择那些不含“矿工费”的交易。

在区块被填满后，内存池中的剩余交易会成为下一个区块的候选交易。因为这些交易还留在内存池中，所以，随着新的区块被加到链上，这些交易输入时所引用未花费交易输出 UTXO 的深度（即交易“块龄”）也会随着变大。由于交易的优先值取决于它交易输入的“块龄”，所以这个交易的优先值也就随之增长了。通过时间的等待来换取高优先级，这样一个“零矿工费”交易的优先值就有可能会满足高优先级的门槛，被免费地打包进区块。

区块中打包的第一笔交易是特殊交易，即 coinbase 交易或“矿工”奖励。这笔交易是由“挖矿节点”构造并用来奖励“矿工们”所作的贡献的；同时，伴随着比特币的发行过程。假设此时区块奖励是 25 比特币，A“挖矿”的节点会创建“向 A 节点支付 25.1 个比特币（包含‘矿工费’0.1 个比特币）”这样一个交易，把生成交易的奖励输出设置为自己钱包的地址。每次挖出区块获得的奖励金额是 coinbase 奖励和区块中全部交易“矿工费”的总和。

（3）区块的构造

当“挖矿节点”构建好一个候选区块后，那么就轮到该节点进行 PoW 计算，对这个新区块进行“挖掘”，即通过求解工作量证明算法以使这个区块有效。比特币“挖矿”过程使用的是 SHA256 哈希函数进行计算，“挖矿节点”不断重复进行尝试，直到它找到的随机调整数使得产生的哈希值低于某个特定目标。哈希函数的计算结果无法提前得知，也没有能得到一个特定哈希值的模式。哈希函数的这个特性意味着，得到哈希值的唯一方法是不断的尝试，每次随机修改输入，直到出现适当的哈希值。

求解工作量证明时需要以下参数：

- block 的版本 version。
- 上一个 block 的 hash 值：prev_hash。
- 需要写入的交易记录的 hash 树的值：merkle_root。
- 更新时间：ntime。
- 当前难度：nbits。

“挖矿”（求解）的过程就是找到 x 使得以下公式成立：

$$SHA256(SHA256(version + prevHash + merkleRoot + ntime + nbits + x)) < Target$$

上式的 x 的范围是 0 ~ 2^32，Target 可以根据当前难度求出的。

每一个节点在接收到新区块并将其转发到其节点之前，都会进行一系列的测试去验证该区块的有效性，以此确保只有有效的区块会在网络中传播，这是比特币共识机制的一个步骤。每一个节点对每一个新区块的独立校验，确保了“矿工”无法欺诈。

(4) 区块链的组装与选择

比特币 PoW 共识机制的最后一个步骤是将区块集合至有最大工作量证明的链（最长链）中。一旦一个节点验证了一个新的区块，它将尝试将新的区块连接到本节点现存的区块链，将它们组装起来。每个“挖矿节点”维护3种区块：

- 连接到主链上的区块。
- 从主链上产生分支的（备用链）。
- 在已知链中没有找到已知父区块的区块。

有时候，新区块所延长的区块链并不一定是主链，这就涉及区块链分叉的概念，在下一部分会介绍。

当节点收到了一个有效的区块，但在现有的区块链中却并未找到它的父区块时，那么，这个区块被称为“孤块”。孤块被保存在孤块池中，直到它们的父区块被节点收到。一旦收到了父区块并且将其连接到现有区块链上，节点就会将孤块从孤块池中取出，并且连接到它的父区块，让它作为区块链的一部分。只有当两个区块在很短的时间间隔内被挖出来，而两个区块在网络中传输并到达各个节点的顺序并不一定相同，节点有可能会以相反的顺序接收到它们，这个时候孤块现象就会出现。

每个节点都选择了最大难度的区块链后，最终在全网范围内达成共识。随着更多的代表工作量证明的区块链被添加到链中，链的暂时性差异问题最终会得到解决。“挖矿节点”通过“投票”来选择它们想要延长的区块链，当它们挖出一个新块并且延长了一个链，对链的延长就代表它们的投票。

区块链分叉

因为区块链是去中心化的数据结构，由不同的“矿工”维护比特币的区块链系统，而“矿工”处于网络中不同的位置，所以，不同“矿工”的区块链版本之间并不能总是保持一致。由于在区块链网络中，区块有可能在不同时间到达不同节点，导致不同节点存在不同的区块链版本。解决的办法是，每一个节点总是选择并尝试延长代表来本节点接收的累计了最大工作量证明的区块链，也就是最长的或最大累积工作量证明的链。

当有两个候选区块同一时刻想要延长最长区块链时，分叉事件就有可能会发生。正常情况下，两名“矿工”在较短时间内几乎同时算出可行解，而且都未获得其他“矿工”广播的新区块时，这两名“矿工”按规则都获得了工作量证明，并且都会全网广播自己算出的新区块信息，这时就发生了分叉。这两个“矿工”在各自的候选区块一发现有效解，便立即传播自己的候选区块到网络中，先是传播给邻近的节点，进而相继传播到整个网络。每个收到有效区块的节点都会验证并将其并入并延长到本地区块链。如果该节点在随后又收到了另一个候选区块，而这个区块又拥有同样的父区块，那么节点会将这个区块连接到候选链上。其结果是，一些节点收到了一个候选区块，而另一些节点收到了另一个候选区块，这时，两个不同版本的区块链就出现了。去中心化的分布式网络会导致分叉，区块链通过节点选择并更新的更长的链，被迫改变了原有对区块链的观点，这就叫作链的重新共识。

简单小结一下：“挖矿”就是“矿工”竞争“记账”的过程，是获得工作量证明的“矿工”将其生成的符合条件的区块链入区块链的过程。在这个过程中，获得记账权的“矿工”会获得 2 部分奖励：coinbase 交易金（创建新区块成功的系统奖赏）和交易费用；而 coinbase 交易金的产生就是比特币的发行。而比特币系统通过奖励来激励更多“矿工”加入网络，维持系统网络稳定；“矿工”在“挖矿”的同时还保护着比特币系统的安全，防止欺诈交易，避免双重支付。

2.6 算力为王

比特币的发行依赖于“挖矿”，“比特币挖矿”是一个竞争很激烈的行业，其激烈的程度完全由算力控制，谁掌握了大的算力，谁就有大的概率争夺记账权（这完全是由比特币采用的是基于 PoW 的共识机制决定的），就能获得到比特币奖励和打包交易的手续费奖励。

矿机与矿池

“算力为王”侧面地推动了硬件技术的变革。2010 年，“矿工”们大部分使用 CPU 矿机，后来升级到了 GPU 矿机，再后来使用了 FGPA（现场可编程门阵列）；2013 年，ASIC“挖矿”的引入，把 SHA256 算法直接固化在“挖矿”专用芯片上，引起了算力的巨大飞跃。

而随着比特币的发展，“挖矿节点”作为一个独立的比特币网络节点，其要求越来越高，体现在硬盘和带宽要求大，全链数据本地存储需要的硬盘空间越来越大，动辄上百 G；同时，随着全网算力的提升，单个“矿工”“挖矿”成功概率极低，因为比特币是基于 PoW 共识机制的，随着全网算力的指数级提升，个体的算力所占的比例越来越低，也就意味着获得记账权的概率越来越低，“挖矿”成功率越来越低，已经无法覆盖电力设备等损耗；这种概率与赌博无异。所以，数以千计的“矿工们”聚集在一起，共享自己的算力，并分享其中某个“矿工”获得的奖励，“挖矿”行为因此从独立“挖矿”进阶为“矿池”协作“挖矿”，通过参与“矿池”，“矿工们”虽然只获得了奖励中的一小部分，但这种收益是稳定的。

算力的用途

伴随着比特币网络全网算力的提升，我们可能会提出一个问题：挖比特币用的算力到底都用来做什么了？答案是算力服务比特币网络，保证比特币网络的安全。

比特币的目的是要去掉交易中的中间环节，而这个中间环节就是金融机构。为了达到这个目的，比特币需要建立一套证明体系。为什么呢？举个例子，A 借钱给 B，中间过程需要签字条、公证等其他证明方式，证明 A 确实把钱借给了 B。如果没有证明，B 可以矢口否认，A 只能认栽。在传统的交易过程中，金融机构起到了证明的作用。为什么是金融机构，因为它有公信力，以信用作背书。那么，比特币怎么证明 A 把钱借给了 B 呢？比特币的思路是，把这个消息记在账本上，然后全人类都能看到这个账本，这样所有的人都知道 A 把钱借给了 B，借了多少，什么时候借的，这样 B 就无法矢口否认这个事实了。把交易信息让所有人都知道，这就是比特币的证明体系。

但又出现了一个问题，这个问题就是“双重支付”。双重支付就是一笔钱花了两次，这种情况在纸币上是不可能发生的，但由于比特币并不是实物，只是“记账本”，中间没有实质物质进行交换，所以可能发生。继续举例子：A 用 1000 元买了 B 的一个东西，B 记在一个账本上；同时，A 用相同的 1000 元买了 C 的东西，C 记在一个账本上。这时候 B 睡觉了，而 C 把刚才记的账拿给大家看，B 睡醒了才拿给大家看。在 B 和 C 发货之前，这 1000 元是属于 B 的还是属于 C 的？为了解决这个问题，比特币网络让交易不可逆，也就是不能退款。不可逆的特点让 A 的这两个 1000 元交易只被承认一个。

首先，比特币将所有的交易通过随机散列加上时间戳，让交易有先后顺序，然后交易融入基于随机散列的工作量证明所形成的链条中，这样形成的交易就无法更改。继续举例：B和C的账本拿给大家看之后，还会有人继续在这个账本上记账。假如后面记账的大部分人都选择在B的账本上记账，那么，大家就会把B的账本视为正确的，而B的账本上记着A用1000元买了B的东西，这样A的1000元就属于B，C记的就不被承认了，B发货给A就可以了。

在这个过程中就需要算力，算力是为了保证区块的信息不可更改。怎么实现的呢？工作量证明基于随机散列，然后形成链条。这个链条有个特点，你想开头的话，就需要求解，求解就需要算力，而且这个求解的难度是呈现指数级增长的。只要你先求出这个解，你就获得比特币奖励。但如果你想修改已经出现的区块，那就必须选择链条最长的那个，然后从头开始求解。这样你修改的链条才会被认为是正确的（最长的链条视为正确的链条，不理解的话可以联系前面提到的B的账本）。但这个最长的链条上有着全网最大的工作量，全部求解的话需要耗费巨大的算力。而这样做是得不偿失的，因为耗费这么多算力去修改得到的结果，不如拿这些算力去求解的收益高。这样就保证了不会有人去更改之前区块的信息，区块的信息自然就实现不可更改了。这个“不可更改”是可以更改的，只是没有人傻到会这么做而已。也就是说，挖比特币的算力实质上是一直在求解，这样就能保证最长的链条拥有全网最大的工作量，从而不会被更改。这样也就实现了比特币系统是坚固的，是不会被人攻击的。这样做有意义吗？我们先看这些算力。目前，比特币的全网算力是非常高的，据说已经比全球前100名超算的算力总和都要强。这个观点有一定的误导性，比特币全网的算力只是求一个算法，即SHA256算法的HASH值，这是比特币网络的工作量证明机制的要求。也就是说，比特币全网在求解SHA256算法的HASH值的算力上是非常强大的。

简单总结，比特币的算力都用来干什么了？往大的说是维护比特币网络的安全，往小的说就是在算数。耗费这么多人力物力实现的算力有意义吗？“矿工”可能并不知道其意义，但一定知道比特币的激励机制。比特币能发展到现在，不仅仅依赖其密码学、P2P网络等数学计算机理论及工程的精巧实现，更依赖其优秀的经济学设计。

51%攻击

算力可以维持比特币系统的安全，那么算力有什么风险呢，如何规避呢？

其实，比特币区块链是做了一个大胆的假设，只要超过51%的计算资源掌握在正常善意节点手中，比特币就是安全的，因为目前这个算力资源非常庞大，这个假设是成立的。

假设一个恶意用户控制了51%的网络计算资源，是否存在风险呢？答案是肯定的，因为他可以伪造交易记录，即使一开始是正常善意节点领先他的一些区块，最终也会不可避免地被追上。因为比特币协议规定最长的区块链是有效的。如果有用户掌握了51%以上的算力，他能够比其他人更快地找到最新条件下的符合要求的随机数，因此，他实际上拥有了更多的记账权，在这种情况下，该用户能够做到：

- 修改自己的交易记录，这可以使他具备双重支付的基础。
- 阻止区块确认特定交易。
- 阻止部分或全部“矿工”挖掘到任何有效的区块。

但是，即使拥有51%算力，他仍然无法做到：

- 修改其他人的交易记录，因为他无法获得别人的密钥。
- 阻止其他用户的交易被发出去。
- 改变每个区块产生的比特币数量或凭空产生比特币。
- 把不属于他的比特币发送给自己或其他人，不能窃取他人资产。

我们可以假设一个典型的51%攻击案例。如果我有整个网络51%的计算速度，我可以计算出一个这样的区块链，包含我发送所有的比特币到我的私人账户上的交易信息。这个区块链的长度为10，但是我不向网络广播；同时，我把所有的比特币在交易市场换成美元并提取出来。这笔交易记录在正常的那个区块链中。当我的美元提取正在进行中的时候，那个正常的区块链的长度是9，而我的区块链长度是10。现在，我通过网络广播出去，然后观察，网络会确认我的区块链是正确的。但是，美元已经被我提取了，损失的是交易市场。我也可以用双重支付的方式拿比特币买任何东西。一旦这样的事情发生，对比特币系统来说将是致命的，会严重伤害用户对系统建立的分布式信任机制。

好在当前比特币网络全网算力足够大，在2019年6月已达到62.24 EH/s，即每秒中做1000000000000000000次哈希运算（18个0），即使是最大的矿池也难以达到51%的算力。随着全网算力的提升，比特币系统的安全性也在逐步提升。

2.7 比特币的隐私保护与交易追踪

比特币既非完全匿名，也非完全透明。比特币隐私难题在于存在一个灰色地带：用户金融活动的暴露，最终取决于调查人员的能力与用户所选工具的复杂性。对于互联网上的任何活动来说，没有完美的隐私解决方案；并且，在很多情况下，没有一招通吃的解决方案，这意味着注重隐私的选择往往伴随着成本与易用性的平衡。此外，隐私从来都不是静态的，而是不断发展的，以呼应那些搭建保护隐私与破坏隐私的工具的群体间的斗争。

关注加密货币

“比特币白皮书”中“隐私”一节中提到了保护交易者隐私的内容。而比特币仅仅是半匿名的，该协议并不知晓交易双方的真实姓名，但借助种种方法，仍可通过交易信息关联到交易者本人。而区块链分析公司致力于将比特币活动去匿名化，并将相关数据出售给企业与执法机构。

从协议层面观察加密货币时，显而易见的是，它比传统的数字支付方式更注重对交易者隐私的保护。在这些协议的基本层面，尽管用户的密钥与真实世界之间通常没有映射，但它使我们以前所未有的程度的自由来在全球范围内存储与转移财富。

加密货币促成隐私的程度绝非微小或二元的：根据用户对核心与辅助技术、使用模式以及攻击者能力与复杂度的个别选择的不同，它会有很大的变化。我们可以观察到，加密货币（尤其是比特币）的接受率，在那些居民经济自由受限的国家中正在增长，例如委内瑞拉。尽管加密货币在构建抗审查交易网络，更能执行不受政府各种形式破坏的货币政策，但只要当权政府能够对用户信息去匿名化，并制定或根据已有法律随意起诉相关用户，这种优势的效用就不大了。这个问题需要引起我们的重视。

交易追踪

在比特币网络上交易时，交易者会留下两种痕迹。它们可被分类为“链上信息”与“链下信息”。链上信息并不直接将其身份信息与交易信息关联，但其揭示了可以将交易者的交易信息与他人相关联的信息。将交易者的身份信息与交易信息关联的则是第二类即链下信息。

（1）链下信息

当你在比特币网络上交易时，你有时会向/从认识你的人处发送/接收比特币。后者则会拥有将你的身份信息与交易信息相关联的链外信息。

当你将上述事实同你的交易信息可与他人相关联的事实组合后，结果便是一些别有动机的实体有时可以明晰你如何使用自己的比特币，你拥有多少比特币以及你在同谁交易这些信息。

甚至在你不与认识你的人交易的情况下，仍然有无数种方法可将你同一笔交易信息相关联，因为比特币交易通常是以非加密的打包形式在网络上进行的，源 IP 地址可以通过数种方式被追溯到。通过诸如 Bitcoin Core 这样的全节点交易时，需要一些三角测量（triangulation）或者目标流量的测探，以便估测源 IP 地址，而其他“轻”钱包诸如移动钱包 Mycelium、Coinbase 钱包等，用户的交易都被直接记录在轻钱包公司的服务器上，并且还记录了交易者的 IP 地址以及完整的交易历史。

即使你是使用公共 WiFi 来进行交易，你仍有可能意外地将真实身份同所访问网站以及设备连接的后台服务相连。当你启动笔记本电脑后，你的百度网盘应用将其同公司服务器相连，这会使得你的 IP 地址同百度账号在该公司的服务器日志中相关联。即使你不访问任何个人网站账户，存储在你笔记本电脑上的 cookie 信息可以通过您与之前浏览历史记录的 Cookie 信息关联，向你浏览的网站显示您的身份。许多网站允许第三方跟踪这样的用户以进行分析——仅谷歌就会跟踪整个网络中约 80% 网站中的用户。

即使你清除 cookie 信息，网站运营者也可以通过不同网站追踪你，只要你的浏览器印记是独特的，就可将你的 IP 地址同身份信息相关联。即使你没有运行任何服务且避免一起浏览一些内容，你的设备的 MAC 地址仍会暴露给网络提供商，运用多种复杂的方式，其可能会同你的真实身份相关联。所以，即使你的 IP 地址不会被通过 ISP 记录追溯到你，你仍可能在使用私人设备时留下其他痕迹。最糟糕的隐私类别当然是使用进行 KYC 的第三方服务作为你的比特币钱包，因为这些服务将记录你所有的交易信息与真实世界的身份。

你也可能因使用基于网页的工具搜索比特币地址与交易信息而与后者相关联，因为除了你，没人会无缘无故地在网上搜索相关信息。

当你搜索交易信息或进行交易时，目前隐藏你的源设备与 IP 地址最知名的方法是借助 Tor 隐匿服务，包括 Bitcoin Core 在内的许多钱包将其作为可配选项，而有些钱包则将其内置化。Tor 浏览器对于你基于网页的比特币相关活动来说近似一个有用的工具，因为它不仅能够隐藏你的 IP 地址，在你每次退出时清除 cookie 信息，阻止第三方 cookie，不受大多数浏览器指纹识别技术的影响。

（2）链上信息

我们可以使用区块浏览器，来逐步理解比特币区块链所揭示信息的类型。为了实践一下，我们将使用开源区块浏览器 blockstream. info 对比特币链上信息进行浏览（见图 2－2）。

Blocks Transactions

HEIGHT	TIMESTAMP	TRANSACTIONS	SIZE (KB)	WEIGHT (KWU)
592721	9/1/2019, 2:01:20 PM GMT+8	2613	1218.411	3993.013
592720	9/1/2019, 1:44:58 PM GMT+8	1169	478.878	1635.646
592719	9/1/2019, 1:40:07 PM GMT+8	943	349.004	1225.47
592718	9/1/2019, 1:36:56 PM GMT+8	2152	739.994	2741.88
592717	9/1/2019, 1:34:37 PM GMT+8	1	0.379	1.084
592716	9/1/2019, 1:33:48 PM GMT+8	2991	1191.439	3993.014
592715	9/1/2019, 1:10:39 PM GMT+8	2306	902.122	3171.728

图 2－2　区块浏览器的使用情况

截至 2019 年 9 月 1 日，区块编号#592721 包含 2613 笔交易信息。点击区块编号，可以进一步看到该区块内容，其中有一条交易信息如图 2－3 所示。

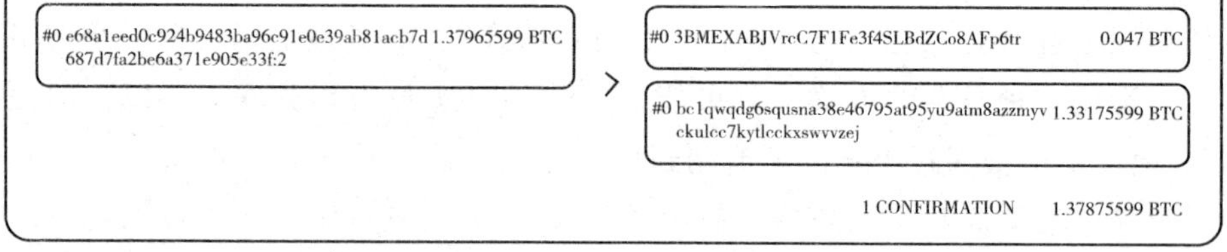

图 2－3　区块编号#592721 中的一笔交易

交易信息包括输入值与输出值，并由交易 ID 标识（由图 2－3 的顶部可见）。如果你的比特币钱包发起了一笔交易，每笔交易都将同一个类似的标识符相关联。从一个高维度来看，其所揭示的信息如下：

- 该笔交易的大致时间：交易并没有打上时间戳，但区块有时间戳。区块时间戳并不必然正确，但是考虑到绝大多数“矿工”都如实报告时间，所有区块的时间戳在数个小时的范围内应该是正确的。对于那些由诚实“矿工”挖取的区块，它们会是正确的。这并不意味着块时间戳必须精确到事务广播时间的几个小时范围内，因为有时打包交易进区块需要更长的时间。一些区块浏览器通过显示其在网络上首次看到一笔交易的时间，以更准确地查看交易的广播时间。上述交易打包进区块的时间可以通过查看区块头获取（在我们的案例区块#592721中，其时间戳为9/1/2019，2：01：20 PM GMT+8）。
- 比特币被发向的地址以及数量：这笔交易中接收地址为：（1）3BMEXABJVrcC7F1Fe3f4SLBdZCo8AFp6tr，数量为0.047BTC；（2）bc1qwqdg6squsna38e46795at95yu9atm8azzmyvckulcc7kytlcckxswvvzej，数量为1.33175599BTC。
- 交易资金来源：这里的资金来源显示为一个地址。然而，Blockstream浏览器的“资金来源”可以显示为交易。之所以Blockstream不将交易资金来源显示为地址，是因为地址严格意义上并不是交易输入的一部分，并且它并不总能推断出交易的起始地址。此外，因为不鼓励地址重建，它能打破大众在传统支付系统中的心理，并不再通过显示这笔交易发送者的地址，让用户错以为资金能够退回给接收者。

拼接信息

由于交易总是需要提供资金来源，交易都被联系在一起，产生所谓的交易图。如果你向你的朋友发送比特币，你的朋友会看到你在交易中的资金输入，但同时你也可以看到你的朋友何时发送这些代币以及这些代币会被发到哪些地址。

一些比特币地址是众所周知的，比如，Bitfinex的冷钱包或者查获的丝绸之路的代币。一个地址会因为这是一个实体而被人们熟知，比如，一个公司或者一个慈善组织，会在宣传网站上公开收款及捐赠的地址，或者无意中通过论坛帖子和执法记录透露了地址。区块链分析公司将会定期搜索网络以收集此类信息。而其他非公开的地址，通过收集与之发生交易关联的已知地址，利用群集分析技术也存在一定的拼接出真实的用户信息的可能性。

3

智能合约与以太坊

以太坊（Ethereum）是一个建立在区块链技术基础上的去中心化的应用平台。以太坊允许任何人应用以太坊脚本，在平台中建立、运行通过以太坊技术开发的去中心化应用。以太坊的概念首次在2013年由Vitalik Buterin受比特币启发后提出，其宗旨是“下一代加密货币与去中心化应用平台”，在2014年通过众筹方式获得比特币资金支持得以发展，并于2015年7月推出，它是目前最大、最受欢迎的开放式平台，能够在不停机、不欺诈、不受第三方干扰的情况下执行智能契约和分布式应用程序（DApp）。截至2019年11月，以太币是市值第二高的加密货币，仅次于比特币。

本章将从解读以太坊、以太坊与比特币的区别、以太坊代币标准、智能合约及其建立的信任共5个方面进行介绍。

3.1 解读以太坊[①]

以太坊（Ethereum）是一个开源的、支持智能合约功能的公共区块链平台，发行专用加密货币——以太币（ETH），并提供去中心化的以太虚拟机EVM（Ethereum Virtual Machine）来运行点对点的智能合约。

以太坊简述

以太坊是将比特币中的一些技术和概念运用于分布式计算领域的一项创新。以太坊使用了很多跟比特币类似的机制，比如区块链记账技术和P2P网络，来

① 《以太坊白皮书》，参见 https://ethfans.org/wikis/以太坊白皮书；《精通以太坊》，参见 https://github.com/inoutcode/ethereum_book。

维护一个共享的计算平台，这个平台可以灵活且安全地运行用户实现的程序，当然，也包括类似比特币的区块链程序。

在以太坊出现之前，已经有很多基于区块链技术、试图实现智能合约应用的项目。然而，这些项目都有一定的局限性，只能同时支持一种或几种特定的应用，开放性和拓展性做得并不完善。而以太坊之所以能超越以往项目的局限性，主要因为其拥有如下核心思想：以太坊要实现的是一个内置了编程语言的区块链协议，由于支持了图灵完备编程语言，那么，理论上任何区块链应用都可以用这门语言进行编写，进而作为一种应用，运行于以太坊的区块链虚拟机上。根据以太坊定义好的区块链协议，区块链应用开发者可以高效、快速地开发基于区块链的应用，并方便地运行在区块链上。

比特币经常被称之为“全球账簿”，尽管这个账簿记录的仅仅是比特币这种加密货币资产的全部账单。相应的，以太坊通常被看作一台“全球计算机”，即任何人都可以在以太坊上传和执行应用程序，并且程序的有效执行能够得到区块链网络的保证，这种保证依赖的正是以太坊系统极强的稳健性。因为类似于比特币，以太坊网络是去中心化的、由全球成千上万的计算机组成的共识网络。以太坊，既借鉴应用于比特币和其他系统中的区块链技术，也发展类似于比特币和其他系统中的密码学和经济刺激手段，以保证其区块链网络的安全运营。更重要的，以太坊对图灵完备的编程语言的支持，使其得以获得更大的可能性。

从本质上说，以太坊的目标是将区块链技术所具有的去中心化、开放性、不可篡改性和安全这几大特点，引入几乎所有能被编程、被执行的计算领域。

接下来，我们对以太坊的主要技术进行详细的介绍。

以太坊的区块链

在以太坊技术中，区块链是具有“共享状态的加密安全交易单机”，简单解释为：

- “加密安全”是指数字货币的创造是通过复杂的数学算法来保证的，而这些算法很难破解，类似于系统的防火墙，你无法在区块链中创建虚假的交易或删除交易等。
- “交易单机”是指有一个机器的单个实例，就可以负责系统中产生的所有交易。换句话说，每个人都相信“一个单一的全局真相”。

- “共享状态”的意思是，在这一系统中所存储的状态对每个人都是透明和开放的。

以太坊区块链本质上是一个为交易服务的状态机。在计算机科学中，一个状态机指的是这样一种东西，它可以读取一系列的输入，并基于这些输入产生一个新的状态。

以太坊状态机的运行从一个“元状态”开始，这类似于在网络上没有发生任何交易之前的一块空白石板。当交易执行时，这个元状态就转变为一些最终状态。在任何时候，这些最终状态都代表着以太坊区块链的现状。

以太坊系统中运行着数百万笔交易，这些交易被分组归类为“区块”。一个区块包含一系列交易，每个块与其前面的区块串联在一起。

要从一个状态转到另一个状态，必须证明交易是有效的。如果一个交易被认为是有效的，就必须通过一个验证过程，这一过程称为“挖矿”。“挖矿”是指一组节点（即计算机）消耗它们的计算资源来创建一个有效交易的区块。

网络中任何声明自己是“矿工”的节点都可以尝试创建和验证区块，全世界有许多“矿工”试图同时创建和验证区块。每个“矿工”在向区块链提交一个区块时，都要提供一个数学的“证明”，且把这个“证明”作为一个保证：如果这个数学证明存在，则该区块必然是有效的。

如果要在主区块链上添加一个区块，“矿工”必须比其他竞争对手更快地对其进行证明。通过让“矿工”提供数学证明来验证每个区块的过程被称为“工作量证明”。一个“矿工”如果验证了一个新的区块，这个验证工作就会得到一定数额的价值回报。这个价值是多少呢？以太坊区块链使用了一种内部数字令牌，叫做“以太币”。每当一个“矿工”证明了一个区块，就会生成并得到一个新的以太币。

多条链的产生，被称为“分叉”。因为分叉会破坏系统，因此，我们通常会避免分叉，迫使人们选择他们“相信”的链条。为了确定哪个路径是最有效的，并防止分叉的发生，以太坊使用了一种叫做“GHOST 协议”（Greedy Heaviest Observed Subtree）的机制。简单地说，GHOST 协议让我们必须选择在链上做最多计算的路径。确定该路径的一种方法是使用最新区块的数量，来表示当前路径中的区块总数（不计算起源块）。块数越多，路径越长，“挖矿”的难度越大，最终一定会到达最新区块。使用这种方式让我们对当前区块链状态的唯一版本达成一致意见。

以太坊的账户

以太坊的“共享状态”是由许多账户组成的，它们能够通过一个消息传递框架相互通信。每个账户都有一个与它关联的状态和一个20字节的地址。以太坊的地址是一个160位比特的标识符，用于识别账户。

以太坊有2种账户类型：

- 外部账户由私人密钥控制，没有与之相关的代码。外部账户可以通过创建和使用其私人密钥签署一项交易，向其他外部账户或其他合约账户发送消息。两个外部账户之间的消息只是一种价值转移。但从一个外部账户到一个合约账户的消息会激活合约账户的代码，使它能够执行各种操作，例如转移代币、写入内存、生成新的代币、执行一些计算、创建新合约等。
- 合约账户由其合约代码控制，并具有与其相关的代码。与外部账户不同，合约账户不能自行启动新的交易。相反，合约账户只能根据它们收到的其他交易，从外部账户或从另一个合约账户进行交易。

在以太坊区块链上发生的任何操作都是由外部控制账户的交易引起的。

账户状态

无论账户是哪种类型，账户状态都由以下4个部分组成。

- nonce：如果账户是一个外部账户，这个数字代表从账户地址发送的交易数量。如果账户是一个合约账户，nonce是账户创建的合约数量。
- balance：这个地址拥有的Wei（以太坊货币单位）数量，每个以太币有1e+18 Wei。
- storageRoot：一个Merkle Patricia树根节点的哈希，它对账户的存储内容的哈希值进行编码，并默认为空。
- codeHash：EVM（以太坊虚拟机）的哈希值代码。对于合约账户，这是一个被哈希后并存储为codeHash的代码。对于外部账户，codeHash字段是空字符串的哈希。

Gas和支付

在以太坊中，费用的计算是一个非常重要的概念。在以太坊网络上进行的每一笔交易都会产生费用。没有免费的午餐，这笔费用被称为“Gas”。Gas Price 是指：你愿意花在每一个单位 Gas 上的以太币数量，是用“gwei”来计算的。Wei 是以太币中最小的单位，其中，1018 Wei 代表 1 个以太币，一个 gwei 是 1000000000 Wei。

每次交易，发送方都要设置一个 Gas Limit 和 Gas Price。Gas Limit 和 Gas Price 代表发送方愿意为执行交易支付的最大金额。

例如，发送方将 Gas Limit 设置为 50000，一个 Gas Price 设置为 20 gwei。这意味着发送者愿意花费最多 50000 × 20 gwei，也就是 1000000000000000 Wei（0.001 以太币）来执行这一交易。

这里需要留意的是，Gas 限额是发送方愿意花钱的最大限度。如果他们的账户余额中以太币的数量大于这个最大值，那么他就可以进行交易。在交易结束时，发送方将被退还的那些未使用的 Gas，按原来的价格进行兑换。

如果发送方没有提供执行交易所必需的 Gas，则该交易运行的结果会是“余额不足”，并被认为无效。在这种情况下，交易处理中止，其间产生的任何状态都会发生逆转，这样就可以在交易发生之前返回到以太坊区块链。此外，交易失败的记录会被记载下来，显示尝试过哪些交易，哪些交易失败了。由于系统已经在 Gas 用光之前做完了运算工作，所以从逻辑上看，Gas 不会被退还给发送方。

那么，这些 Gas 的钱到底去哪了呢？发送方花在 Gas 上的所有钱都寄给了“受益人”地址，也就是“矿工”地址。由于“矿工们”正在努力运行计算和验证交易，所以收到了作为奖励的 Gas。通常情况下，发送方愿意支付的 Gas 价格越高，“矿工”从交易中获得的价值就越大，“矿工”们也就越有可能选择这个交易。通过这种方式，“矿工”可以自由地选择交易。为了给发送者设置 Gas Price 做参考，“矿工们”可以直接提出他们执行交易所需的最低 Gas Price。

（1）存储费用

Gas 不仅用于支付计算的费用，还用于支付存储的使用费用。存储的总费用与使用的 32 字节的最小倍数成正比。

存储费用与交易费用有一些不同。由于增加的存储量增加了所有节点上的以太坊状态数据库的大小，所以，存储数据的数量会变小。由于这个原因，如果一个交易有一个步骤可以清除存储中的条目，则可以免除执行该操作的存储费用，并且还能因此得到退款。

（2）费用的目的是什么？

以太坊工作方式的一个重要方面是，网络执行的每一个操作都同时受到每个完整节点的影响。然而，在以太坊虚拟机上的计算步骤非常昂贵。因此，以太坊智能合约更适合简单的任务，比如运行简单的业务逻辑或验证签名和加密其他对象，而不适合更复杂的用途，比如，文件存储、电子邮件或机器学习，这些都会给网络带来压力。收费的目的就是使整个网络不会因用户的不当使用而变得负担过重。

除此之外，以太坊是一种图灵完整语言。这就允许了循环，使得以太坊区块链容易受到暂停问题的影响，因为在这个问题中，无法确定一个程序是否会无限运行。如果没有费用，意图不良的人可以通过在交易中执行一个无限循环来扰乱网络，从而产生不良的影响。因此，费用保护了网络免受蓄意攻击。

那么，支付存储费用的目的就像计算一样，在以太坊网络上的存储也是整个网络必须承担的成本。

交易与消息

上文提到，以太坊是一个基于交易的状态机。换句话说，不同账户之间发生的交易正是以太坊从一个状态转移到另一个状态的原因。因此，交易可以看做是一个由外部拥有的账户生成的序列化加密签名指令，然后提交给区块链。

交易分为两类："消息调用"和"合约创建"（创建新的以太坊合约的交易）。不管哪一类，所有交易都包含以下组件：

- Nonce：发送方发送的交易数量的计数。
- GasPrice：发送方愿意支付每单位 Gas 所需执行交易的 Wei 数量。
- GasLimit：发送方愿意支付的执行这一交易的 Gas 最大数量。这个数额是预先设定和支付的。
- to：接收方的地址，在创建合约的交易中，合约账户地址还不存在，因此使用了空值。
- Value：从发送方转移到收件方的金额，在创建合约的交易中，这个 Value 作为新创建合约账户内的起始余额。
- v，r，s：用于生成识别交易发送方的签名。
- Init（只存在于创建合同的交易中）：用于初始化新合约账户的 EVM 代码片段，它只运行一次，然后被丢弃，当 init 第一次运行时，它会返回账户代码的主体，这个代码是与合约账户永久关联的一段代码。

- data（只存在于消息调用中的可选字段）：消息调用的输入数据（即参数）。例如，如果一个智能合约充当域名注册服务，那么，对该合约的调用可能会有诸如域名以及 IP 地址等输入字段。

在说“账户”的时候，我们看到，交易（包括消息调用和合约创建的交易）总是由外部账户启动并提交给区块链。另一种思考方式是，交易是连接外部世界与以太坊内部状态的“桥梁”，但这并不意味着一个合约不能与其他合约对话。在全局范围内存在的合约，可以与同一范围内的其他合约进行交流。它们是以“消息”或“内部交易”的方式来实现的。我们可以认为消息或内部交易类似于交易，其主要区别在于它们不是由外部账户所产生的，相反，是由合约产生的，是虚拟对象。与交易不同，合约不是序列化的，而是只存在于以太坊的执行环境中。

当一个合约将一个内部交易发送到另一个合约时，存在于接收方合约账户上的关联代码就会被执行。

需要注意的一点是，内部交易或消息不包含 Gas Limit。这是因为 Gas Limit 是由原始交易的外部创建者（即部分外部账户）来决定的。外部账户集合的 Gas Limit 必须足够高，以便进行交易，这包括由这一交易而导致的任何次级处理运行，例如，合约对合约的消息。如果在交易和消息链中，特定的消息执行耗尽了 Gas，那么该消息的执行将与执行引发的所有后续消息一起恢复。不过，上一级的执行不需要恢复。

以太坊的区块

所有的交易都被组合成“区块”，区块链则包含一系列这样被链接在一起的区块。在以太坊中，一个区块包括区块头、关于包含在此区块中交易集的信息、与当前块的 Ommers 相关的一系列其他区块头。

比起比特币之类的区块链，以太坊的构建方式使区块生成时间要快很多。这样可以更快地处理交易。然而，缩短区块生成时间的一个缺点是，“矿工们”要找到更多相互竞争的区块解决方案。这些相互竞争的区块也被称为“孤儿区块”，不能进入主链。Ommer 的目的是帮助奖励“矿工”，也包括这些“孤儿区块”。“矿工”的 Ommer 必须是“有效的”，也就是说，限制在目前区块的第六代或更小的范围内。六代之后，陈旧的“孤儿区块”就不能再被引用。比起完整的区块，Ommer 块获得的奖励要小一些。尽管如此，“矿工们”仍然有一定的动力去挖掘这些“孤儿区块”并获得回报。

回到区块本身，每个区块都有一个区块头，区块头描述区块的主要内容，主要包括：

- parentHash：一个父区块头的哈希。
- ommersHash：当前区块 ommer 列表的哈希。
- beneficiary：收取采矿费用的账户地址。
- Stateroot：状态树的根节点哈希。
- transactionsRoot：包含在此区块中列出的所有交易树根节点的哈希值。
- receiptsRoot：包含本区块中列出的所有交易树根节点的哈希的收据。
- logsBloom：一个由 log 组成的 Bloom 过滤器（数据结构）。
- difficulty：这个区块的难度水平。
- 编号：当前区块的记数（元区块的编号为 0；每个后续区块的块数增加 1）。
- gasLimit：当前每个区块的 Gas 限制。
- gasUsed：本区块交易所使用的总 Gas 之和。
- 时间戳：这个区块注入的 unix 时间戳。
- extraData：与此区块相关的其他数据。
- mixHash：当与 nonce 结合时，证明这个区块执行了足够的计算的哈希值。
- nonce：当与 mixHash 结合时，证明这个区块已经执行了足够的计算的哈希值。

交易的执行

交易的执行是以太坊协议中最复杂的部分之一。假设将一个交易发送到以太坊网络进行处理，如果以太坊状态要将你的交易包括在内，会发生什么？

首先，所有交易都必须满足初始的一组需求才能执行。其中包括以下几个部分。

- 交易必须是正确的 RLP 格式（RLP 是“递归长度前缀”的缩写，是用于二进制数据编码嵌套数组的数据格式，RLP 是以太坊使用的序列化对象的格式）。
- 有效的交易签名。

• 有效的交易 nonce，回想一下，一个账户的 nonce 是从该账户发送的交易的统计，为了有效，交易 nonce 必须与发送方账户的 nonce 相等。

• 交易的 Gas 限额必须等于或大于交易所使用的内部 Gas，内部 Gas 包括：1）为执行交易预先确定的费用为 21000 Gas；2）与该交易一起发送的数据 Gas 费用（对于每一个等于零的数据或代码的每个字节收取 4 个 Gas，每个非零字节的数据或代码为 68 个 Gas）；3）如果这笔交易是一笔合约创建交易，则额外收取 32000 Gas。

• 发送方的账户余额必须有足够的以太币来支付前期的 Gas 费用。前期 Gas 成本的计算很简单：首先，交易的 Gas Limit 乘以交易的 Gas Price，以确定最大的 Gas 成本。然后，这个最大的成本被算在从发送方转移到接收方的总额中。

如果交易符合上述有效性的所有要求，就可以进入下一个步骤。

• 首先，从发送方的余额中扣除执行的前期成本，并将发送方账户的 nonce 加 1。我们可以计算剩余的 Gas，因为交易的 Gas Limit 要减去所使用的内在 Gas。

• 其次，交易开始执行。在交易的整个执行过程中，以太坊都跟踪“子状态”。子状态记录交易中产生的信息，这些信息也是交易完成后所马上需要用到的。具体来说，它包含：

1）自毁集合：交易完成后将丢弃的一组账户（如果存在的话）。

2）日志序列：虚拟机代码执行的存档和可索引的检查点。

3）退款余额：交易完成后退还给发送者账户的余额。

• 再次，处理完交易中的所有步骤，并假定没有无效状态，则通过确定向发送方退还未使用的 Gas 数量，来最终判定最终状态。除了未使用的 Gas 外，发送方还从上文所述的“退款余额”中退还了一些余额，包括：

1）Gas（以太币）给“矿工”。

2）该交易所使用的 Gas 被添加到区块的 Gas 计数器（该计数器记录该区块中所有交易使用的总 Gas）。

3）删除自毁集合中的所有账户（如果有的话）。

• 最后，只剩下了新的状态和已创建交易的一组 log。

下面，再来看看合约创建的交易和消息调用之间的一些差异。

（1）合约创建

前面说过，以太坊的账户分为两类：合约账户和外部账户。当交易是“契约创建”（Contract Creating）时，意思是，交易的目的是创建一个新的合约账户。为了创建一个新的合约账户，首先使用一个特殊的公式来声明新账户的地址，然后通过以下方式初始化新账户：

- 将 nonce 设置为零。
- 如果发送方在交易中发送了一定数量的以太币作为价值，则将账户余额设置为该价值。
- 从发送方的余额中扣除这个新账户余额的增加部分。
- 将存储设置为空。
- 将合约的 codeHash 设置为空字符串的哈希值。

一旦账户完成了初始化就可以创建账户了，使用与交易一起发送的 init 代码。在执行这个 init 代码的过程中，可能发生很多情况。根据合约的构造函数，它可能更新账户的存储，创建其他的合约账户，或其他的消息调用，等等。

一旦初始化合约的代码被执行就将开始消耗 Gas，交易使用的 Gas 不能超出账户的余额，一旦超出，将会出现“Gas 耗光”的异常并且退出。

但是，如果发送方在交易中发送了一些以太币，这时合约创建失败也会退还以太币吗？答案是，不会。如果初始化代码执行成功，则支付最终的合约创建成本。这是一个存储成本，并且与创建合约代码的大小成正比。如果剩余的 Gas 不足以支付这笔最终成本，那么，这笔交易将再次被声明为一个“Gas 耗光”异常。如果一切顺利，而且没有遇到任何异常，那么，剩余的 Gas 都会退还给交易的原始发送方，并允许改变状态继续存在。

（2）消息调用

消息调用的执行类似于合约创建，但有一些不同之处。消息调用的执行不包含任何 init 代码，因为没有创建新的账户。但是，如果这些数据是由交易发送方提供的，它可以包含输入数据。一旦执行，消息调用也有一个额外的组件，其中包含输出数据，如果后续执行需要这些数据，则使用这些数据。

如同合约创建一样，如果由于 Gas 耗尽或交易无效（例如堆栈溢出、无效的跳转目的地或无效指令），则所使用的任何 Gas 都不会退还给原来的调用者，取而代之的是，所有剩余的 Gas 都会被消耗掉，并且状态被重置到余额转移之前的情况。

（3）执行模式

在虚拟机 VM 中，交易实际上是如何执行的呢？实际处理交易的部分是以太坊自己的虚拟机 EVM，其特点为：

- EVM 是一个“图灵完备”的虚拟机。唯一的不同是 EVM 有内在 Gas 的约束。因此，可以完成的计算总量本质上受到所提供 Gas 数量的限制。

- EVM 有一个基于栈机器的架构。栈机器是一种使用“后入先出”的堆栈来保存临时值的计算机。EVM 中每个栈条目的大小为 256 位，最大为 1024 位。

- EVM 具有内存，其中存储的条目是字地址字节数组（word - addressed byte arrays）。内存是易失性的，这意味着它不是永久性的。

- EVM 还有存储空间。与内存不同，内存的存储是非易失性的，并作为系统状态的一部分来维护。EVM 在一个虚拟 ROM 中独立存储程序代码，只能通过特殊的指令访问虚拟 ROM。这就是 EVM 与典型的冯·诺伊曼结构的不同，冯·诺伊曼结构中的程序代码是在内存中。

- EVM 也有自己的语言——EVM 字节码。当程序员在以太坊上写智能合约的时候，通常用高级语言写代码，比如 Solidity。然后，可以编译成 EVM 字节码，以便 EVM 可以理解执行。

接下来看看 EVM 如何运行。在执行特定的计算之前，EVM 处理器要确保以下信息是可用且有效的：

- 系统状态。
- 用于计算的剩余 Gas。
- 拥有执行代码的账户地址。
- 产生此执行交易的发送方地址。
- 引发代码执行的账户地址（可能与原始发送方不同）。
- 产生此次执行交易的 Gas Price。
- 此执行的输入数据。
- 作为当前执行的一部分，价值（以 Wei 为单位）传递到这个账户。
- 要执行的机器码。
- 当前块的区块头。
- 当前消息调用或合约创建的栈深度。
- 在执行开始时，内存和栈是空的，程序计数器归零。

然后，EVM 递归执行交易，计算系统状态和每个循环的机器状态。简单地说，这个系统状态就是全局状态。机器状态包括：

- 可用的 Gas。
- 程序计数器。
- 内存的内容。

- 内存中的字活跃数。
- 栈内容。

栈中条目是从该系列最左边的部分中添加或删除，表现为：在每个循环中，从剩余的 Gas 中减少适当的 Gas，并且程序计数器递增。在每个循环的结束时，有 3 种可能性：

- 机器达到一个特殊状态（例如 Gas 不足、指令无效、栈条目不足、栈条目溢出超过 1024、无效的 JUMP/JUMPI 等），因此，必须停止，任何更改都将被丢弃。
- 这个序列继续进入下一个循环。
- 系统被迫停止。

假设执行没有达到一个特殊状态，并达到一个“可控制的状态”或正常停止，那么，机器就会生成结果状态，保留执行后剩余的 Gas。

（4）一个区块的最终完成

最后，来看看多个交易在一个区块中是如何最终完成的。

这里所说的“最终”可能是指两种不同的东西，这取决于区块是新的还是已经存在的。如果是一个新区块，“最终”指的是挖掘这个区块所需要的过程；如果是一个现有的区块，那么“最终”指的是验证块的过程。在这两种情况下，对于要到“最终”状态的区块有以下 4 个要求。

- 验证（如果是“挖矿”，就是判定）ommer：每个区块头中的每个 ommer 区块都必须是一个有效的区块头，并且在当前区块的六代以内。
- 验证（如果是“挖矿”，就是判定）交易：区块上的 gasUsed 数字必须等于该区块中所列交易所使用 Gas 的累积。
- 申请奖励（只限于挖矿的情况）：受益人地址被授予 5 以太币，用于开采该区块（根据以太坊 EIP－649，这 5 个 ETH 的报酬将很快减少到 3 个）。此外，对于每一个 ommer，当前区块的受益者将额外获得当前区块奖励的 1/32。最后，ommer 区块的受益人也可以得到一定数额的赔偿。
- 验证（如果挖矿，计算一个有效的）状态和 nonce：确保应用所有交易和由此产生的状态更改，在区块奖励应用于最终交易的结果状态之后，定义新区块的状态。通过检查这个最终状态来验证存储在区块头中的状态。

“挖矿”

同比特币一样，以太坊系统的运行也需要大量“挖矿节点”的支持，“挖矿”对整个以太坊系统来说既是一种安全机制，也是一种财富分配机制。

（1）“挖矿”作为一种安全机制

总体而言，PoW 的目的是以一种安全加密方式证明工作量，基于特定的计算量生成某些输出（即 nonce）。这是因为，除了穷举所有可能性之外，没有更好的办法来找到低于要求阈值的 nonce。重复应用哈希函数的输出具有均匀分布的特点，因此我们可以确信，找到这样一个 nonce 所需的平均时间取决于难度阈值。难度越大，解决问题的时间就越长。这样，PoW 算法对难度概念赋予了真实的意义，这个概念被用来增强区块链的安全。

那么，区块链安全又是指什么？很简单，就是要创建一个每个人都信任的区块链。正如先前讨论的那样，如果存在一个以上的链，用户将对其失去信任，因为他们无法合理地确定哪一个链是“有效的”链。为了让一组用户接受存储在块环链上的基本状态，需要一个大家都相信的且单一规范的区块链。

而这正是 PoW 的作用：它确保一个特定的区块链可以保持规范，使攻击者难以创建新的区块，或者覆盖历史的某一部分（例如，擦除交易或创建虚假的交易），或者对一个分叉进行维护。为了验证他们的区块，攻击者需要比网络中的其他任何人都更快地解决 nonce 问题，这样网络就会相信他们的链条是最重链（基于之前提到的 GHOST 协议的原则）。这是基本上不可能的，除非攻击者拥有超过一半的网络挖掘能力，也就是在比特币部分提到的“51% 攻击”。

（2）“挖矿”作为一种财富分配机制

除了确保一个安全的区块链环境，对那些为了提供这种安全而消耗算力的人，PoW 还是一种分配财富的方式。回想一下，“矿工”在开采一个区块时会得到奖励，其中包括：

- “获胜”区块获得的 5 以太币（不久将改为 3 以太币）的奖赏。
- 该区块所包括的交易在区块内消耗的 Gas 成本。
- 将 ommer 作为区块的一部分的额外奖励。

从长远来看，为了确保 PoW 机制在安全和财富分配方面的使用是可持续的，以太坊努力培养它的两个特性：

让尽可能多的人能够接触到它，换句话说，人们不应该需要专门的硬件来运行算法，这样做的目的是使财富分配模型尽可能开放，以便任何人都可以根据自身的情况提供计算能力，以换取以太币。减少单个节点（或小集）产生不成比例利润的可能性，任何节点如果能够获得不成比例的利润，就意味着节点对规范区块链的确定有很大的影响，这会降低网络的安全性。

总的来说，以太坊作为第2代区块链技术，使用虚拟机及 solidity 语言以更好地支持智能合约，同时也建立自己的经济体系，使其成为目前区块链应用中使用最广泛的底层公链平台。

3.2 以太坊与比特币的区别

比特币与以太坊分别作为区块链技术1.0和2.0的代表，其底层都是区块链技术，主要区别在于对智能合约支持以及使用区块链技术的具体方式。本小节对这两个当前最流行的区块链公链进行对比分析。

区块链1.0——比特币

区块链是一个分散的全球型数据库，将加密信息块一块一块地链接起来。比特币是一个分散的计算网络，用户可以在比特币网络上进行记账。比特币将区块链的概念引入了我们的世界。

比特币使用区块链存储比特币的交易信息，每一笔交易都通过区块链和之前的交易相连接。比特币由 PoW“挖矿”实现共识机制，用哈希函数和 UTXO 确保数据的不变性和完整性。

比特币的不变性，令用户无法回滚交易或删除过去的交易，避免了“双重支付”，确保了数字货币的信誉，最终使得比特币具有价值。

比特币没有账户，而是使用 UTXO（未花费的交易输出）。UTXO 是比特币交易生成和交易验证的一个核心概念。每笔比特币交易都有输入和输出，别人付给你的钱是“交易输入”，你收到的钱是“交易输出”。一笔笔交易，构成了交易链，所有合法的比特币交易都可以向前追溯到一个或多个交易输出，这些链条的源头当然是“挖矿”的奖励，末尾则是当前未花费的交易输出。所有未花费的输出即整个比特币网络的 UTXO。所以，在比特币网络中，并没有账户的概念，也没有比特币余额的说法，只有遍布全网区块链的 UTXO。

区块链2.0——以太坊

以太坊是一个分散的计算网络，让用户可以在以太网上运行智能合约和分散应用程序（DApp Decentralized Application）。这些应用程序将在没有中央服务器的情况下运行。

（1）以太坊如何利用区块链

以太坊使用区块链，存储有关在网络上运行的应用程序（DApp）的信息。区块链网络会跟踪代码的执行情况以及所有应用程序所处的状态。

DApp 是分散应用程序（decentralized application）的缩写，即运行在分散式网络上的应用。以太坊网络就像手机的 IOS 系统和 Android 系统，是平台系统，是底层的生态环境。DApp 就是平台上衍生的各种分布式应用，也是区块链世界基础服务的提供方。DApp 之于区块链，就像 APP 之于 IOS 和 Android。DApp 就像一个“启用区块链”的网站，而智能合约允许它连接到区块链上。

从实现来看，DApp 由前端和智能合约组成。一个 DApp 的前端，可以是任何语言编写的前端代码和用户界面（就像一个应用程序）。前端可以调用后端。智能合约是 DApp 和区块链数据库之间的桥梁，发挥区块链“API 连接器”的作用。打个比方，DApp 就像一个“启用区块链”的网站，而智能合约允许它连接到区块链上。

传统的 Web 应用程序使用 HTML、CSS 和 JavaScript 来渲染页面（前端）。它还需要用 API，从数据库中获取数据。比如，当你打开 Facebook 网页，该页面会通过 API 来获取你的个人信息（姓名、性别等），并将其显示在页面上，结构为：前端→API→数据库。而 DApp 与传统的 Web 应用程序非常相似，前端使用完全相同的技术来渲染页面。一个关键的区别是，DApp 不使用 API 访问数据库，而是通过智能合约访问区块链数据库，结构为：前端→智能合约→区块链。

由区块链的去中心化的特性和智能合约的优势，可以看出基于区块链平台的 DApp 的特点为：首先，用户的隐私得到很好的保护，信息被加密存储于区块链上；其次，网络节点去中心化操作，所有节点同步 DApp 各种状态；最后，通过标准算法生产代币，代币根据应用场景使用，有贡献的用户可获得代币奖励。

（2）以太坊选择了账户余额制

以太坊为了运行 DApp，放弃了 UTXO，选择了账户余额制。以太坊和比特币最大的不同在于，比特币用区块链记账和使用 UTXO，而以太坊用区块链运行程序代码和使用账户余额制。

（3）以太坊支持图灵完备

不严格来说，如果对一门编程语言，给它足够时间，它就可以用计算机完成任何计算任务，解决任何计算问题，那么，这门语言就是图灵完备的。如果需要解决任何问题，就需要运用到“循环”“条件控制”等词语。

比特币的脚本语言没有循环语句和条件控制语句，因此我们说：比特币脚本语言不是图灵完备的。这导致比特币脚本语言有一定的局限性。当然，由于这些局限性，黑客就没办法使用这种脚本语言，写一些死循环（会造成网络瘫痪）或者一些能导致DOS攻击的恶意代码，也就避免了比特币网络受到DOS攻击。比特币的开发者也认为核心区块链不应该具备图灵完整性，来避免一些攻击和网络堵塞。

但是，也正是由于这些局限性，比特币网络没有办法运行它复杂的程序了。而以太坊使用的语言，具备了图灵完整性。打个比方：区块链 1.0 就像古老的电话，只有打电话、接电话这种核心功能；而区块链 2.0 就像智能手机，可以运行各种各样的 APP，可以运行游戏 APP，可以运行微信，极大地影响了人们的生活。

3.3 以太坊代币标准

以太坊是一个分布式的智能合约平台，在以太坊上可以进行 DApp 的开发，而每种 DApp 可以分发自己的代币 Token，代币是属于该 DApp 的一个数字令牌。基于 DApp 的应用业务，可以代表任何交易物品：币，忠诚点，黄金券，白条，游戏物品等。

为什么要有代币标准

理论上 DApp 的开发可以随意进行，只要符合语法规则、能够运行在以太坊虚拟机上即可，但 DApp 对应的代币的流通需要钱包的支持；同样，理论上也可以对每一种代币开发其专有的钱包，但钱包的开发难度一般要远远大于代币的开发，就像开发 Android 的 APP 的难度与开发 Android 系统中 Dalvik 虚拟机的难度系数根本不在一个量级上一样。

从以太坊查询工具 Etherscan（https://etherscan.io/tokens）上，可以了解到，截至 2019 年 9 月，已经有超过 21 万种代币上线，那么，为每种代币开发自己的支持钱包很不现实。所以，需要一种通用的钱包，提供通用的代币操作协议，这样一个钱包可以支持所有符合该钱包接口协议的代币。ERC（ERC - Token Standard）就是这样的协议，由以太坊社区定义用户和以太坊网络及基础设施进行交互的规则。常见的 ERC 标准有 ERC20、ERC721。

ERC20[①]

可以把 ERC20 简单理解成以太坊上的一个代币协议，所有基于以太坊开发的代币合约都遵守这个协议。我们可以将遵守这些协议的代币视作标准化的代币，而标准化带来的好处是兼容性好。ERC20 是标准 Token 接口，它规定了 Token 的基本功能，是比较早期制定的令牌标准。在一些开源组织的工作推动下，ERC20 的标准已经简单到能 5 分钟发行一个 ERC20 的 Token，所以后来想要在一般虚拟币交易所交易的 Token，就会用这个标准来写程式。这个标准从 2015 年开始开发，迭代成为一个非常完善的版本。基于这个标准创建的代币可以很方便地被支持以太坊的钱包和交易所接受；同时，如果你使用以太坊浏览器，你还能随意地查看在网络上的转账记录，以及转账的金额。可以说，ERC20 的出现，开启了区块链项目 ICO 的繁荣，让基于以太坊的项目变得更容易获得投资，间接开启了 2017 年整个区块链行业一波的繁荣；同时，也因为发行 ERC20 代币过于简单，导致了大量泡沫和欺诈，进而导致了我国央行为了保护广大投资者于 2017 年 9 月 4 日定性 ICO 为非法。

从接口标准来看，ERC20 主要规定代币的名称、符号、发行总量等属性。以下是 ERC20 的接口形式：

```
contract ERC20 {
    //总共要发多少币
    function totalSupply () constant returns (uint totalSupply);
    //返回当前指定地址的余额
    function balanceOf (address_owner) constant returns (uint balance);
    //调用 transfer 将自己的 token 转移 到_to 地址_value 为转账到数量
    function transfer (address_to, uint_value) returns (bool success);
    //与_approve 函数配合使用，_approve 批准之后，调用 transerFrom 转
移 token
```

① 开源社区 EIP20（ERC20）标准，参见 https：//eips. ethereum. org/EIPS/eip - 20。

```
function transferFrom (address _from, address _to, uint _value) returns (bool success);
//授权_spender 可以从自己的账户转移的余额，可以分多次转移
functionapprove (address_spender, uint_value) returns (bool success);
//返回 spender 还能提取的 token 数量
function allowance (address _owner, address _spender) constant returns (uint remaining);
//当 token 转移之后会触发事件
event Transfer (address indexed_from, address indexed_to, uint_value);
//当任何的 approve 被触发之后，都会调用此函数
eventApproval (address indexed _owner, address indexed _spender, uint _value);
}
```

ERC721[①]

在 ERC20 标准中，每个代币是同质化的，可置换的，意味着同种 Token 的每个代币之间没有区别，这种代币可以广泛应用于代金券、积分等场景中。但同时存在另一种场景：代币背后所指向的实物是唯一性的，如房产、文物等，在这种资产区块链项目开发中，代币就不能使用 ERC20 标准，而需要用 ERC721 标准。ERC721 是针对不可置换 Token 的智能合约标准接口。

ERC721 跟 ERC20 有什么不同，简单说就是：ERC721 是用来定义不可替代的代币。每个标记是唯一的，不像 ERC20 每个标记都相同。ERC20 是基于标准的代币协议，它能够用于网站流通价值的积分、虚拟币等。ERC721 的 NFT 让数字资产变得更有收藏价值，尤其是在加密货币收藏和网络游戏领域拥有巨大的潜力，用 ERC20 的代币用于游戏的流通价值积分，用 ERC721 代表网站的虚拟装备、独一无二的道具等，设计出基于双重代币的游戏模型。2017 年 11 月，以太坊网络突然变得特别拥堵，原因是兴起了一款以太坊养猫的 DApp 游戏 CryptoKitties，超级可爱的猫形象，再加上配种、繁殖和拍卖等丰富的玩法，风

① 开源社区 EIP721（ERC721）标准，参见 https://eips.ethereum.org/EIPS/eip-721。

靡了币圈。以太坊养猫中的“猫”就是ERC721的Token，每只“猫”都是拥有不一样基因的“猫”，归根到底也就是拥有不一样属性的Token。“猫”的编号是Token的编号，“猫”的基因也就是Token的属性。

以下是ERC721的接口形式：

```
contract ERC721 {
    //发行代币的总量
    function totalSupply () public view returns (uint256 total);
    //根据指定的地址返回代币的数量
    function balanceOf (address_owner) public view returns (uint256 balance);
    //根据指定的tokenId返回当前拥有者
    function ownerOf (uint256_tokenId) external view returns (address owner);
    //当前用户是否有转移代币的权力
    function approve (address_to, uint256_tokenId) external;
    //tokenid 资产转移
    function transfer (address_to, uint256_tokenId) external;
    //将指定的 tokenid 从_from 转移 到_to
    function transferFrom (address_from, address_to, uint256_tokenId) external;
    event Transfer (address from, address to, uint256 tokenId);
    event Approval (address owner, address approved, uint256 tokenId);
}
```

3.4 智能合约

区块链是一种分布式记账技术，如果记账内容不仅仅是货币及其交易，而是合同、契约，当某条件达成时，合同契约能够在区块链上得到自动执行，比如说在一定条件下发生价值转移，那么在区块链上实现的这种合同就可以称为智能合约。智能合约是一套以程序形式定义的承诺，承诺控制着数字资产并包含了合约参与者约定的权利和义务，由组成区块链网络的各计算机系统自动执行。

而智能合约程序不只是一个可以自动执行的计算机程序，它本身就是一个区块链系统参与者，对接收到的信息进行响应，可以接收和储存价值，也可以向外发送数据和价值。这个程序就像一个可以被信任的人，总是按照事先约定的规则执行操作。

传统合约和智能合约

在现实社会中，我们会遇到很多场景需要去签订合同，以约束合同协约方的行为，但很多情况下即使我们签了合同，也无法保证在合同期内各方就一定能完整履行合同内的承诺。举个例子：你和你的一个朋友打赌，说明天的天气预报到底准不准，赌注 20 元钱，你赌准，他赌不准。到了第二天，天气果然和天气预报说的一样，那么，他应该支付你 20 元钱，但是你的朋友要赖，就是不支付这 20 元，结果就是你也没什么办法。

一般是怎么处理呢？你们找了一个可信任的中介人，你们把各自的 20 元钱放到了中介那里，这样总可以了吧。但是第二天，中介又为难了，因为天气预报预报的是多云，而实际天上的云不多也不少，这时你认为这样的天气就是多云，而你的朋友认为这样的天气不是多云。中介也是人啊，在判断天气到底是不是符合昨天天气预报的条件上，又出了问题。最后一番争吵过后，中介决定一半云也算多云天气，你赢了这次对赌，正准备给你 40 元钱的时候，发现钱没带，只好等第二天才能把钱给你。

从这个例子来看，传统的合约会受到各种维度的影响，如自动化维度、主客观维度、成本维度、执行时间维度、违约惩罚维度、适用范围维度等。而智能合约则在很大程度上解决了这些问题。你只需要提前规定好合约内容，程序就会在触发合约条件的时候自动执行合约内容。例如，你规定合约内容是，明天中午 12 点判断天气是否和天气预报一样，如果是多云天气的话，超过一半云就算多云，否则不算。当第二天中午 12 点合约执行，如果你赢了，钱会自动打到你的账上。

智能合约和传统合约的区别是：1）尽量不要有中心化的中介机构，即去中心化；2）合约能够量化描述、程序化描述；3）合约涉及的价值转移要能够执行。

智能合约与区块链

传统的互联网形式是中心化的，且缺乏价值表示及价值转移的方式。虽然像阿里巴巴这样的公司提供支付宝服务，能够实现担保以及价值表示和转移，但严重依赖于中心化的服务提供商，对于服务提供商的信任问题，我们需要持续经历时间的考验。在没有一种去中心化的信任提供方式之前，智能合约的工作理论迟迟没有实现，一个重要原因是因为缺乏能够支持可编程合约的数字系统和技术。区块链技术的出现解决了该问题，不仅可以支持可编程合约，而且具有去中心化、不可篡改、过程透明可追踪等优点，天然适合于智能合约。因此，也可以说，智能合约是区块链技术的特性之一。

区块链的特性是：数据无法删除、修改，只能新增，保证了历史的可追溯；同时，作恶的成本将很高，因为作恶行为将被永远记录；去中心化，避免了中心化因素的影响。而基于区块链技术的智能合约不仅可以发挥智能合约在成本效率方面的优势，而且可以避免恶意行为对合约正常执行的干扰。将智能合约以数字化的形式写入区块链中，由区块链技术的特性保障存储、读取、执行整个过程透明可跟踪、不可篡改。同时，由区块链自带的共识算法构建出一套状态机系统，使智能合约能够高效地运行。

多角度理解智能合约

从用户角度来讲，智能合约通常被认为是一个自动担保账户，例如，当特定的条件被满足时，程序就会释放和转移资金。

从技术角度来讲，智能合约被认为是网络服务器，只是这些服务器并不是使用 IP 地址架设在互联网上，而是架设在区块链上，从而可以在其上面运行特定的合约程序。

但与网络服务器不同的是，所有人都可以看到智能合约，因为这些智能合约的代码和状态都在区块链上，前提是区块链是公开的。而且，与网络服务器不同的是，智能合约不依赖某个特定的硬件设备，事实上，智能合约的代码由所有参与“挖矿”的设备来执行，这就意味着进入单个合约的算力是有限的，尽管“挖矿”难度的自动调整会调节这种影响。

智能合约是编程在区块链上的汇编语言。通常人们不会自己写字节码，但是会用更高级的语言来编译它，例如用与 Javascript 类似的专用语言 Solidity。这些字节码确实给区块链的功能性提供了指引，因此代码可以很容易与它进行交互，例如，转移密码学货币和记录事件。

代码的执行是原子的：要么成功执行，要么所有的状态变化都撤消，包括从当前失败的合约中已经送出或接收的信息。这点很重要，因为它避免了合约部分执行的情况。例如，在证券购买交易中，证券所有者已经转移发送了证券，但密码学货币的支付转移却失败了。在区块链环境中尤为重要，因为没有办法来撤销执行错误所带来的不好的后果，而且如果对手不配合的话，根本就没有办法逆转交易。

比特币脚本与早期智能合约

事实上，比特币系统已经支持简单的智能合约。即使不对比特币协议进行扩展，它也能在一定程度上实现智能合约。比特币的未花费的交易输出 UTXO 可以被用基于堆栈的编程语言所编写的更加复杂的脚本所拥有，只是这种编程语言很简陋，并不支持图灵完备。在这一模式下，花费这样的 UTXO，必须提供满足其锁定脚本的数据。基本的公钥所有权机制也是通过脚本实现的，脚本将椭圆曲线签名作为输入来验证交易和拥有这一 UTXO 的地址，如果验证成功，返回 1，否则返回 0。而更加复杂的脚本可以用于其他不同的应用情况。例如，人们可以创建要求集齐三把私钥中的两把才能进行交易确认的脚本，即多重签名技术，这种脚本对公司账户和某些商业代理来说是非常有用的。脚本也能用来实现对解决计算问题的用户发送奖励，甚至可以创建这样的脚本：“如果你能够提供你已经发送一定数额的的莱特币给我的简化确认支付证明，这一笔比特币的 UTXO 就是你的了。”本质上，比特币系统允许不同的加密货币进行去中心化的兑换，这也是实现跨链技术的基础。

但是，通过比特币系统的现有脚本语言来实现智能合约，尚存在一些限制：

- 缺少图灵完备性：尽管比特币脚本语言可以支持多种计算，但是它不能支持所有的计算，最重要的缺失是循环语句。比特币不支持循环语句的目的是避免交易确认时出现无限循环。理论上，对于脚本程序员来说，这是可以克服的障碍，因为任何循环都可以用多次重复 if 语句的方式来模拟，但是这样做会导致脚本空间利用上的低效率，同时也不能实现动态次数的重复执行。

- 缺少更丰富的状态：UTXO 只能是已花费或未花费的状态，没有给需要任何其他内部状态的多阶段合约或者脚本留出生存空间，使得实现多阶段期权合约、去中心化的交换要约或者两阶段加密承诺协议非常困难。这也意味着 UTXO 只能用于建立简单的、一次性的合约，而不是类似去中心化组织 DAO 这样有着更加复杂状态的合约。

• 区块链盲（上下文不可见）（Blockchain - blindness）：UTXO 看不到所在区块乃至整个区块链的数据，例如，当前区块的随机数和上一个区块的哈希。这一缺陷剥夺了脚本语言所拥有的基于上下文的潜在价值，限制了其在需要以上下文环境为支撑编程接口的智能合约应用。

图灵完备的智能合约区块链平台

根据是否支持图灵完备的智能合约，可以将区块链技术分为区块链 1.0 和区块链 2.0。比特币作为区块链 1.0 版本的代表，区块加载的账本信息比较单一，集中于认证新币产生以及旧币在账户间的转移，并无其他更多功能。而后来出现的以太坊技术作为区块链 2.0 版本的代表，更重要的是想要创建一种操作系统式的生态，人们可以利用该生态实现更多样化的价值创造与转移，而其核心工具就是所谓的“智能合约”。以太坊上也存在数字货币，但以太币主要是用于支付智能合约的相关运算，其存在的意义和比特币有着重大差别。

基于区块链的智能合约平台，为用户提供了一个新的去中心化的世界：编写和执行从不停止的代码成为可能，这就导致了未来各种各样的创新，比如“去中心化的滴滴”“去中心化的 Airbnb”以及“去中心化的交易市场”，或者更进一步来讲：去中心化的计算。以太坊试图成为“世界的计算机”。

智能合约工作原理

基于区块链的智能合约构建及执行，一般分为如下几步：

1）多方用户共同参与制定一份智能合约。

2）合约通过 P2P 网络扩散并存入区块链。

3）区块链构建的智能合约自动执行。

多方用户共同参与制定一份智能合约的过程，可以包括如下步骤：

1）首先，用户必须先注册成为区块链的用户，区块链返回给用户一对公钥和私钥；公钥作为用户在区块链上的账户地址，私钥作为操作该账户的唯一钥匙。

2）两个以及两个以上的用户根据需要，共同商定一份承诺，承诺中包含了双方的权利和义务；这些权利和义务以电子化的方式，编程机器语言；参与者分别用各自私钥进行签名；以确保合约的有效性。

3）签名后的智能合约，将会根据其中的承诺内容，被传入区块链网络。

而智能合约构建成功之后，通过 P2P 网络扩散并存入区块链的过程，包括如下步骤：

1）合约通过 P2P 的方式在区块链全网中扩散，每个节点都会收到一份；区块链中的验证节点会将收到的合约先保存到内存中，等待新一轮的共识时间，触发对该份合约的共识和处理。

2）共识时间到了，验证节点会把最近一段时间内保存的所有合约一起打包成一个合约集合（set），并算出这个合约集合的 Hash 值，最后将这个合约集合的 Hash 值组装成一个区块结构，扩散到全网；其他验证节点收到这个区块结构后，会把里面包含的合约集合的 Hash 取出来，与自己保存的合约集合进行比较，同时发送一份自己认可的合约集合给其他的验证节点；通过这种多轮的发送和比较，所有的验证节点最终在规定的时间内对最新的合约集合达成一致。

3）最新达成的合约集合会以区块的形式扩散到全网，每个区块包含以下信息：当前区块的 Hash 值、前一区块的 Hash 值、达成共识时的时间戳以及其他描述信息；同时，区块链最重要的信息是带有一组已经达成共识的合约集；收到合约集的节点，都会对每条合约进行验证，验证通过的合约才会最终写入区块链中，验证的内容主要是合约参与者的私钥签名是否与账户匹配。

智能合约提供的信任

我们通过一个例子看看智能合约是如何提供信任机制的。在大型众筹平台 Kickstarter 上，产品团队可以创建项目、设定资金目标，进而从那些相信这个想法的人那里筹集资金。Kickstarter 实质上是介于产品团队和支持者之间的第三方，这意味着双方都需要信任 Kickstarter 能够妥善地处理他们的资金。如果项目成功获得筹资，项目团队希望从 Kickstarter 那里获得他们的资金。另外，支持者希望筹资后他们的资金能够给到项目，或者在没有达到目标的情况下获得退款。产品团队以及其支持者都需要信任 Kickstarter。

但是，有了智能合约，我们能够构建类似的系统，而不需要信任如 Kickstarter 这样的第三方。我们制定智能合约，它能持有所有收到的资金，直到达到某个目标。现在项目的支持者可以把资金转到智能合约，如果项目获得足够的资金，智能合约自动将钱转交给项目的创建者；如果项目没能实现集资目标，钱会自动退还给项目支持者。因为智能合约存储在区块链上，一切都是完全分布式的。有了这项技术，没人能控制当中的钱。

我们为什么要信任智能合约呢？原因主要在于区块链的“不可变”和“分布式”。因为智能合约存储在区块链上，它们继承了一些有趣的特性。它们是不可变的、分布式的。不可变意味着一旦智能合约被创建，这永远都无法改变。因此，没有人可以背着你篡改合同的代码。分布式意味着，你合约的输出被网络上的每个人验证。因此，个人不能强迫智能合约放出资金，因为网络上的其他人会发现这个举动并将其标记为无效。篡改智能合约几乎是不可能的。因此，以太坊为代表的各种智能合约平台作为区块链2.0的产物，从创始之初就并非以创造、炒作某种加密货币为目的，而是致力于创造通用的、提供超强图灵完备编程语言并支持使用该语言编写的程序的底层区块链基础设施，从而极大地拓展区块链的功能，使其在实现电子现金系统的基础上，能够实现更复杂的金融和非金融类型的应用。

在区块链上实现智能合约，并提供去中心化的信任机制，保证其运行的可信和可靠，这也是区块链被称为颠覆性技术的主要原因。智能合约与传统合约相比，其最大的特点和优势就是解决了“去中心化的信用”的问题。传统合约达成前，参与者先要了解各方的信用背景以选择合适的对象，合约达成后的阶段，也要依赖于各方的诚实信用，或者引入第三方信用机构（如支付宝）来担保合约履行。但在智能合约中，链上的资源是真实、透明的，合约的内容确定后就无法更改，执行更是不用依赖于任何额外操作，只依赖于合约签订的约束条件。最终，“匿名信用”成为现实，合约缔结前无须进行信用调查，缔结后也不用第三方进行担保履行，从而实现交易成本的降低，交易效率则大幅提高。虽然现阶段的智能合约还存在安全性不够充分、私密性难以保障、上链资源受限等种种问题，但从理论上说，其应用前景无疑是广泛的，在不断完善改良之后，代替很大一部分传统合同以及创造出一批新型合同，这都是很有可能的。

智能合约的使用案例

一般来说，与价值表示和转移、合同相关的场景都可以用智能合约来实现，以下是智能合约的几个应用案例：

证券登记和清算：合约状态包含了证券所有权的信息。如果登记的证券所有者注意到该合约中的证券已经出售给了其他的参与者，其他参与者就会把密码学货币发送到担保账户，然后证券登记信息就会更新，货币就会转发给原来的证券持有者。这取决于哪条信息先到达，证券或货币都会保管在一个担保账户中以避免双重使用，当交易取消或过时后，担保也将取消。

银行现有账户：区块链本身已经使用了密码学货币账户，因此，不再需要智能合约。使用合约会存在合约对手风险，正如在现实世界中的任何银行一样，这种风险可以通过对手风险监管来转移，或者通过担保来消除。

智能合约面临的问题

智能合约目前还处在初级阶段，尚未有大规模的广泛应用。关键问题是信任度的问题，这与影响区块链实施的问题类似：这些系统都设计成了无需信任的环境，这意味着无法改正出现的错误。例如，在区块链中，如果你将货币发送给某个地址，这个操作是无法撤销的。因此，如果你与欺诈者进行交易，或者你已经将货币发送到错误的地址中，那么金钱损失是无法挽回的。智能合约能够转移欺诈对手的问题，事实上，这就是智能合约设计的原因之一：无论何时，合约都能够可靠地监控合约中参与方的执行情况，参与方是无法进行欺骗的。然而，问题并没有解决，只不过是出现在了新的层级，例如，合约可能有漏洞，能够转移证券，但却无法转移货币。在现实生活中，这些事情可以通过中心化的系统来撤销。但是，如果是去中心化的系统，则只能自己承担风险。

同样也有类似这种欺诈的问题：某人需要设计并编程实现合约，在合约设计时就会需要确保没有欺诈的问题，至少参与者要确保：

- 高层级（例如 Solidity，以太坊平台智能合约编程语言）的代码中需要充分描述合约参与方的目的。
- 代码中的字节码实际上相当于高层级的代码，需要在进入合约之前进行审核。
- 对合约信息需要很好地理解，以避免出现乌龙指操作。一个常见的错误是交易者可能会混淆 USD/EUR、EUR/USD 这两种不同交易对的含义，而采用错误的报价方式，这会导致严重损失。

在现实生活中，上述的这些问题原则上都可以在事后进行处理，如果需要的话，还可以通过法院来解决，但是，在无需信任的工作量证明区块链中这是不可能的：问题是为什么人们想要依赖一个工作量证明系统（背后的原理是浪费大量的能源来“挖矿”，造成攻击这个系统从经济上来说是不划算的），而不是使用一个中心化运行的公开账本和依赖中心化的权力机构或中介结构来执行合约。

智能合约应用时的法律问题

智能合约的应用场景广阔，但随之而来的法律问题也可能是多方面的。由于其主流应用在当前还并未成为现实，所以，对所谓法律问题的探讨，与其说是分析问题和解决问题，不如说是发现问题，甚至是想象可能存在的问题更为贴切。

资源上链的基础问题：智能合约的性质是合同，表达的是一种债权关系。根据民法原理，债权关系得以成立的基础，是物权关系的存在。如何使得更多资源上链，也就是建立基于区块链的物权体系，恐怕是决定智能合约应用范围的基本前提。好消息是，那些没有实体而本身就需要登记的财产权，如公司股权、知识产权等，正是区块链技术应用的前沿阵地，有望早于其他财产权提前上链，从而围绕这些资源就有更大余地去设计相关的智能合约。但日常生活中涉及的其他资源要如何代码化，如何同现有法律体系下的物权体系相对接，恐怕是一个必须同时从技术和法律两个角度来考虑并设计的问题。

智能合约与法律文本之对应关系：智能合约全部由代码组成，而典型的合同则是一份有着法律意义的文本，这两者之间存在着到底能否对应以及如何对应的问题。一方面，通过智能合约的订立和自动执行，完全有可能实现和传统合同一样的法律效果，因此，理论上可以将代码“翻译”为法律文本，或者至少在一定程度上解读出双方合意。另一方面，智能合约无疑又缺乏很多传统文本所含有的要素，比如，在匿名的环境中，签约主体的身份首先就不明确。代码能否“翻译”，可能是智能合约接受合同法规制的现实基础。

合约无法更改的两面性：智能合约的最大特点就是无法更改和自动执行，这构成了智能合约实现“匿名信用”的基础。但合约无法更改显然具有另外一方面的安全隐患。在传统合同的语境下，合同存在无效或者可撤销、可解除的情形，都可能导致合同履行的终止。然而，在智能合约的场合，这些机制还有适用的可能吗？如果要继续适用，在一个去中心化的环境中，需要引入怎样的技术手段才能得以实现？如果合同履行能够被终止，那么，智能合约的基础就可能被动摇，考虑到这一点，是否要坚持“代码即法律”，将智能合约的自动执行贯彻到底？这些问题都无法简单地得以回答。

对传统合同法理念的各种挑战：区块链和智能合约是具有“解构”性质的

新技术，其应用对传统合同法的理念和基本框架将带来冲击。在智能合约的语境下，不需要什么“诚实信用”，不需要什么“合同的履行”，甚至在合约全部能够自动执行的情况下，连平时被大家倒背如流的“违约责任”这一章都显得多余。对智能合约到底应该怎样适用合同法规范，智能合约又将如何改造现有的合同法规范，在将来一段时间内恐怕会成为人们不得不面对的课题。

3.5 区块链与信任

在以太坊上构建智能合约，本质在于构建去中心化的人和人之间的合作机制，其基础是由区块链及其底层的数学、加密学、P2P 网络等理论及工程技术保证的信任；所以，很多人说：“区块链解决的核心问题是信任问题。”那么，到底什么是信任？什么是所谓“信任问题”，它存不存在？什么算是“解决了信任问题”？

Ken Thompson 1984 年的图灵奖演讲“Reflections on Trusting Trust”很好地从技术的角度解释了信任的本质。简单地说，他演示了一个通过源码分析无法发现，通过反编译二进制码分析也无法发现的攻击。他在演讲中说：“关于一个程序里没有木马的保证到底有多可信呢？或许更重要的是信任开发软件的人。”他证明，除非你使用的整个软、硬件都是由你自己设计制造，否则，就得信任其他人。

信任是社会存在和运转的基础。我们把钱存在银行，相信需要的时候一定能从取款机取出来；我们每天上班，信任路上的司机不会开车撞我们；乘飞机旅行，信任飞行员技术够好不会坠机，信任其他旅客不是恐怖分子，也信任飞机制造商没有埋下安全隐患。其实，我们每天都在以生命来信任陌生人。事实上我们信任的不是某个个体，而是整个社会系统。这个系统通过道德、价值观、经济体系、法律定义了规则，并让违反规则的人受到惩罚。这个系统保证了大部分司机会尽可能安全驾驶，机场会检查登机旅客，航空公司会严格地审查和培训飞行员。

技术在信任和安全方面扮演的角色就好像门锁。大部分人不偷不抢是因为他们想做被他人接受的社会成员，尽量不做不道德的事；剩下 99% 以上的人是因为担心受到法律的制裁；只有极少数的人是因为打不开锁。所以，你从不会听说一个城市通过投资制造更好的锁来降低犯罪率。假设给我们两个选择，要么是生活在北京，但是没有门锁，要么生活在一个没有法律、道德约束的地方，但是可以装最好的锁。我们一定会选择前者，我们多半会丢失一些东西（取决于住什么小区），但如果选择后者肯定会没命。

好的技术是对社会的安全、信任机制的补充，它无法替代这些机制，更不能破坏这些机制。到目前为止，区块链已经实现的可以放在阳光下说的实际应用价值约等于零。当很多区块链公司在苦苦寻找应用场景来讲故事的时候，加密货币倒是成了 Silk Road、Dream Market 等黑产市场的主要交易媒介，最近几年著名的多次 ransomware 攻击也都是让受害者以比特币支付赎金。对于需要逃脱现有社会机制可能带来的惩罚和后果的人来说，加密货币发挥着很大的作用，或者说是它真正完成货币功能的最主要场景，所以有很多人直接用黑产交易量来估算加密货币的合理市值。加密货币对现有社会机制的影响，以及它为什么群体带来最多的便利和价值，是值得更多思考的问题。

安全和信任是一个链条，它的强度是由其中最弱的一环决定的。历史上的安全事件几乎没有任何针对密码学算法和协议的攻击，即使是技术上的攻击也大多是针对具体软件实现，更多的是通过欺骗、引诱、胁迫等手段针对人的攻击。当密码被主动交给攻击者的时候，加密算法是用 128 位密钥还是 2048 位密钥并没有什么差别。2007 年在比利时，有一个人靠个人魅力敲开了银行保险库，偷走了接近 3000 万美元的钻石。他靠经常请大家吃巧克力得到了银行职员的好感和信任，要知道，比利时人可不缺巧克力。

电影《猫鼠游戏》（Catch Me If You Can）的真实人物原型 Frank Abagnale 在 16 岁离家出走后使用过 8 个身份，在很长时间里成功地伪装成各种不同职业人士，包括民航飞行员、医生、政府官员、律师。在最终被抓住后他加入了 FBI 成为反欺诈专家。有一次他在 Google 做讲座，台下有人问他现在警察和 FBI 有很先进的监控和侦破技术，罪犯还有没有可能像他当年那样成功。他的回答是现在唾手可得的信息只会让那些事情简单百倍。有无数的案例说明，在安全和信任的链条中，人的因素是最薄弱的一环，而人的问题往往不是靠技术能解决的。

可能上面的欺诈案例离区块链有点远，这里以区块链上的一次攻击事件为例。以太坊上最早有很大影响的智能合约叫 The DAO（The Decentialized Automomous Organizaiton）。该 DApp 的使命是实现一个“去中心化的自治组织”。The DAO 可以理解为一个分布式的投资机构，大家都能把钱（用以太币的形式）投进去，以投票的方式决定投资到哪些项目。它不靠人为管理，一切都靠程序来执行。The DAO 上线以后成为有史以来最大的众筹项目，11000 个投资者投入了相当于约1亿5000万美元的以太币，占当时以太币总量的14%。和任何一个有些复杂的程序一样，The DAO 的智能合约代码是有漏洞的，于是有攻击者利用这个漏洞/功能从 The DAO 里累计转走了价值5000万美元的以太币。因为智能合约的代码在两周内无法修改，所以没有人能阻止他，当然，“无法阻止地按照代码执行”这一特性也是这个分布式应用的使命。攻击者第二天发表了声明：“我仔细阅读了 The Dao 的代码，在发现这个有利可图的功能后，决定参与进来。我使用了这个功能并合理地得到了3641694个以太币。”

智能合约的支持者认为它的优点在于代码就是法律（code is law），不需要也不应该由人来诠释，那么有人通过代码定义的规则获得了回报确实是合理的。本来 The DAO 只是以太坊上的一个应用，这件事和以太坊基金会没有太大关系，然而，因为以太坊社区的核心开发者都投了很多以太币在 The DAO 里，以太坊基金会决定要挽回在 The DAO 损失的以太币。不是说区块链上的数据和交易都是不可能改的吗？不改数据，可以改对数据的解释啊，重新定义一下以太坊就好了嘛。以太坊基金会因为 The DAO 改变了整个以太坊的实现，对以太坊区块链进行了硬分叉。以太坊区块链出现了两个分支：一个叫 ETH，在这个分支上对 The DAO 的攻击相当于没发生；另一个叫 ETH Classic，是原来没经过修改的分支。虽然对外说这个决定得到了社区共识，但当时以太坊基金会并没有讨论和解决分歧的官方渠道和投票机制。

技术工具是有价值的，就和锁是有价值的一样，但是人和社会的问题大多是无法仅仅用技术解决的。相反，技术的发展往往会放大这些问题。区块链可以是一种解决提供去中心化信任机制的基础技术，但要完美解决社会信任问题仍然需要匹配的社会制度相互辅助，以实现系统级的信任及其更大规模的、成本更低的社会分工合作。

4 区块链技术

区块链有 2 个圈子：币圈和链圈。币圈主要是各种加密货币的炒作，一定程度上推动了区块链的普及；而更重要的是链圈对区块链技术持之以恒的精进，不断完善、提升区块链作为新一代基础技术的性能。本章将从技术层面，分区块链的架构、共识机制、可扩展性、闪电网络以及分叉等 5 个主题进行介绍。

4.1 区块链架构

区块链架构指的是系统的分层结构，以及每一层的功能。本节分别介绍第一代区块链比特币、第二代区块链以太坊以及联盟连超级账本 Hyperledger 3 种区块链的架构方式。

比特币系统架构

根据中本聪的“比特币白皮书”对 Bitcoin 系统的描述，我们可以整理出如图 4－1 所示的比特币系统架构。

如图 4－1 所示，比特币系统分为 6 层，由下向上依次是存储层、数据层、网络层、共识层、RPC 层、应用层。

- 存储层：主要用于存储比特币系统运行中的区块数据及区块链元数据。
- 数据层：主要用于处理比特币交易中的各类数据结构，包括将数据打包成区块，将区块维护成链式结构，区块中内容的加密与哈希计算，区块内容的数字签名及增加时间戳印记，将交易数据构建成 Merkle 树，并计算 Merkle 树根节点的哈希值等。

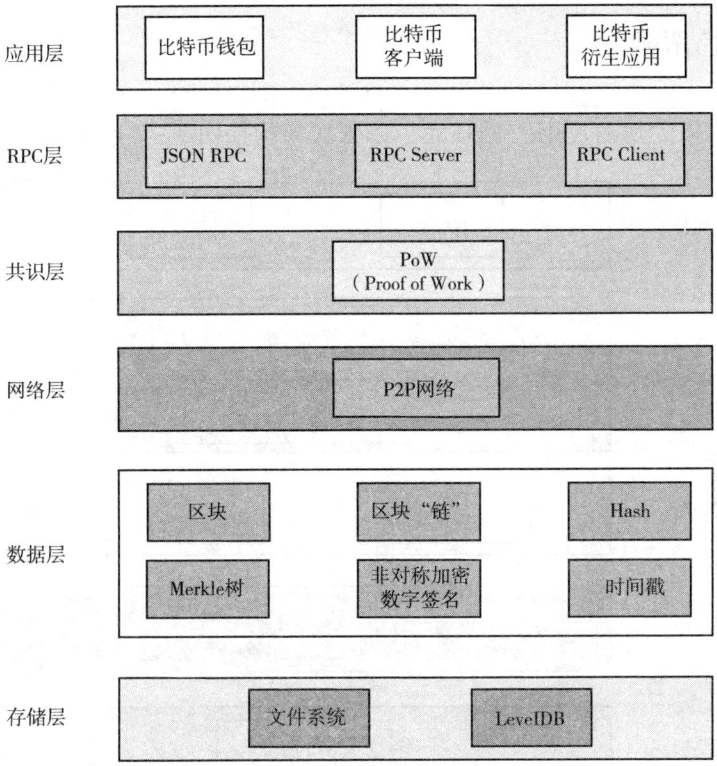

图 4－1　比特币系统架构

• 网络层：用于构建比特币底层的 P2P 网络，支持多节点动态加入和离开，对网络链接进行有效管理，为比特币数据传输和共识达成提供基础网络支持服务。

• 共识层：主要采用了 PoW 工作量证明共识算法。在比特币系统中，每个节点都不断地计算一个随机数，直到找到符合要求的随机数为止。在一定的时间段内，第一个找到符合条件的随机数将得到打包区块即记账的权利，这就构建了一个工作量证明机制。

• RPC 层：实现了远程过程调用服务，并提供 JSON API 供客户端访问区块链底层数据的服务。

• 应用层：主要承载各种比特币的应用，如比特币开源代码中提供了 bitcoin client。该层主要是作为 RPC 客户端，通过 JSON API 与 bitcoin 底层交互。除此之外，比特币钱包及衍生应用都架设在应用层上。

以太坊架构

根据“以太坊白皮书”的描述，以太坊架构如图 4-2 所示。

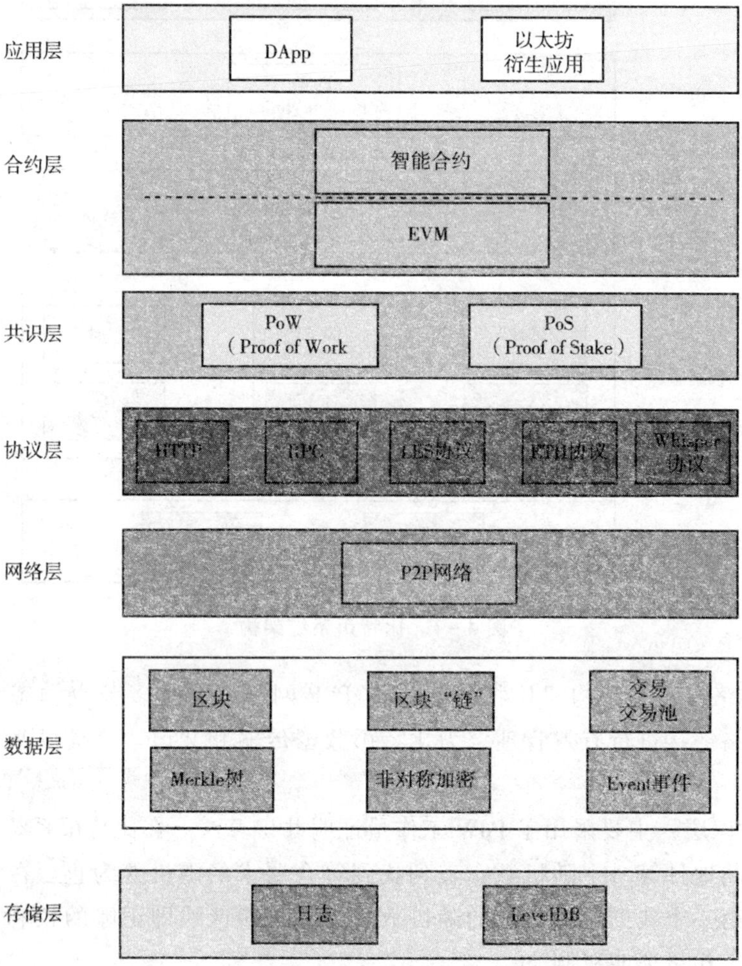

图 4-2 以太坊的架构

如图 4-2 所示，以太坊架构分为 7 层，由下至上依次是存储层、数据层、网络层、协议层、共识层、合约层、应用层。

- 存储层：主要用于存储以太坊系统运行中的日志数据及区块链元数据。
- 数据层：主要用于处理以太坊交易中的各类数据，既包括与比特币类似的区块结构数据，也包括以太坊的智能合约交易相关的数据。

• 网络层：与比特币一样，以太坊的系统也是基于 P2P 网络的，在网络中每个节点既有客户端角色，又有服务端角色。

• 协议层：以太坊提供的供系统各模块相互调用的协议支持，主要有 HTTP、RPC、LES、ETH、Whisper 协议等。

1）以太坊基于 HTTP Client 实现了对 HTTP 的支持，实现了 GET、POST 等标准 HTTP 请求方法。

2）外部程序通过 JSON RPC 协议调用以太坊的 API。

3）Whisper 协议用于不同 DApp 间通信。

4）LES 的全称是轻量级以太坊子协议（Light Ethereum Sub－protocol），允许以太坊节点同步区块数据时仅下载区块的头部，在需要时再获取区块的其他部分。

• 共识层：在以太坊系统中有 PoW 和 PoS 两种共识算法，并由 PoW 过渡到 PoS 机制。

• 合约层：分为两层，底层是以太坊虚拟机 EVM，上层的智能合约运行在 EVM 上。智能合约是运行在以太坊上的分布式应用的统称，一个智能合约往往包含数据和代码两部分。智能合约系统将约定或合同代码化，由特定事件驱动触发执行，因此，在原理上适用于各种对安全性、信任性、长期性的约定或合同场景。在以太坊系统中，智能合约的默认编程语言是专有的 Solidity。

• 应用层：有分布式应用 DApp（Decentralized Application）以太坊钱包等多种衍生应用，这也是目前区块链开发者最活跃的一层。

Hyperledger 架构

超级账本（Hyperledger）是由 Linux 基金会于 2015 年发起的推进区块链数字技术和交易验证的开源项目，该项目由多个子项目组成，项目的核心目标是推进区块链及分布式记账系统的跨行业发展与协作，目前，该项目最著名的子项目是 Hyperledger Fabric。

Hyperledger Fabric 的分层架构设计如图 4－3 所示。

Hyperledger Fabric 可以分为 7 层，分别是存储层、数据层、通道层、网络层、共识层、合约层、应用层。

• 存储层：主要对联盟链账本和交易状态进行存储。账本状态存储在数据库中，存储的内容是所有交易过程中出现的键值对信息。

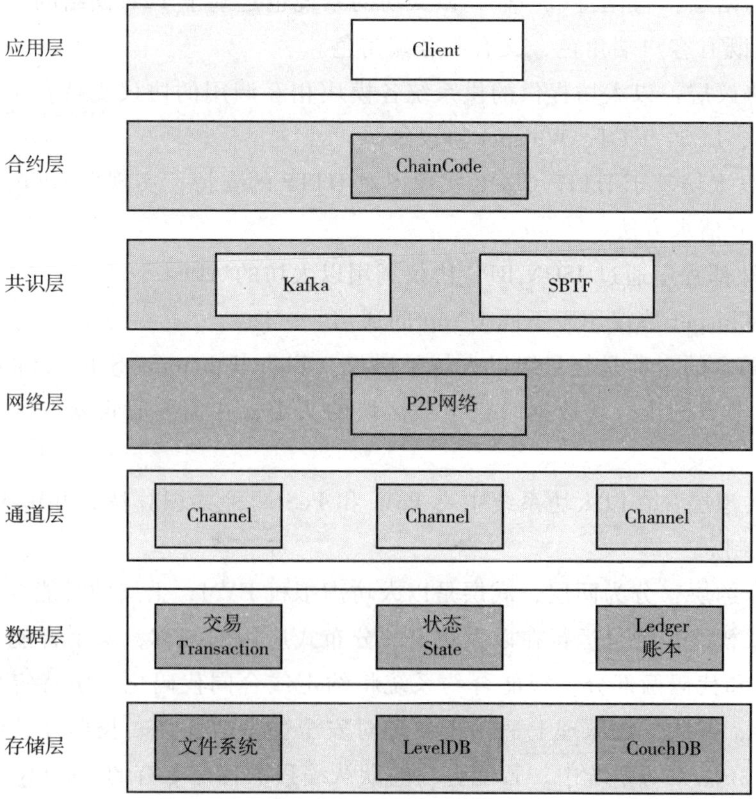

图 4-3 Hyperledger Fabric 的分层图

- 数据层：主要由交易、状态和账本 3 部分组成。其中，交易有 2 种类型：

1）部署交易：以程序作为参数来创建新的交易。部署交易成功执行后，链码就被安装到区块链上。

2）调用交易：在上一步部署好的链码上执行操作。链码执行特定的函数，这个函数可能会修改状态数据，并返回结果。

状态对应了交易数据的变化。在 Fabric 中，区块链的状态是版本化的，用 key/value store 表示。其中，key 是名字，value 对应任意的文本内容。这些数据内容由链码通过 PUT 和 GET 操作来管理。正如存储层的描述，状态是持久化存储到数据库的，对状态的更新是被文件系统记录的。

账本提供了所有成功状态数据的改变及不成功的尝试改变的历史。账本是由 Ordering Service 组件构建的一个完全有序的交易块组成的区块哈希链。

- 通道层：通道是一种 Hyperledger Fabric 数据隔离机制，用来保证交易信息只有交易参与方可见。每个通道都是一个独立的区块链，因此，多个用户可以共用同一个区块链系统，而不用担心信息泄漏问题。

- 网络层：用于给区块链网络中各个通信节点提供 P2P 网络支持，是保障区块链账本一致性的基础服务之一。在 Hyperledger Fabric 中，Node 是区块链的通信实体。Node 仅仅是一个逻辑上的功能，多个不同类型的 Node 可以运行在同一个物理服务器中。Node 有 3 种类型，分别是客户端、peers 节点和 Ordering Service。

1）客户端用于把用户的交易请求发送到区块链网络中。

2）peers 节点负责维护区块链账本，peers 节点可以分为 endoring peers 和 committing peers 两种。endoring peers 为交易作认证，认证的逻辑包含验证交易的有效性，并对交易进行签名；committing peers 接收打包好的区块，并写入区块链中。与 Node 类似，peers 节点也是逻辑概念，endoring peers 和 committing peers 可以同时部署在一台物理机上。

3）Ordering Service 会接收交易信息，并将其排序后打包成区块，然后写入区块链中，最后将结果返回给 committing peers。

- 共识层：Hyperledger Fabric 使用 Kafka 对交易信息进行排序处理，提供高吞吐、低延时的处理能力，并且在集群内部支持节点故障容错。
- 合约层：Hyperledger Fabric 的智能合约层 Blockchain，Blockchain 默认由 Go 语言实现。Blockchain 运行的程序叫作链码，持有状态和账本数据，并负责执行交易。在 Hyperledger Fabric 中，只有被认可的交易才能被提交。而交易是对链码上的操作的调用，因此，链码是核心内容；同时，还有一类称之为系统链码的特殊链码，用于管理函数和参数。
- 应用层：Hyperledger Fabric 的各个应用程序。

此外，作为联盟链，Hyperledger Fabric 中还提供了一个组件，专门用于对联盟内的成员进行管理，包括成员的创建、退出以及授权等。

4.2 共识机制

什么是共识机制？由于区块链是去中心化的分散网络，所以，必须设计一套维护系统的运作顺序（谁先谁后）和公平性（谁获得新币的奖励?）的机制。共识机制可以决定谁取得区块链的记账权和新币奖励。所有的共识机制，都是为了解决特定的问题，没有一种共识机制是完美无缺的，各有利弊。本节详细介绍共识机制，从拜占庭问题开始讲起。

什么是拜占庭问题?

拜占庭将军问题（Byzantine failures），是由计算机科学史上的传奇人物莱斯利·兰伯特提出的，主要针对点对点通信中的基本问题——分布式系统一致性问题。兰伯特说，故事让问题变得受欢迎，所以，拜占庭将军问题是兰伯特在研究分布式系统容错性时编的一个故事：

拜占庭帝国想要进攻一个无比强大的敌人，派出了10支军队去包围这个敌人。由于各种原因，这10支军队不能集合在一起进攻，必须分开驻扎，然后同时发起攻击。而这个敌人十分强大，可以同时抵抗5支拜占庭军队的袭击。拜占庭军队里的任何一支，想要单独进攻的话，都毫无胜算。除非至少超过一半（即6支及以上的军队）同时进攻，才能打败敌人。军队分散在敌人的四周，依靠通信兵来相互传递消息，商量“要不要进攻”和“什么时候进攻”（因为存在消息丢失的不可靠信道，试图通过消息传递来达到一致性是不可能的，所以，在研究拜占庭将军问题的时候，我们已经假定了信道是没有问题的，即所有的通信兵是靠谱的，没有叛徒）。

问题来了，如果将军里有叛徒，那么这个叛徒将军可能发送错误消息。比如，告诉其中4支军队要进攻，告诉另外5支军队不进攻，然后只有4支军队同时进攻，吃了败仗。剩下5支军队，也无法战胜这个强大的敌人，最后拜占庭军队战败。

在这种状态下，拜占庭的将军们能不能找到一种分布式的协议，让他们能够远程协商，保证多于6支军队在同时发起进攻，从而打赢这场仗？在计算机科学中，有类似的问题，比如，安全漏洞。系统中的不同节点，会对观察者提供不同的信号。在不知道这些信息是否损坏的情况下，如何交换信息？

比特币和拜占庭将军问题有什么关系?

比特币解决了网络中存在的拜占庭将军问题。比特币解决了分布式系统信息不一致的问题。比特币是一个分散网络，一个个节点，一个个“矿工”，就像包围敌人的拜占庭将军们。而“矿工”记录的区块信息是否真实？会不会造假？如何判断？作恶的“矿工”造假账，就像混进了军队里的“叛徒”。他们会跟其他节点说，他们的假信息是真的，他们记的假账也是真的。“叛徒”混了进来，会破坏整个比特币网络的真实性和有效性。

中本聪为了解决拜占庭共识问题，在比特币系统中引入竞争“挖矿”的机制。同时，为了保证最大可能的公平性，采用了基于哈希运算的 PoW 共识机制。“矿工”如果想要得到一个合法的区块，则必须向区块头中填入不同的随机值，然后计算出区块头的哈希值，使得得到的哈希值小于目标值。这样，“矿工”在不断寻找合适随机值的过程中完成了一定的工作量。

首先，设计比特币时采用了工作量证明机制（PoW），“矿工”需要找到一个正确的随机数，才能使用记账权进行记账。而随机数是大家认可的数学逻辑，随机是不受控制的，以此达成共识，进行“挖矿”，支持比特币网络。

其次，通过经济策略，使得造假成本高，而真实记账有奖励。“矿工”“挖矿”，要耗费越来越多的时间、电力、资源，造假成本太高，而新币奖励可以激励“矿工”真实记账。

再次，通过验证机制，每个节点手里都有一份实时与其他节点同步的账本，而且账本有时间戳加持，有签名验证身份，如果有人造假，可以非常清楚地知道何人何时造假。

最后，当意见不一致，只要大多数人（超过 50%）的人同意，少数服从多数，在分散式网络中共识达成。只要好节点是大多数，整个比特币网络的记账就是真实的。

比特币系统采用 PoW 工作量证明机制来达成共识问题，在任何非中心化的分布式系统中都需要协调不同节点之间的通信、同步问题，这种协调的算法和机制就是共识机制。区块链是一种典型的分布式系统，不同的区块链系统在对共识机制的选择上有不同的考虑。接下来分别详细介绍 PoW、PoS、DPoS 机制。

PoW：工作量证明

工作量证明（Proof of Work，PoW），相关理念最早于 1993 年被 Cynthia Dwork 和 Moni Naor 提出，之后的几年，该概念在是否能有效对抗拒绝服务攻击的争论中不断被人们所知。PoW 机制的核心在于强迫攻击者作出一定量的工作才能进行接下来的交互操作，这样无形中就给攻击者提高了攻击的成本。攻击者需要完成的工作可以按消耗的计算机资源种类分为以下三大类：

• 消耗 CPU 资源。例如，反垃圾邮件的 Hashcash 方案以及受此启发而诞生的比特币。

• 消耗内存资源。例如，为了防止与比特币采用相同的共识机制所可能导致的 51% 攻击，以太坊目前就使用了一种需要占用大量内存资源的 PoW 算法。

• 消耗网络资源。攻击者在进行拒绝服务攻击之前，必须要获取多个远程服务器发送的命令。

PoW 作为数字货币的共识机制于 1998 年在 B - money 设计中提出。2008 年，中本聪发表“比特币白皮书”提出，比特币采用 PoW 共识，通过计算来猜测一个数值（nonce），得以解决规定的 Hash 问题（两次 SHA256），保证在一段时间内，系统中只能出现少数合法提案；同时，这些少量的合法提案会在网络中进行广播，收到的用户进行验证后会在它认为的最长链上继续难题的计算。因此，系统中可能出现链的分叉，但最终会有一条链成为最长的链。PoW 必须通过一定的工作量来获得相应的奖励，它要求“矿工”进行数学运算来获取记账权和新币，以耗费大量时间、资源为担保，确保记账工作的真实有效性。PoW 是一种多劳多得的模式，算力越高、“挖矿”时间越长，获得的数字货币就越多。如果某个节点拥有全网 40% 的算力，那么该节点理论上拥有 40% 的概率，在 PoW 中获胜。PoW 就像在挖矿，谁的力气越大、挖的时间越长，谁得到的金子就越多。

由于比特币采用的是比较简单的 SHA256 哈希算法作为 PoW 共识算法，这个算法只消耗 CPU 资源，对内存要求不高，所以可以很容易地被制造出 ASIC 芯片。而现在，比特币的“挖矿”都在大量 ASIC 矿机组成的矿场中完成，这样算力就越来越集中到了大“矿主”手里，普通用户使用电脑根本不可能“挖”到“矿”，这与中本聪当年设想的人人都能公平记账的愿景相违背。为此，人们设计了各种反 ASIC 化的方案。主要思想就是将 PoW 算法改得很复杂，需要大量的内存，这样 ASIC 芯片是不可能集成大量内存进去的，从而无法制造出专门的“挖矿芯片”。但实际上，只要利益足够大，人们总能够设计出专门进行 PoW “挖矿”的矿机，莱特币矿机和达世币矿机先后被制造了出来，以太坊之前也顶多是使用显卡“挖矿”，最近比特大陆也研发出了专门进行以太坊“挖矿”的专业矿机。

（1）谁使用 PoW

BTC 和 BTC 的分叉币（BCH、BSV 等），早期的 ETH、LTC。

（2）PoW 的优点

算法简单，采用大家认可的数学逻辑（找寻随机数），容易实现。而破坏整个系统，需要投入巨大成本，有一定的安全保障。

（3）PoW 的缺点

耗费大量的电力，处理效率低。如今算力越来越集中，中心化日益严重。比特币网络解决了“拜占庭将军问题”，其中一个前提条件就是多数人是好人（超过 51% 的节点是好节点），否则就会出现 51% 攻击。而现在，矿池 BTC. COM、蚁池和微比特，一起控制了超过 51% 的算力。如果它们联合起来，或者被黑客控制，那么就可能会发生 51% 攻击。

PoS：权益证明

权益证明（Proof of Stake，PoS）也值得研究。PoW 算法毕竟是要靠大量资源的消耗来保证共识的达成，有没有完全不需要靠计算机资源堆砌来保证的共识机制呢？在 2011 年，一个名为 Quantum Mechanic 的数字货币爱好者在 Bitcointalk 论坛提出 Proof - of - Stake（PoS）证明机制，该机制被充分讨论之后证明具有可行性。

PoS 通过持币而产生利息，对于验证人/节点进行奖励。先引入一个概念：币龄。币龄 = 币量 × 持有天数。当你获得利息后，你的持币天数清零，币龄也被清空。比如，你有 100 个币，持有了 30 天，那么，你的币龄 = 100 × 30 = 3000。这时，如果发现一个 PoS 区块，你的币龄就被清 0。每清空 365 币龄（模仿一年 365 天的年利率），你就能从区块中获得利息。如果该利率是 5%，那么一年下来，总利息 = 3000 × 5% = 150 个币。PoS 就像到银行存钱，银行根据你存的数字货币的多少和存放的时间，给你算利息。如果说 PoW 主要比拼算力，算力越大，挖到一个块的概率越大，PoS 则是比拼余额，通俗说就是自己的手里的币越多，挖到一个块的概率越大。总的来说，就是：持有币，有利息；持币越多，收得越多。

PoS 共识算法存在一个漏洞，就是鼎鼎大名的 Nothing - at - Stake 攻击。假设系统中出现了两个分支链，那么，对于持有币的“挖矿者”来讲，最佳的操作策略就是同时在两个分支上进行“挖矿”，这样，无论哪个分支胜出，对币种持有者来讲，都会获得本属于他的利益，即不会有利益损失；而且，由于不需要算力消耗，因此 PoS 中在两个分支上“挖矿”是可行的。这导致的问题是，只要系统存在分叉，“矿工们”都会同时在这几个分支上“挖矿”。因此，在某个情况下，发起攻击的分叉链是极有可能成功的，因为所有人也都在这个分叉链上达成了共识；而且，甚至不用持有51%的币量，就可以成功发起分叉攻击。而这在PoW中是不可行的，因为“挖矿”需要消耗算力，“矿工”只能在一个分支上进行“挖矿”，所以在实际PoS算法中，还需要加入一些惩罚机制，如果“矿工”被发现在两个分支同时“挖矿”，就会被惩罚。

（1）谁使用PoS

未来币Nxt（https：//nxtplatform.org/）；2017年至今，以太坊ETH一直为从PoW转移到PoS作准备。

（2）PoS的优点

不需要拼算力“挖矿”，不会浪费电力；缩短了共识达成的时间，效率提高。

（3）PoS的缺点

拥有权益的参与者因为可以持币吃利息，所以卖币意愿不强烈，容易产生垄断，PoS的本质就是比谁的钱多，钱越多越容易挖到区块，这将会造成富者越富、资源越来越集中，从而变得更中心化。另外，所有的确认都只是概率上的表达，存在其他攻击的可能性。“挖矿”成本低，硬分叉十分容易。

DPoS：代理权益证明

Delegated Proof of Stake（DPoS），委任权益证明。针对PoW、PoS的效率低和会变得越来越中心化的问题，BM在2013年8月启动的比特股BitShares项目则采用了DPoS共识算法。由于比特股核心账本的设计结构采用石墨稀软件架构技术，对交易容量和区块处理速度都有极高要求，无论是PoW还是PoS都不能匹配，于是，比特股采用了一种新的共识机制，即代理股权证明DPoS。

DPoS类似于现代企业的董事会管理制度，比特股系统将代币持有者称为股东，由股东投票选出101名股东代表，然后由这些代表负责区块的生成。在这个过程中需要解决的核心问题主要有：代表如何被选出，代表如何自由退出或替换，代表之间如何协作生产区块等。股东持币者若想成为一名代表，须先拿自己的公钥去区块链注册，获得一个长度为32位的特有身份标识符，其他股东持币者可以对这个标识符以交易的形式进行投票，得票数前101位的股东持币者被选为代表。代表们以最简单公平的轮流的方式生产区块，收益（主要为交易手续费）平分。如果有代表生产区块时作假，很容易被其他代表和股东发现，他将立即被踢出“董事会”，空缺位置由票数排名102位的代表自动填补。这样来看，DPoS可以理解为多中心系统，兼具去中心化的和中心化的效率优势。

（1）谁使用DPoS

BTS，EOS。

（2）DPoS的优点

相比PoS，DPoS机制大幅缩小参与验证和记账的节点的数量，属于弱中心化，大大提高了效率，可以达到秒级的共识验证。

（3）DPoS的缺点

代理选择的方式需要与区块链所解决问题领域进行适配，由于DPoS具有中心化的特点，其选择代理的方式及代理权限如果设计不好，可能就失去了区块链本来的去中心化的信任机制的意义了。

从数据库角度理解区块链共识机制

区块链是一种分布式记账机制，也可以理解成一种分布式的数据库，只是存储的数据为交易数据，且缺少对数据的删、改操作。

在传统分布式数据库的设计中，需要考虑数据库节点崩溃、节点和节点之间的通信问题、并发问题。为解决这些问题，经典的分布式数据库系统中存在FLP、CAP、BASE理论，分别是：

- FLP不可能原理（FLP这三个字母是发表这个定理的作者姓名的首字母缩写），讲的是基于前面的异步模型，即使一个最小的模型、即使存在最简单的失效故障模型的时候，也不存在一个可以解决一致性问题的确定性算法。这里面的关键点在于，最简单的模型以及不存在一个确定性的算法。
- CAP原理。尤其在传统的或者经典的分布式系统里，大家都非常熟悉这个定理。比如，一个系统里面不可能同时保证一致性、可用性和分区容忍性。如果是在实际情况中，往往会根据工程特点，通过弱化其中的某个特性来保证其他两个特性，即CAP不可能三角。
- BASE理论，BA是一个基本可用性，S是软状态，E就是最终一致性。通过这三个特性，稍微牺牲掉一些对一致性的约束，就能够得到一些在实际性中满足要求的分布式系统。

有人仿照CAP不可能三角，也提出了区块链共识的不可能三角：环保节能、安全、去中心化，三者不可能同时满足，必有一方的弱化。设计一种既环保又安全的密码学货币，它必然是中心化的，比如，PPcoin、Nextcoin、Ripple，它们要么本身就是中心化的架构，要么其去中心化的架构不可维持，它们本质上仍是 PayPal、网银一样的中心化验证机制；设计一种既环保又去中心化的密码学货币，它必然是不安全的，比如，IP 投票制的 P2P 货币，中本聪起初就已排除了这种可能，他认为如果决定大多数的方式是基于 IP 地址的，一个 IP 地址一票，那么，如果有人拥有分配大量 IP 地址的权力，比如僵尸网络，就有可能主宰比特币网络。设计一种安全的去中心化货币，由不可能三角理论可知，它必然是以付出能源与计算力为代价。

4.3 区块链可扩展性技术

区块链技术发展到现在终会遇到一个关键瓶颈——区块链（特别是公链）想要真正做到更深度化的应用和普及，关键就是要解决交易的吞吐量和交易的速度问题，这在区块链中也被称作“可扩展性”。区块链可扩展性的核心是为了解决交易的吞吐量和交易的速度两个方面，核心指标通常用 TPS（transaction per second）来表达，即每秒执行的事务数量。比如，比特币 TPS 是 7，以太坊 TPS 是 30—40 笔。

目前主流的有 3 种扩展技术，分别是侧链、分片、DAG。

侧链

侧链（SideChains）因为最早是对比特币提出，所以这个概念后期也更多地是在描述比特币相关的扩容，它的定义是：可以让比特币安全地从比特币主链转移到其他区块链，又可以从其他区块链安全地返回比特币主链的一种协议。我们以闪电网络（Lighting Network）为例：它指 A 和 B 两人把比特币放到一个多重签名钱包中锁定（链下），进行交易签名更改后双方各自能取回的比特币数量。交易参与方可以随时关闭交易通道，最后一笔经过签名且包含最新余额动态的交易最终将会被广播并写入比特币区块链（回归链上）。

另一种情况是涉及更多的第三方，比如已知 C 想和 A 交易，但双方没有建立支付通道，不过 A 和 B、B 和 C 都各自建立了支付通道，这时 C 就可以通过

B和A达成交易，B其实在整个交易过程中充当着“网关”的角色。整个过程实际上不需要在主链中确认，因为都是几方之间倒来倒去的“数字游戏”，因此交易速度会非常迅速。只有当关闭交易通道时，才会最终确定各自的余额并写进主链区块。

RSK（基于比特币区块链的智能合约平台rootstock）其实也是侧链的框架，可以理解为闪电网络解决的是比特币支付问题，而RSK则是通过侧链为比特币创建了一套类似以太坊的图灵完备的智能合约平台。

分片

分片（sharding）其实是一种传统数据库的技术，它将大型数据库分成更小、更快、更容易管理的部分，这些部分叫做数据碎片（Vitalik Buterin称它为宇宙），不过应用到区块链当中会相当复杂。以太坊的分片，简单来说就是将区块链网络划分成若干能够处理交易的较小组件式网络，以实现每秒处理数千笔交易的支付系统。

Vitalik Buterin在BeyondBlock区块链技术交流大会的演讲中解释为：“设置一个区块链，在这个区块链系统中有一百个各自不同的宇宙，每一个宇宙都是一个独立的账户空间。使用者可以在某个宇宙中拥有一个账户，该用户发起的交易也只会对交易相关的宇宙产生影响。”

如果说侧链是通过“外部嫁接”到主链，那分片就是将主链进行“内部分割”，显然后者的实现难度要比前者复杂得多。

DAG

DAG是有向无环图（Directed Acyclic Graph）的缩写，这是一种有顶点和边的图结构。它可以保证从一个顶点沿着若干边前进（有向），但永远不能回到原点（无环）。

在IOTA这个项目中，提到的Tangle（缠结）就属于DAG的一种数据结构，从真正意义上讲，IOTA已不属于“区块链”，你可以理解为如果比特币、以太坊使用的底层数据结构是BlockChain，而IOTA的底层数据结构则是DAG，但它依然属于“去中心化”的范畴。在IOTA里发起一笔交易的流程如下：

1）你需要先找到网络里的两笔交易，验证它们的合法性，然后做微量的

PoW 计算，把自己的交易与它们绑定，再广播到网络。你的交易会被后来的交易以相同的方式验证。

2）如果验证你交易的其他交易越多，则你的交易的确定性越高。当达到一个临界值时，就认为这个交易被确定了，这和比特币 6 个区块确定交易状态的思想一致。简单来说，IOTA 是把算力作为交易的一部分。只要你想加入这个网络，那必须先成为 Mini 版“矿工”，做出微量的 PoW 贡献，因此它是去中心化的。

DAG 的优势可以做到高并发，理论上是无限多地并发，意味着它可以大幅提升交易速度。

4.4 扩容与闪电网络

闪电网络是依附在区块链主链上的区块链状态通道，类似于主链的网络缓存，通过智能合约功能以支持跨参与者网络的即时付款，同时，利用区块链的特性消除将资金托管给第三方带来的风险。主要用于即时、高频的支付，它的设计初衷就是希望比特币的交易可以提升效率、快如闪电。

什么是扩容

比特币在设计之初，每个区块容量的大小被限定为 1MB，而 1MB 的比特币区块每秒大约可以处理 7 笔交易，这个处理速度，就当时比特币的交易量而言，1MB 的区块容量是足够使用的。

但从 2013 年开始，随着比特币价格的水涨船高，比特币的用户规模日益扩大，1MB 的区块容量已经无法支持比特币网络进行快速交易确认，造成比特币网络拥堵。试想，你去便利店买桶泡面，你把泡面泡好了，吃完了，支付都还没有完成，这是一种怎样的体验？更离谱的是，当很多人跟你一样都在进行支付时，你还得支付非常高昂的手续费。因为“矿工”是根据手续费的高低来决定打包支付的优先级的，如果你给的手续费太低，别说吃完泡面的时候能不能支付完成，等到第二天吃泡面的时候，再看看有没有完成吧。2017 年年底，因为比特币币价大涨，导致交易量激增，那时的手续费最高曾达到过每笔 55 美元，折合人民币 300 多块。也就是说，你买了一个 8 块钱的泡面，为了付钱，还要另外支付300块钱给"矿工"。

所以，人们开始讨论如何给比特币"扩容"的问题。迄今为止，关于比特币的扩容大致有两种方案：

第一种是链上扩容，相当于开源，就是直接扩大区块容量，1MB不够，那就2MB，2MB不够，那就10MB，管够为止。只是这样的扩容方式，会对网络的存储和运输带来很大的压力，区块是够了，宽带和硬盘容量不够了。

举个例子，有一家叫做比特币的银行，由于人手有限（区块容量小），一秒钟只能处理7笔业务，而这家银行的生意又很好，每天都有成千上万笔业务需要处理，然后，这家银行又有一个规定，每笔业务都必须经过柜台操作，导致效率很低，每一位想要办理业务的人通常都要等待很久，长此以往，肯定会有人不愿意等那么久，致使比特币银行的生意受到影响。

于是，比特币银行开始考虑如何提升效率。最简单粗暴的办法就是招人（区块扩容），扩大组织规模，把1个柜台变成8个。不够用？那就32个、100个。可是招那么多人，办公室不够用了。

第二种是链下扩容，相当于节流。

就是把一部分交易区分出来，这些交易的交易过程不再直接记录在区块链之中，而是以缓存的方式进行记录，区块链中只记录其交易结果，以此来减少每一个区块需要记录的信息量。

还是比特币银行的例子，柜台有很多要处理的业务，导致效率低下，然后银行引入了ATM机，规定低于2万元的业务，大家可以在ATM机上自助办理，需要到柜台办理的业务减少了，效率自然也就提升了。

闪电网络就是比特币链下扩容方案的一种，从理论上来说，利用这项技术，可以提升比特币的交易速度。

什么是闪电网络

闪电网络的目的是安全地进行链下交易，其本质是使用哈希时间锁定智能合约来安全地进行0确认交易的一种机制，通过设置巧妙的"智能合约"，完善链下通道，使得用户可以在闪电网络上进行0确认的交易。

核心的概念主要有两个：RSMC（Recoverable Sequence Maturity Contract）和HTLC（Hashed Timelock Contract）。RSMC保障了两个人之间的直接交易可以在链下完成，HTLC保障了任意两个人之间的转账都可以通过一条"支付"通道来完成。这两个类型的交易组合构成了闪电网络，从而实现任意两个人都可以在链下完成交易。

（1）RSMC：序列到期可撤销合约

RSMC，按照专业术语来讲，是一个资金池的机制。这有点像两个人私下记账，而且不能违反承诺，否则会受到惩罚。

我们先假定交易双方之间存在一个“微支付通道”（资金池）。双方都预存一部分资金到“微支付通道”里，之后每次交易，就对交易后的资金分配方案共同进行确认，同时签字作废旧的版本。当需要提现时，将最终交易结果写到区块链网络中，被最终确认。可以看到，只有在提现的时候才需要通过区块链。

任何一个版本的方案都需要经过双方的签名认证才合法。任何一方在任何时候都可以提出提现，提现需要提供一个双方都签名过的资金分配方案（意味着肯定是某次交易后的结果）。在一定时间内，如果另外一方证明这个方案其实之前被作废了（非最新的交易结果），则资金罚没给质疑成功方。这就确保了没人会拿一个旧的交易结果来提现。

另外，即使双方都确认了某次提现，首先提出提现一方的资金到账时间要晚于对方，这就鼓励大家尽量都在链外完成交易。

举个例子，在比特币银行里，张三和李四有一本共有的存折（资金池），为了交易便捷，他们两人都会先预存 100 元到这本存折里，这时，这本存折的最大交易金额就是 200 元。每一次发生交易，张三和李四都需要对这 200 元钱的分配结果共同进行签字（数字签名和时间戳）确认，同时把之前交易后的分配方案作废。

示例如下：

第一笔交易：张三支付给李四 50 元，则分配结果为张三 50 元，李四 150 元，然后，张三和李四共同对这一分配结果在存折上签字确认。

第二笔交易：李四支付给张三 20 元，则分配结果为张三 70 元，李四 130 元，然后，张三和李四共同对这一分配结果在存折上签字确认，同时废除第一笔交易的分配结果。

第三笔交易：张三再支付给李四 10 元，则分配结果为张三 60 元，李四 140 元，然后张三和李四共同对这一分配结果在存折上签字确认，同时废除第二笔交易的分配结果。

之后，如果张三或者李四需要把最后的分配结果进行提现，就需要把经他们双方共同签字确认过的分配结果拿去柜台登记（录入区块链）。

这一整个过程，只有在提现的时候，才需要把张三和李四的余额结果录入区块链，既减少了柜台的业务量，还减免了每一次在柜台办理业务的手续费。

需要注意的是，任何一笔交易的分配结果都需要经过双方的签名确认才算是合法的，而在提现时，需要提供最后一笔交易，也就是时间戳最新的一笔交易的双方签名。

这样的设置，是为了防止其中一方拿着已经作废的交易结果去提现。比如说，张三和李四明明进行了第三笔交易（张三支付了 10 元给李四），但是，张三为了多提现 10 元，把第二笔交易的交易结果拿去柜台要求提现。

这时，比特币银行会先将李四的钱打到李四的个人账户上，并发送短信提示到账金额为 130 元，然后，李四就会知道张三在提现时动了手脚。于是，李四把第三笔交易（张三余额 60 元，李四余额 140 元）的双方签名提交给比特币银行，比特币银行就会判定张三作恶，将归张三所有的 60 元余额罚归李四所有。这就是闪电网络“先提现后到账”以及“作恶罚没”的设计。

（2）HTLC：哈希时间锁定合约

RSMC 解决了两个人或者说是两个点之间的交易往来，那么，如果是 10 个人、100 个人需要进行交易，那不可能每一个人都要准备 100 个与另一个人共有的存折吧。于是，HTLC 出现了。

微支付通道是通过 Hashed Timelock Contract 来实现的，中文意思是“哈希的带时钟的合约”。通过智能合约，双方约定转账方先冻结一笔钱，并提供一个哈希值，如果在一定时间内有人能提出一个字符串，使得它哈希后的值跟已知值匹配（实际上意味着转账方授权了接收方来提现），则这笔钱转给接收方。HTLC 是一种限时转账的机制，就是转账方先把转出的钱进行冻结，再提供给收款方一个哈希值，在一定时间之内，收款方通过提供与这个哈希值相匹配的值，从而获得这笔钱。怎么用呢？

在比特币银行里，张三和李四有一本共有的存折，李四和王五也有一个共有的存折，这时，张三需要给王五转账，可以由张三先转给李四，再由李四转给王五，那么，张三和王五就不用再开一本共有存折了。

张三通过智能合约将要转给王五的 1000 元进行冻结，并发送一个哈希值给王五，然后，张三在朋友圈发布公告：“如果谁能给我一个暗语（与哈希值相匹配的值），我就给谁一笔钱。”

李四收到了张三的公告，也在朋友圈发布公告：“如果谁能给我一个暗语（与哈希值相匹配的值），我就给谁一笔钱。”

这时，王五把暗语提供给李四后，李四就需要转1000元给王五，然后，王五再拿着这个暗语去找张三拿钱，从而实现张三和王五的转账。

在这个过程中，李四充当了一个中转站的角色。当然，在这个过程中，充当了中转站的李四需要得到一定的激励，这个过程才能得以实现。

闪电网络是如何工作的?

闪电网络的正常使用包括通过向区块链网络提交正常的资金交易来开通支付通道，然后进行任何数量的闪电交易，更新通道内资金的临时分配而不广播到区块链，最后关闭支付通过广播最终版本的交易来分配通道内的资金。

闪电网络是基于比特币区块链构建的智能合约系统，允许两方直接进行快速、廉价的支付。为了实现这些快速而廉价的交易，采取了以下步骤：

- 设置一个多重签名钱包，其中包含一定数量的比特币（由双方中的至少一方提供）。
- 将钱包地址保存到公共比特币区块链中，包括资产负债表（智能合约），证明该比特币存款属于谁。
- 在此支付通道进行一次设置之后，这两方就可以进行无限次的交易，而无须触及存储在区块链中的信息。
- 对于每次交易，双方签署更新的资产负债表，以便始终反映存储在多信用点钱包中的比特币属于谁。
- 更新后的资产负债表不会上传到区块链，而是双方保留其副本。
- 每当发生争议或支付通道关闭时，双方都可以使用最新的互相签署的资产负债表来支付他们在多信用卡钱包中的份额。

这听起来非常麻烦，但实际上对于最终用户来说，进行闪电支付几乎不需要烧脑的工作，所有上述操作都将在后台自动进行。

闪电网络使用支付渠道有效地允许用户直接与对方进行交易，而不是将业务广播到整个世界（公共区块链）。通过跟踪彼此之间的支付，双方可以避免与区块链进行昂贵且耗时的交互。如果Lightning Network上的余额存在某种争议，那么由双方提供的最近的资产负债表将决定多签名钱包中资金的分配方式。

闪电网络不需要对手方合作退出支付通道，双方都可以选择单方面关闭通道。因为所有各方都有多个签名。在这个网络上有许多用户之间的通道，理论上可以通过这个网络向任何人发送付款。

闪电网络的主要特点

从理论上来说，闪电网络应该允许网络中的所有参与者在节点之间找到一条路径，由此能够在各个方向上进行近乎即时且廉价的交易。因此，只要没有出现问题，就可以避免向比特币网络进行广播，从而形成可扩容网络。该体系架构甚至允许小微交易并增强了付款隐私性。

由于相对时间锁定功能，通道可以无限期地保持开放，并且不存在交易对手方风险；如果有人试图通过恶意地关闭通道来窃取资金，交易的其他参与方将有一个很长的时间窗口来发起他们自己的赎回交易并收回资金。

- 快速支付：在既定通道内的支付几乎可以像数据通过互联网在两个节点之间传输一样快。

- 无须可信第三方：通道中的两个参与者直接使用常规的比特币交易进行互相支付（其中只有一个是广播的），因此，任何第三方都不能控制其资金。

- 为区块链减负：只有开启通道、关闭通道和争议性交易需要提交到区块链上进行，允许闪电网络内的所有其他交易保持未提交状态。这使得闪电网络用户可以通过比特币进行频繁支付，而不会使必须处理区块链上每笔交易的完整节点承担过多的负担。

- 支付通道可以无限期地保持开放：只要频道中的双方继续彼此合作，频道可以无限期地保持开放，没有强制超时期限。根据双方的意愿，可以长期保持通道开启，这可以进一步减少区块链上的负载，同时也可以稀释最终的费用。

- 双方约定可快速关闭通道：如果双方同意，可以立即关闭支付通道（双方可能希望等待一个或多个确认以确保支付通道在正确的状态下关闭）。双方未达成协定（如一方消失），也可以关闭通道，但需要耗费更长的时间。

- 洋葱式路由：支付路由信息可以以嵌套的方式加密，以便中间节点只知道他们收到了可路由支付的人和下次发送给谁，防止中间节点知道发起者或目的地。

- 具有多重签名功能：每个参与方都可以要求通过多个密钥对他们的付款进行签名。

- 跨链：如果另一条区块链支持用于哈希锁的相同哈希函数，以及具备创建时间锁的能力，支付通道就可以跨多个区块链（包括侧链）进行路由。利用异构区块链共识规则，交叉链式原子互换可以立即发生在链外。只要链可以支持相同的加密散列函数，就可以跨区块链进行交易，而不需要信任第三方托管商。

- 小额支付是可能的：由于费用与支付金额成比例，您可以支付一分钱，会计甚至以1‰的精确度完成。
- 付款即时结算：资金在通过网络到达目的地和返回所需的时间内发送，通常为几分之一秒。
- 改进隐私：并非每笔交易都存储在公共区块链上，只有当支付通道最终关闭并且余额支付给双方时才会存储。

是否每笔交易都需要开设新的支付通道?

不是的，闪电网络被构建为一个网络。尽管Alice可能还没有与Dave建立开放的支付渠道，但Alice通过Bob间接与Dave连接，或者甚至在两者之间使用多个步骤。借助闪电网络，用户可以与任何通过多跳连接到他们的支付通道网络的人进行交易。从理论上讲，每个人都可以通过网络与其他人连接。人们也会通过（小）费用来激励这些连接节点，每次交易使用其中一个连接时都会支付这些费用。闪电网络的测试网实施的早期结果证实，确实可以创建足够分散的网络。

闪电网络的架构仍然是值得信赖的（因为它基于智能合约），并且始终确保资金将通过中介机构到达目的地，或者在没有间接路径到达目的地的情况下退款。

闪电网络下的安全风险

一个巨大的未知因素是人们和企业如何实际使用这个网络，人们的看法似乎也不尽相同。有些人认为闪电网络最终会在小额支付场景中无处不在，其中的复杂性将以自动化的方式处理。其他人对闪电网络持怀疑态度，通常的设想是在使用该系统时需要更多以手动方式来构建闪电网络的各个组件，其用户体验还会因为通道意外关闭和闪电网络宕机的困扰而变得糟糕。实际上，真实的情况可能处于这两种愿景之间，随着时间的推移，闪电网络可能会更加趋近于雄心勃勃的那种愿景。这种分歧似乎可以归结为闪电网络的怀疑者认为它是一个复杂、不完整和不切实际的支付系统，其完全依赖于通道架构系统。支持者则将闪电网络视为比特币区块链上的第二层可扩展构件，最终将由钱包、支付协议系统和通道服务公司进行补充，从而带来简单而无缝的用户体验。最后，钱包可以互相通信，在无须用户知情或者操心的情况下，自动动态地决定最佳支付方式——链上支付或是采取闪电网络上的最实际的方式。

• 收款时要求必须在线：如上所述，收款人在收款之前需要签名回收交易，以便付款人知道他们可以在发生恶意通道关闭或拒绝签名的情况下回收资金。因此，要收款就需要一个热钱包，这意味着如果发生安全事故，私钥可能会暴露。

• 监控通道的需求：闪电网络参与者或服务商可能需要主动监控支付通道。这可能给用户或服务商带来负担，并可能降低通道内资金相对于存储在链上的比特币的安全性。可能会因为未能适当监控通道或链上网络的拥堵，导致错过回收交易截止日期。

• “矿工”可以审查通道关闭的交易：51%的算力可能有能力通过审查通道关闭的交易来窃取闪电网络用户的资金，在这种情况下“矿工”是对立方。即使没有闪电网络，此类攻击的潜在后果已经相当具有破坏性，但闪电网络可能会为恶意“矿工”提供更大的攻击面。

收款时私钥暴露到网络上的可能性，恶意的关闭通道的风险以及“矿工”审查通道回收交易的风险，虽然这三个因素中的每一个似乎都不是那么重要，但加在一起，我们认为这明显导致了更低的安全性，虽然所有这些风险都可以在一定程度上加以管理。

有一种风险是，懒惰或信息贫乏的用户在通道中留存了过量资金，并且由于其中一种事故而导致资金丢失或被盗。同时还存在的风险是由于价格波动，用户在支付通道中会留存比意图中更多的资金。

• 匹配失败：如果其中一个对等方没有响应，用户可能需要等待数小时才能关闭付款通道并通过替代路线重新发送资金。

• 没有离线付款：用户无法与其他不在线的人进行交易支付。

• 对于大额付款并不理想：尽管可能存在通过各种支付渠道的路线，但由于手续费以及钱包性质有差异，可能会出现一种特殊的情况：即使各个钱包的总金额足够，但实际转账时仍然不足以转移其资金总额。

• 集中化：闪电网络可能会鼓励支付中心的集中化（类似于“矿工”集中），这也是为什么有人说闪电网络实际上会出现类似银行的超级节点的原因。

4.5 分叉

分叉（fork）在软件开发里面是很常见的，也就是"复制并修改"。最早比特币这个软件出来的时候，就有大量的虚拟币复制并修改它的代码，生成了莱特币、狗狗币、点点币，基本上有1000多种币，复制后修改部分不足1%，也就是说99%是雷同的。从软件技术角度来看，这1000多种竞争币都是比特币的分叉币。

在区块链中，无共识，不社区。共识能驱动人们自由建造社区，也会在产生分歧时让社区分裂，一定程度上来讲，唯有分裂才能促进发展。

莱特币、狗狗币这些竞争币种，都是独立建立数据，和比特币分离。而BCH比特现金和比特币共用某个时间节点之前的数据，两者的本质差别在于，共用数据导致某个时间节点之前持币的用户自动同时持有两种币。竞争币是为了生成新的加密货币，而BCH分叉的出发点却不只是为了生成新币。

为什么要分叉出BCH?

比特币的交易都发生在区块链中，区块的大小限制了交易的数量和效率，目前，比特币的一个区块就是1M，而一笔交易是250M甚至更多，随着投资者的大量涌入，比特币交易积压和网络拥堵已经成为大问题，1M的区块根本就不够用。于是，想要加速交易，比特币当务之急就是扩容。

而比特币又是去中心化的，没有私人个体或者某个团体能直接做决策，于是，整个比特币区块就成了战场，各开发团体们也出现分歧，主要出现了3种不同的意见。

在这三拨人之中，有一个群体坚持"小区块"意见。他们认为，BTC可以使用链下方式解决扩容问题，比如添加闪电网络。而与"小区块"相对的是"大区块"，这个群体认为，初心为上。但目前BTC已经远远偏离中本聪的构想，链下扩容是永远不可能的。唯一能解决问题的方式就是硬分叉。

曾经有人试图在"大区块"和"小区块"之间寻找"第三条路线"，并且差点成功。这"第三条路线"就是曾经惊天动地的"纽约共识"。2017年5月23日，来自全球21个国家的56家知名区块链初创公司共同签署了"纽约共识”，获得了全网83.28%的算力支持。他们不反对“小区块”，也不反对“大区块”，只是把Segwit软分叉和2M硬分叉合并。然而，这个方案却遭到“矿工”反对。

“矿工们”认为，按照Segwit 2x的想法，链下扩容是区块链的倒退，相当于尽力做了一个摆脱银行的支付系统，但现在却要引入银行解决交易确认问题。

社区争吵越发激烈。在这种局面下，大区块“倒戈”自立门户，BTC社区共识破裂。2017年8月1日，比特大陆正式启动BTC硬分叉，BCH诞生。自BCH诞生以来，根据其社区发展路线，每过6个月就要对BCH进行一次分叉升级。2018年8月1日，吴忌寒、澳本聪和比特币耶稣在香港的BCH大会碰面，吴忌寒还和澳本聪发布了“虫洞协议”，它是基于BCH的二层智能合约产品。

2018年8月8日，伴随BCH全节点客户端Bitcoin ABC公布了11月共识协议的改进内容，澳本聪通过Twitter对BCH的ABC版本提出抗议，并声称：“BCH 11月的升级必将失败，开发者会被换掉。”8月29日，澳本聪的nChain公司正式推出BSV节点客户端，并决定在11月的硬分叉中与Bitcoin ABC一较高下。11月16日凌晨，由BCH升级之争引发的算力战正式开启，最终形成了Bitcoin ABC和Bitcoin SV两个阵营。

春秋战国时期的“三家分晋”，欧洲中世纪的“宗教改革”，都是社会的自我进化。分叉则是区块链系统的自我进化，但这次BCH硬分叉，表面上看是共识冲突，本质上却是利益之争。

什么是硬分叉和软分叉?

（1）硬分叉

比特币区块格式或交易格式发生改变时，未升级的节点拒绝验证已经升级的节点生产出的区块，不过已经升级的节点可以验证未升级节点生产出的区块，然后大家各自延续自己认为正确的链，所以分成两条链。通俗来讲，就像堵车，一条路堵死了，于是大家就决定换一条不堵的路走，原来那条路就弃用了，关键是弃用就算了，其他车也必须跟着走，强制站队，有人不同意？ok，一拍两散，从此两条平行线永不相见。

区块链硬分叉的产生有两种原因，一是源于技术进步，二是源于共识分歧或者价值观分歧。两者也会同时发生作用。

技术原因导致的硬分叉，源于区块链的特性——机制预设、强制执行。本来是区块链的优点，反过来成了区块链的制约。区块链优于互联网的地方在于它的不可逆、可溯源及分布式节点，这三者是区块链的核心要素，是实现平等、自由、透明，以及去中心化的诉求的基础，目的只有一个——杜绝个体意志的干扰。无论技术如何发展、技术如何组合，都是为了实现这个目的。

因为机制是预设的，而无法预知的情况又很多，稳定性和拓展性的统一就成了难题：基于价值观的诉求，人们要求它稳定；基于世界的变化，人们要求它可以包容和拓展。当软分叉无法解决问题的时候，硬分叉在所难免。而重新构建一套系统是成本的巨大浪费，也是不科学的，因为技术进步的脚步不会停下。

共识分歧或者价值观分歧导致的硬分叉，是因为群体观念无法调和而不得不分道扬镳。从理论上来说，如果每一次技术进步导致的硬分叉都能得到所有节点的拥护，那么是不存在任何风险的，区块链将随着技术的升级不断向前发展。

任何一个区块链系统，软分叉实际上是系统的升级，既是无法避免的又是必须存在的，而硬分叉则是要极力避免的。硬分叉是永久性分歧，无论什么原因引起的硬分叉，都意味着多中心化。硬分叉在理论上是没有尽头的，每一次硬分叉，代表着社会的又一次分裂。解决不了硬分叉的问题，世界又得回到“无限中心化”的路子上去。多中心化没有任何效率和意义，还不如现在的互联网管用；并且比现在的多中心化更加严重的风险是，硬分叉产生的多条链之间，除了共享根链外，它们彼此之间是隔阂的。

硬分叉的后果，就是形成互不相联的多个中心，破坏了区块链的稳定性和拓展性。

（2）软分叉

软分叉是指比特币交易的数据结构发生改变时，未升级的节点可以验证已经升级的节点生产出的区块，而且已经升级的节点也可以验证未升级的节点生产出的区块。还以堵车为例，这条路堵死了，但这条路我走习惯了，咱不放弃、不抛弃，再修一条辅路来帮助主路分流拥堵，不过，这个有了这条辅路后还会不会堵车？我们无法预知。

软分叉将改变比特币的结算方式，让结算变得更快，有较好的兼容性，之前的版本至少部分功能可用，可不升级，原区块和新区块共存。对于“矿工”而言，其收取手续费的盈利方式不受影响，其获取比特币（“挖矿”）的难度未改变。

以太坊的分叉

以太坊历史上有两次有名的分叉，一次因为“The DAO 事件”，一次因为技术升级。

- 以太坊分叉币：2015 年，The DAO 项目使用以太币来众筹，结果超过 1200 万个以太币被黑客盗取，以太坊创始人 Vitalik Buterin 提出设想，通过硬分叉使得黑客利用漏洞转出交易的区块失效，找回丢失的以太币。当时，超过 85% 的以太坊算力支持硬分叉，以太坊硬分叉成功。新链是以太坊 ETH，旧链是以太经典 ETC。对部分区块链信仰者来说，此次硬分叉是对区块链的背叛，采用了人为手段进行强制回滚，违背了区块链不能修改的技术本质。他们反对此次硬分叉并且在原有链上继续贡献自己的算力，导致如今的 ETC 和 ETH 并存的局面。
- 君士坦丁堡分叉：以太坊是一个不断发展的公链，按照公布的发展路线可以分为以下 4 个阶段：Frontier（前沿），Homestead（家园），Metropolis（大都会）和 Serenity（宁静）。阶段之间的转换都需要通过硬分叉来实现。对于以太坊系统来讲，“君士坦丁堡”是一次非常重要的升级，“君士坦丁堡”的升级意味着第三阶段 Metropolis（大都会）正式终结。此次升级主要的特性就是平滑处理掉所有由“拜占庭”所引发的问题，进一步降低费用成本，引入 PoW 和 PoS 的混合链模式，完成 PoW 向 PoS 的顺滑过渡。此次分叉还将提供身份掩护功能，允许用户自行决定私钥地址，使整个网络更加安全。

5 公链与联盟链

5.1 公链、私链与联盟链

区块链根据去中心化的程度，可以分为公链、私链和联盟链。

公链

公链是指任何人都可自由加入及退出、任何人都能发送交易且交易能获得有效验证、任何人都能参与其共识过程以及记账过程的区块链。公链一般采取工作量证明 PoW、权益证明 PoS、股份授权证明 DPoS 等共识机制，并将经济奖励和加密数字验证结合起来，其原则就是每个人从中可获得的经济奖励与该链上的贡献度成正比。这些区块链通常被认为是完全去中心化的。

公链上的节点可以向任何人开放，即任何人都可以参与这个区块链进行计算，而且任何人都可以下载获得完整区块链数据。区块链技术第一代的比特币、第二代的以太坊、第三代的 EOS 都是最典型的公链网络。

(1) 特性

- 代码开源：整个系统的运作规则及代码都是公开透明的。
- 访问门槛低：任何拥有足够的技术能力、基本设备的人都可以访问区块链网络。
- 数据默认公开：尽管所有关联的参与者都隐藏自己的真实身份，但数据全链公开，正是通过公共性来维护其安全性，在公链上每个节点可以看到所有的账户数据和其所有的交易活动。

(2) 优点

公链最大的优点就是去中心化和安全性，不受中心化组织的控制。

（3）缺点

尽管公链很好很安全，但是设想一下，这么多随意出入的节点是很难达成共识的。因为有些节点可能随时宕机，黑客也可能伪造很多虚假的节点。所以，公链有一套很严格的共识机制，因此，公链最大的问题就是共识问题，共识问题直接导致了公链处理数据的速度问题，直接影响公链的性能和容量。

私链

有些区块链的应用场景，并不希望任何人都可以参与系统的运营，也不允许任何人都可以查看所有数据，只有被许可的节点才可以参与记账，只有具备相应权限的才可以查看数据，这种区块链结构我们称为私链。与公链相反，私链是指其写入权限仅在一个私有组织手里的区块链，读取权限有限。

（1）特性

- 交易速度快：一个私链的交易速度可以比任何其他的区块链都快，甚至接近并不是一个区块链的常规数据库的速度。这是因为，就算少量的节点也都具有很高的信任度，并不需要每个节点来验证一次交易。
- 隐私性好：通过制定特定的隐私策略，可以给私链更好的隐私保障，可以采用与传统分布式数据库不同的数据保护策略，通过非对称加密、多重加密等技术给予可定制的有限访问、控制数据权限。
- 交易成本低：交易成本大幅降低甚至为零，私链上可以进行完全免费或者至少说是非常廉价的交易。

（2）优点

私链可以完全自己定制策略，参与记账的节点有限，速度极快。

（3）缺点

与公链相比，私链完全不具备去中心化的特性，其安全性、信任度完全在于私链提供者。

联盟链

联盟链是指由若干机构、组织共同参与管理和运营，以不同权限进行数据读写的区块链。各参与方都运行着一个或多个节点，链上的数据只允许系统内不同的机构进行读取和发送交易，并且共同记录交易数据。联盟链参与者的公开性介于公链和私链之间，其开放程度和去中心化程度一般限制在联盟成员内部，参与者是被提前筛选出来或者直接指定的，数据库的读取权限可能是公开的，也可能像写入权限一样只限于系统的参与者。R3 组成的银行区块链联盟要构建的就是典型的联盟链。

（1）特性

- 交易成本低：交易只须被几个受信的高算力节点验证就可以了，而无须全网确认。
- 节点容易连接：若是出了问题，联盟链可以迅速通过人工干预来修复，并允许使用共识算法减少区块时间，从而更快地完成交易。
- 灵活：如果需要的话，运行区块链的共同体或公司可以很容易地修改该区块链的规则、还原交易、修改余额等。

（2）优点

联盟链的优点就是比公链处理速度要快，因为节点的数量和身份都已经规定好了，可以使用相对松散的共识机制，因此，数据的处理速度就会比公链大大提高。

（3）缺点

尽管联盟链速度加快，但是相比公链，联盟链并不是完全去中心化的。因为从理论上来说，联盟之间可以联合起来修改区块链数。

5.2 公链挑战

公链是区块链的底层协议，是区块链世界的“操作系统”。公链为区块链搭建分布式数据存储空间、网络传输环境、交易和计算通道，利用加密算法保证网络安全，通过共识机制和激励机制实现节点网络的正常运行。公链提供的 API 接口可供开发者调用，以开发符合公链生态的应用。

随着区块链技术的发展和普及，越来越多的人进行区块链应用的开发，这对公链这一区块链底层运行平台提出了挑战，同时也是现有公链技术存在的壁垒，包括：1）可扩展性的限制；2）隐私保护的限制；3）缺乏合约的形式化验证；4）存储限制；5）难以证明的共识机制；6）缺乏治理和标准；7）缺乏开发工具；8）量子计算机的威胁。

可拓展性的限制

当前，公链的共识协议都存在这样的限制：网络中的全节点参与者需要处理全部交易。为什么会这样？因为区块链本质上是去中心化，这意味着不存在一个中心团体来保护和维持系统。取而代之，网络的每个节点都会处理每笔交易并维持全状态副本，通过这种方式来保护系统。去中心化共识机制的关键优势是安全保证、政治中立和抵抗审查等。然而，这是以扩展性为代价换来的，因为去中心化限制了区块链里全节点可处理交易的数量。

实质上这带来了两个影响：首先是低吞吐量，区块链可处理交易的数量十分有限；其次是缓慢的交易速度，处理一个区块的时间很长。比如，比特币的区块时间是10分钟，以太坊的区块时间大约是14秒，在高峰期里花费的时间甚至更长。相较之下，Square和Visa等服务的交易是即时确认的。因此，公链需要在低交易吞吐量和高中心化之间做一个权衡。换句话说，随着区块链大小的增加，网络里全节点所需的存储、带宽和计算能力也会增加。当到达某个时刻，就只有少数节点才能提供足够的资源来处理区块，这会带来中心化风险。在那时，我们会回到须信任少数大节点的中心化系统里。然而，我们想要的系统是：它既能每秒处理上千笔交易，又能带来一定程度的去中心化。

（1）可扩展性的解决方案

在理想状态下，我们希望我们设计的区块链有着与比特币和以太坊相近或更好的安全性，但同时又不希望网络里每个节点都要处理超过一定比例的交易。换句话说，我们需要一种机制，来限制验证交易的节点数量（因为减少验证节点数量可以提高吞吐量），同时又保证网络里的每笔交易都是合法可信的。这听起来很容易，但在技术上非常难以实现。可扩展性是平台走向成功的一个巨大障碍。下面是一些不同开发团队正在努力研究的解决方案。

（2）链下交易通道（off－chain payment channel）

该方案是在链下使用微支付通道网络处理大部分交易。区块链只作为清算层来处理一系列交易的最终清算，从而减少底层区块链的负担。这解决了吞吐量问题，区块链可处理交易的数量可提升一个量级。除此之外，由于交易都是在支付通道里处理的，无须等待区块确认，因此，交易速度问题也得到了解决，消除了时延。Raiden Network和Lightning Network都是微支付通道网络的实例。

（3）分片（Sharding）

分片的思想是把区块链的整体状态分割成不同的“片”，每部分状态都由不同的节点存储和处理。每个分片都只处理整体状态的一小部分，因此可以做到并行处理。区块链分片就像传统数据库的分片一样，但还须额外考虑如何在去中心化的节点集合里维持安全性和合法性。

（4）链下计算（off - chain computation）

这个方案和链下交易通道很相似，但适用范围更广，其主要思想是以一种安全可证的方式，在链下处理一些在链上执行代价很大的计算。把计算和证明处理移到链下的独立协议里，可以提高交易吞吐量。

（5）DAG

DAG是有向无环图（Directed Acyclic Graph）的缩写，这是一种有顶点和边的图结构。DAG可以保证从一个顶点沿着若干边前进，最后不能回到原点。一些DAG协议，如IOTA的Tangle，丢弃了全局的线性区块概念，使用DAG数据结构来维持系统状态。为了保证网络安全，这些协议需要用某种新方法，使节点不需要用线性方式处理每一笔交易。另一种DAG协议SPECTRE Protocol，使用了区块的DAG技术，可以并行“挖矿”，从而带来更大的吞吐量和更快的交易确认时间。DAG技术还处在早期阶段。老实说，它们也存在一些需要被解决的底层限制和缺陷。

隐私保护的限制

区块链上的交易并没有直接关联到交易者的身份，这看起来似乎是可以保护隐私的。每个人都可以匿名地生成钱包，并进行交易。区块链技术的巨大前景之一是假名（pseudonymity）的使用：交易被记录在公共账本里，但是，它们又与由数字和字母组成的地址保持关联。因为无须将真实世界的身份信息关联到地址上，交易的发起者似乎是不可能被追踪的。

然而，这种想法是错误的。没有将假名关联到个人信息，这确实可以保护隐私。然而，只要有人建立了链接，则隐私就不再是秘密。一个例子是执法机构坦言他们在调查时，可以识别比特币用户，对他们进行反匿名（deanonymizing）。这是怎么发生的呢？

商业网站的Web Tracker和cookies会轻易泄露与交易相关的信息。任何人，包括政府、执法机构和恶意用户都可以利用这些信息。

此外，区块链平台，如以太坊的用户与智能合约进行着复杂交互。智能合约的所有细节，包括发送者和接受者、交易数据、执行的代码和合约内部存储的状态，都是公开的。大部分公司都不会考虑把重要的商业数据上传至区块链中，因为黑客、竞争者和其他非授权组织都可以轻易看到这些信息。比如：

- 电子医疗记录是十分隐私和敏感的信息。
- 身份识别数据如身份证不能在智能合约上公开。
- 凭证管理如密码和密钥都不能放在公开和不安全的智能合约中。
- 金融文件如股权结构表或员工薪资都不能公开。

隐私保护对于个人、组织和企业来说，都是一个本质挑战。许多人为区块链和数字货币着迷，是因为这个去信任和抵抗审查的系统能带来金融上的变革。矛盾的是，我们在使用的是一个公开且容易被追踪的账本。

目前存在的隐私保护解决方案有：

（1）混合器

混合器的思想是把交易混到一个池里，收支平衡由池中的私有账本来记录。当池中的资金被花费后，原始交易就变得难以追踪了。观察区块链的人可以看到池的支付金额和收款人，但是无法追踪交易的发起人。混合器服务的一个例子是CoinJoin。不幸的是，混合器不是一个可靠的解决方案。研究者可以确定CoinJoin里的交易，他们证明，攻击者只要花费32000美元，就能以90%的成功率识别交易；并且，研究者还证明混合器几乎无法抵御女巫攻击（Sybil attacks）和拒绝服务攻击（Denial - of - Service attacks）。另一个令人不安的地方是，需要通过一个相对中心化的实体来维护混合器的私有账本，这意味着需要一个可信第三方来“混合”交易。CoinJoin不是默认交易方法，因此很少人进到混合池里，这导致匿名集合十分小。在人数少的集合里，可以很容易确认交易的来源。

（2）门罗币的环签名

门罗币不同于其他的山寨币，门罗币不是比特币的分叉，而是基于另一种协议CryptoNote。门罗币的最大特色是环签名（Ring Signature）方案。

环签名是一种群签名，群里的每个签名者都拥有一个公私钥对。不像传统的加密签名证明交易是单个签名者用私钥签的，群签名证明交易是群里的某个人签名的，但不会暴露具体是谁签的。

（3）零知识证明

零知识证明是指，在不揭露特定知识的情况下，证明者（prover）可以说服验证者（verifier）他们知道该知识。换句话说，零知识的输入是秘密的，证明者不会向验证者揭露任何知识。零知识证明可以被用在隐私保护方案里。

例子1：质询－响应比赛

在计算机安全里，质询－响应认证（challenge－response authentication）是一个协议族。在协议里，一方进行提问（“质询”），另一方给出正确的答案（“响应”）以获得授权。在区块链里，这个“比赛”能被用于验证交易。如果某一交易是非法的，其他节点会注意到其非法性，这就需要提供可验证的证明（verifiable proof）来证实交易是非法的。如果验证失败，则会产生一个“质询”，要求交易的发起人生成一个“响应”，来证明交易是合法的。

例子2：Zcash

Zcash是基于零知识证明、具有隐私保护特点的加密货币。在Zcash所谓的“私密交易”（shielded transactions）里，每一个被使用的币都带有一组匿名集合。私密交易使用“私密地址”（shielded addresses），它要求发送方或接收方生成一个零知识证明，以在不泄露交易信息的情况下，允许其他人验证交易。

（4）代码混淆

另一种隐私保护机制是代码混淆。该方案要找到一种方式来混淆程序P，混淆器（obfuscator）会产生第二个程序O（P）＝Q，使得在给P和Q相同的输入时，产生相同的输出。但是，Q不会揭露与P内部构造相关的任何信息，这使得我们可以在Q内部隐藏如密码和身份证等私密信息，但同时在程序里使用这些信息。

虽然研究者已经证明完全的黑盒混淆器是不可能实现的，但不可区分混淆器（indistinguishability obfuscation）是可以实现的，这是一种概念上弱化的混淆器。不可区分混淆器O的定义是，如果你使用两个同等的程序A和B（如把相同值输入A或B，产生相同的输入）计算得到O（A）＝P和O（B）＝Q，则在无法进入程序A或B的情况下，从计算上分辨P来自A还是B是不可行的。

（5）预言机（Oracle）

在区块链世界里，预言机是指在智能合约和外部数据源之间传递消息的角色。它在链上智能合约和链下外部数据源之间充当数据的运输者。因此，一种保护信息隐私性的方法是使用预言机从外部数据源中取出隐私数据。

缺乏合约的形式化验证

智能合约的形式化验证仍然是一个未解决的巨大问题。首先，让我们通过

“形式化证明”（formal proof）来理解“形式化验证”（formally verify）的意思。在数学上，“形式化证明”是一种数学证明，计算机可以通过基本的数学公理和推理规则（inference rules）来证明它。在程序方面，形式化验证是一种判断程序是否能按预期运行的方法，具体的规约语言可以用来描述输入和输出之间的函数关系。也就是说，如果在程序里声明了一个不变量，则我们应该证明这个声明的存在。

对于编码在智能合约里的程序来说，为什么形式化验证十分重要？一个原因是智能合约是不可逆的，这意味着一旦将它们部署到主网络里，你就无法升级或修改它们。因此，在部署和使用智能合约之前，需要保证一切都不会出错；而且，智能合约是可公开访问的，存储在智能合约里的内容对任何人可见；每个人都可以调用智能合约里的公开方法。这带来了开放性和透明性，但也会吸引黑客攻击智能合约。

无论多么小心谨慎，写出一个没有 bug 和完全可信的智能合约都是十分困难的。以第二代区块链技术以太坊为例，用 EVM 指令的设计方式，验证 EVM 代码很困难。因此，在以太坊上很难找到一种形式化验证的解决方案。但无论如何，形式化验证都是一种减少 bug 和攻击的强有力手段。比起传统方法，如代码测试和同行审查，它在很大程度上可以保证正确性。我们急切地需要一种更好的解决方案。

存储限制

公链上的大部分应用都需要解决存储问题，如用户身份、金融信息等。然而，在公链上存储信息意味着数据：

- 被网络里的每一个全节点存储着。
- 被无限期存储着，因为区块链数据只增不减，且不可逆。

在去中心化网络里，每一个全节点会存储越来越多的数据，因此，数据存储带来了巨大的开销。这将导致存储变成区块链应用的巨大瓶颈。

下面介绍一些项目，它们使用不同的策略将数据分割成分片（shard），并以去中心化的方法将其存储在参与节点里。这些方法的基本前提是不让每个节点都存储所有数据，而是将数据分散后，存储在一个节点集合里。

- Swarm：Swarm 是以太坊上的 P2P 文件分享协议。你能将程序代码和数据存储在主链之外的 Swarm 节点里，这些节点与以太坊主链会保持连接。你可以在链上交换这些数据。

- Storj：文件和数据一开始会被分片和加密，然后被分散并存储到多个节点里，每个节点只存储数据的一小部分。这是一种“分布式存储”。Storj 代币（SCJX）被用来支付存储和激励存储文件和数据的节点。
- IPFS：这是一种 P2P 超媒体（hypermedia）协议，它的特点是高吞吐量，基于内容寻址（content - addressed）的区块存储模型和超链接。本质上，它能以一种持久化和去中心化的方式存储文件，同时还有历史版本控制和减少相同文件副本的特点。
- Decent：Decent 是一个去中心化的内容分享平台，允许用户在没有可信第三方时上传和分享他们的作品，如视频、音乐和电子书等。存储内容的节点会被奖励手续费，用户可以跳过中介，经济实惠地接触到这些内容。

难以证明的共识机制

区块链具有“去信任”的特点。用户不需要信任任何人。无需信任带来了自治、抵抗审查、真实性和无需授权等一系列引人注目的性质。这种用来保证区块链不易受攻击者破坏的机制，被称为“共识协议”。对于比特币和其他区块链来说，共识协议并不是一件新事物。1992 年，Dwork 和 Naor 就创建了第一个“工作量证明 PoW”系统，用来在无需任何信任的情况下访问资源。这个系统被用来解决垃圾邮件问题。

PoW 机制的思想是让问题很难解决，但验证很容易。“矿工”需要使用算力来进行巨大开销的计算，而比特币系统用比特币和交易费来奖励给出答案的“矿工”。“矿工”拥有的算力越多，则他们在共识上的“贡献”越大。

PoW 共识使得比特币成为第一个在全球使用的去中心化账本，它无需可信第三方就能解决“双花”问题。然而，PoW 不是完美的，仍然有许多人从事着研究和开发工作，试图去构建更可靠的共识算法。PoW 存在被 ASICs 定制化硬件、矿池等高算力方式与“去中心化”理念违背的问题，同时大量的算力需要消耗大量的电力，对于社会来说，这些计算都是无价值的。根据 Digiconomist's Bitcoin Energy Consumption Index 所示，当前比特币每年消耗的电力约为 29.05TWh，大约占全球消耗电力的 0.13%。使用 PoW 共识的公链消耗的电费会越来越多。不可持续的电力浪费和 PoW 计算开销不利于公链将规模扩展到成千上万的用户和交易。

对 PoW 共识的解决方案有：

• 有用的 PoW：一种解决电力浪费问题的方法是用 PoW 函数来解决某些有意义的问题。比如，让“矿工”用计算资源去解决困难的 AI 算法，而不是解决随机的 SHA256 问题。

• Proof - of - Stake：另一种解决“挖矿中心化”的问题是完全抛弃“挖矿”，在共识里引入另一种机制来奖励每个节点的贡献。PoS 消除了对硬件的需求，因此不再有硬件中心化的问题；而且，“矿工”再也不用消耗大量电力来解决 PoW 问题，PoS 本质上更节能。然而，天下没有免费的午餐，PoS 算法也有自身的挑战，它们包括：1）Nothing - at - Stake Problem。在 PoS 共识下，如果存在分叉（无论是因为意外或攻击），节点最好的策略都是同时“挖”每条链。节点不需要消耗计算资源，只需要使用自己的钱来投票。这意味着无论哪条链胜出，“矿工”都会得到奖励。2）Long - range attacks。如果“矿工”想在 PoW 链里分叉，它得在主链最新区块前几个区块开始挖。“矿工”往回得越多，就越难追上主链，这需要超过网络一半的算力才能做到。然而，在 PoS 里，由于“挖矿”所需的东西只是权益即钱，“矿工”可以从成千上万个块之前开始分叉。“矿工”可以轻易生成成千上万的区块，而用户很难发现哪一条链才是“正确”的链。3）Cartel formation。在由经济激励治理的去中心化系统里，一种真实存在的风险是共同合作（coordinated efforts）和寡头的出现。不像工作量证明 PoW 是可以通过数学证明的，而 PoS 共识机制本身缺乏数学级别的逻辑证明，各种使用 PoS 的区块链实现方式也难以得到有效的解释。为了理解各类设计里的不同权衡，需要进一步进行研究和实验。正因如此，我们应该在前人的工作基础之上共同合作，研究出一个更有效、更快和更安全的共识系统。

缺乏治理和标准

对于公链，因为其本身的去中心化的特性，无论是代码维护还是生态治理，都不需要一个中央集权的组织来做决策，这是毋庸置疑的。一方面，每个人都是管理者——这是一个完全去信任、开发且无需授权的系统，然而，另一方面，又不存在能够安全升级协议的方法，没有人负责维护协议标准。

在维持区块链技术的去中心化特性的同时，我们仍然需要一个由生态开发者和其他成员组成的组织，来对新标准、特性和升级达成共识。如何在没有中心化组织的带领下实现这个目标，仍然是个未知数。

例如，以太坊当前的特定标准和特性只由一两个开发者来指导和决策。尽管这个模式可行，但仍存有缺陷，其中之一是不够效率——如果领头开发者太忙，或几天、几周内忘记回应，则标准的推进就会陷入停滞，不管这个标准对其他参与构建区块链的人来说是多么重要。在没有明确领导的前提下制定标准，将带来混乱，很难快速及时地对问题达成共识。社区越大时，这种情况越严重。

另一种方法是完全开放和去中心化区块链。然而，这会使得自治十分低效，将带来长久的危害。我们需要一种更好的方法。

缺乏开发工具

在当前区块链生态系统里，开发工具显然无法让人满意。即使是经验丰富的开发者，在区块链之上开发功能性协议或去中心化应用也是一项艰巨的任务。现在，从一个以太坊 Solidity 区块链开发人员的角度，列举当前生态里缺乏的一些工具：

• 能够检查代码错误，且集成了开发智能合约和区块链分析所需插件的 IDE。

• 有完整文档，且容易使用的构建工具和编译器。

• 持续更新的 API 和框架技术文档。

• 测试框架。以太坊里有一些可用的测试框架，如 Truffle，但我们急切需要能提供更多选项和实验的测试框架。

• 调试工具。调试 Solidity 代码就像在黑暗隧道里蒙着眼睛寻找金子。在开发网站时，我可以使用调试器一行一行单步调试代码。但在 Solidity 开发环境里没有类似的工具，我们急需一种可以隔离和诊断问题的易用工具。

量子计算机的威胁

量子计算机是密码学和加密货币的潜在威胁之一。尽管量子计算机目前只能解决特定类型的问题，但这种情况不会一直持续。量子计算机可以有效地攻破当前流行的公钥算法，这听起来很可怕，但事实如此。

以比特币为例，比特币的协议和算法涉及两种类型的密码学，包括“挖掘”过程中使用的 HASH 散列函数和用于在区块链上提供数字签名的非对称加密算法。“矿工”利用其计算能力，使用 SHA－256 哈希函数为每个区块计算一个随机数，这个过程所得到的结果非常容易被验证，但是很难被找到。而不对称密码术则用于授权比特币区块链上的交易，整个链上的每个用户都会有一个公钥和一个私钥，这就是非对称密码系统。

而量子计算机可能会对这两道安全防线产生巨大威胁，未来量子计算机能很快破解 HASH 哈希函数，从而通过算力垄断整个区块链。同时，对于非对称加密算法，量子计算机的舒尔算法（Shor's algorithm）可能在较短时间内破解密钥。

在设计区块链和底层的加密算法时，我们应该考虑怎么使它拥有抗量子计算的特性，这是很重要的。

5.3 公链不可能三角

公链平台的发展面临着多种挑战，而这些挑战之间又存在着一种“不可能三角”的关系，也称公链“三元悖论”，指的是区块链网络很难同时兼顾扩展性（Scalability）、安全性（Security）、去中心性（Decentralization）三项要求，至多只能取其二。因为区块链，尤其是公链，必须通过分布于全世界的成千上万个计算机节点来提供算力，并协作验证网络交易，以达到不需要一个权威中心也能让使用者信任的目的；但协作验证都需要成本，如此一来，整个网络就很难兼顾扩展性能与安全。

区块链不可能三角与 CAP

区块链作为一种计算机分布式系统，三元悖论的问题可以联系到分布式系统的 CAP 原理。2000 年，在 ACM 组织的 Principles of Distributed Computing（PODC）研讨会上，加州大学伯克利分校的 Eric Brewer 教授就提出了 CAP 原理，CAP 原理的名字由 Consistency（一致性）、Availability（可用性）、Partition（分区容忍性）三者的首个字母组成：

- Consistency（一致性）：分布式系统中有很多节点，一致性就是指所有节点就某一数据或状态达成一致。
- Availability（可用性）：分布式系统中的每一个节点均处于可用状态，能在有限时间对请求做出相应的应答。

- Partition（分区容忍性）：分布式系统网络中的部分区域发生故障，导致节点通信无法正常进行。在这个故障的前提下，系统的服务仍可以不出错，并继续进行，我们就称该系统具有分区容忍性。

在分布式系统中，CAP这三者无法同时存在，这就是CAP原理。分布式系统存在CAP原理，区块链系统是分布式的，所以CAP原理也适用。安全性、可扩展性、去中心化是区块链的不可能三角，这个不可能三角与CAP原理存在一定的对应关系：

- 一致性与安全性：若允许不一致性存在，节点与节点之间数据不统一，就会出现安全性问题。比如，A用法币向B购买一个比特币，A向B进行法币转账后，B往A的比特币地址转入一个比特币，节点1的账本上记录了“A的比特币地址的比特币金额+1”，如果节点2没有记录“A的比特币地址的比特币金额+1”，此时，A购买的这个比特币不受部分节点的认可，那么，A此次进行的比特币交易就出现了安全问题。
- 可用性和可扩展性：牺牲可用性会延长节点同步的时间，区块链系统中的可扩展性是指每秒可以处理的交易数，那么可用性的牺牲也将导致可扩展性的下降。比特币系统就是选择牺牲可用性的方式来达成一致，即通过延长同步的时间来实现网络的安全，这也是比特币网络可扩展性低的原因之一。
- 去中心化与分区容忍性：分布式系统必然需要存在分区容忍性，不具备分区容忍性的分布式系统没有意义。分布式系统也必然是去中心化的，因此，分区容忍性是实现去中心化的前提。

打破区块链不可能三角

关于区块链不可能三角的最新研究成果是王嘉平博士和汪浩博士提出的“Monoxide区块链扩容方案”。王嘉平为微软总部研究院前主管研究员，专注于分布式系统、图形学和视觉以及用于机器学习和深度学习的GPU集群等领域的研究，离开微软后，他在创新工场担任执行董事，负责区块链和人工智能等投资方向，曾主导了对比特大陆（目前全球最大矿机厂商）的首轮机构投资，成为比特大陆首轮三大主要投资方之一。在王嘉平博士撰写的区块链扩容论文《Monoxide：Scale Out Blockchain with Asynchronized Consensus Zones》中，提出了Monoxide方案，其关键设计就是通过“异步共识组”（Asynchronized Consensus Zones）的设计，将区块链性能提升至比特币的千倍以上，并同时兼顾安全性与去中心化。这一方案获得计算机顶级学术会 NSDI 2019 收录。

Monoxide 方案打破区块链不可能三角的关键设计在于异步共识组，核心是共识组 Consensus Zone，而不是 Asynchronized。异步是一个重要的特性，但其核心是共识组这个模型。共识组是由多个同质的、功能上完全一致、地位上也完全平等且逻辑上尽量隔离的独立共识系统的实例节点构成，它们并行工作，分摊全网的吞吐、计算、存储的压力，共同分摊全网状态的维护工作。

- 具备独立的相对稳定的节点集合，逻辑上不要求一个节点参与多个共识组。
- 具备独立的账簿，承载全网的一部分用户（组内用户）。各个共识组的组内用户没有交集。
- 具备独立的 Chain of Blocks，仅记录已经确认的和组内用户相关的交易。
- 具备独立的、非阻塞的出块过程，各个组之间没有任何同步的需要（如需要互斥锁定特定资源）。
- 具备独立的未确认交易集合，仅有和组内用户相关的未确认交易会被暂存。
- 具备独立的出块候选或竞争机制，“矿工”仅限于组内竞争，和其他组的“矿工”无直接竞争关系。
- 具备独立的 Gossip 网络，完成区块和未确认交易的广播，不波及其他共识组的节点。

该系统以及相关协议的设计理念在于，保证其上的跨分片交易可以正确、高效地完成，保证攻击单个共识组的代价同攻击整个网络的代价相当，保证单个运行中的全节点需要承担的系统压力不会随着全网性能的提升而变大。具体在单个共识组内部采用的共识算法，可以是 PoW，也可以是类 BFT 或者 VRF 算法。

与通过新的共识算法来实现性能提升的设计不同，对于异步共识组这样的分片系统来说，系统的性能不是一个定值，是一个和系统资源配置相关的、可以被调整的值。就好像拥有多个稳定转速的发动机，不同的油耗就有不同的推力。在异步共识组中，这个“油耗”就是全网有多少全节点，有多少“挖矿节点”。该方案可以提供线性的伸缩性，也就是随着共识组数量的增加，全网的吞吐量将获得线性提升。同时，全网的状态内存空间、交易处理的计算力、归档交易的存储空间也将同时得到线性的提升。这样线性的伸缩性，是突破区块链“不可能三角”问题中，保证去中心化、安全性的同时，提升性能、扩展性的方式。

为了让这样的一个系统设计可以正确、安全地工作，论文中提出了一系列的技术挑战：

- 高效处理跨片交易：论文中采用了无须状态锁定的异步执行方式，最终原子性最大限度地保证了各个共识组可以高效吞吐，不会互相阻塞，而这里的安全性是通过源共识组的共识证明来完成。这一点在思路上有些类似一些跨链的工作，但是有一处本质的不同。在共识组中，各个组是互相配合、互相信任的，他们互相承认对方的共识证明，所以可以找到不引入任何中心化节点的方式来保证安全。而通常的跨链算法中，至少有一条链是不配合的，不承认甚至根本就读不到对方链的状态。
- 跨分片交易逻辑：如果只是支付，跨分片交易逻辑可以拆分成“扣款”和“存款”两个交易步骤，然后，分别在不同分片中完成。那么，为什么这么拆开了就可以顺利地完成跨分片交易，更为复杂的交易逻辑该如何处理呢？论文中提出了 Oxidation 编程模型，用来定义分片系统中的智能合约。编程模型不是说用 Javascript、C ++ 、PHP，还是用 Web Assembly，亦或是 Solidity，这里的区别是类似面向对象编程和面向过程编程的区别，具体语法、语义、格式等方面的差异并不重要。Oxidation 编程模型的核心逻辑是基于函数编程的，这么做的原因是交易逻辑的代码能够比较容易在编译器层面被切分，继而方便在各个共识组中接力运行。而上层开发者则比较容易用函数编程的方式来表达对分片系统比较友好的交易逻辑。至于其他计算表达、状态定义、流程控制等编程特性分片系统不需要语言层面的特殊支持，与普通系统无异。
- 保证单共识组的安全：在单链系统中，系统的安全性依赖多数诚实“矿工”或验证者来保障安全，例如，PoW 系统需要 51%，类 BFT 系统通常需要 2/3 等。当全网被 N 个分片隔离，每个分片独立出块的时候，简单的思路会导致单个分片内部最低只有 1/N 的诚实算力（或验证垫资）来抵御攻击。异步共识组拓展了 PoW 的“挖矿”机制，一个“矿工”同时参与多个共识组内部的“挖矿”竞争，可以收获到多个共识组里面的出块奖励。至关重要的是，对于一个参与 K 个共识组“挖矿”的“矿工”，其实际有效算力会被放大为其物理算力的 K 倍，并且其放大后的算力必须平均分配到这 K 个共识组，从而使得单个共识组的实际有效算力，将等同于全网的物理算力，那么攻击单个共识组将变得和攻击全网一样的难。这种机制可以称为“连弩挖矿”，这个机制保证了将诚实“矿工”（平均贡献算力到多个共识组）的有效算力放大了 N 倍，而对于攻击者（针对特定共识组）来说，这里的算力放大则无效。这里的诚实“矿工”的有效算力放大倍数，和全网的分片个数相同，从而保障了全网在高度分片之后仍旧具备同单链系统一样的安全性。

总体来说，Monoxide 的设计哲学是尽量简单，在能满足上述三角特性的前提下，尽量不引入额外的实体，不引入额外的机制，并尽量少修改现有的机制。Monoxide 网络是一个并发的多链系统，每一个链为“共识组”，每个共识组其组成部分和现在单链系统完全一致，有自己的账簿状态、区块的链条、未确认交易的集合、同步区块数据和交易数据的广播网络以及一堆全节点（包括“矿工”）。各个共识组之间完全对等，无主次之分，除此之外，这个网络就没有任何其他的角色了，没有之前那些方案提出的母链、根链之类的，也没有任何掌控全局的调度节点或验证节点。从这个设计，可以看到 Monoxide 架构满足区块链三角的情况：

- 安全：只要各个共识组本身是安全的，Monoxide 就会是安全的。交易的安全和正确（例如，避免双花）依赖于每个共识组内部的共识算法。Monoxide 全网应对女巫攻击（Sybil Attack）也依赖于共识组内部的共识算法本身的抵御能力。就 PoW 而言，每个共识组的安全，依赖于其内部“挖矿”算力，所以 Monoxide 架构的安全保障，核心是要能够抵御算力分散的问题，即全网算力分散到每个共识组之后，每个共识组的算力将是全网的 1/n，这时，单个共识组的防御壁垒将下降到 51/n%（即所谓的 1% 攻击），这将是一个完全无法接受的值。为了解决这个算力分散的问题，Monoxide 引入了“连弩挖矿”，使得单个共识组的防御壁垒回升到 51%。

- 性能：由于各共识组的区块验证、存储和账簿状态更新完全独立，所以，这三个方面将获得无代价的无限线性提升。共识组之间唯一需要打交道的地方，就是为了正确处理跨共识组的交易。这使得在数据传输方面，性能提升是有代价的，并且不是无限的。为了高效完成跨共识组交易，Monoxide 引入了最终原子性（Eventual Atomicity），使得即使跨共识组交易的比例就算是接近 100%，全网仍旧可以轻松地完成交易吞吐，其性能代价为一个和共识组个数无关的常数。

- 去中心化：根据上面的描述，Monoxide 依旧是一个彻底的 permissionless 的系统；并且，每个共识组内部的全节点的负担始终保持在同维护一个单链系统相当的水平，可以被轻松部署到大部分有互联网接入的角落。

5.4 公链案例

主流的公链发展经历了三代技术：以比特币为代表的区块链1.0，以以太坊为代表的区块链2.0，以EOS为代表的区块链3.0。依据区块链实际发展的情况可以认为，区块链1.0是数字现金，区块链2.0是数字资产，而期望区块链3.0能成为应用的平台。

区块链3.0

针对区块链3.0，存在两种类比：操作系统，云服务。

以操作系统来类比区块链容易得出的推论是，未来可能少数几个区块链系统会成为产业的主导，就像曾经在桌面计算机、服务器和移动操作系统上发生的一样：桌面系统是Windows与苹果的macOS，服务器系统是Windows Server、Linux等，移动操作系统是iOS与Android。以太坊选择的路径可认为相当于iOS。而EOS的路径则相当于Android，除了支持社区运行一个EOS主网之外，它鼓励其他人采用它开源的EOSIO开源软件架设自己的区块链网络。在2016年出版的《商业区块链》一书中，区块链专家威廉·穆贾雅以“数以百万计的区块链”（Getting to millions of blockchains）作为一个小节的标题。从整体上，他展望的未来图景是：“随着公有、私有、半私有、特殊目的以及其他类型的区块链的增长扩散，数以百万计的区块链世界将会实现。”

未来的各个区块链可能更类似于互联网上的云服务平台，和现有云服务平台不同的是，它们的核心功能是价值交易。未来区块链3.0的整体构成方式可能类似于现在的云服务。现在的各个作为基础公链的区块链项目，做的正是云服务：以开源软件系统、分布式账本、去中心网络为基础，提供一系列和价值有关的云计算服务。

接下来，本节对以太坊之后的主流公链项目进行介绍，主要有EOS、NEO、ONT。

EOS

EOS，全称为Enterprise Operating System，即企业操作系统，从名称来看，

EOS 的愿景是要做区块链应用运行的底层操作系统平台。EOS 由 Block. one 公司开发，其目标是将一切去中心化。从 2017 年年中开始，经过一年的代币众筹后，它于 2018 年 6 月 15 通过由数十个区块生产者组成的社区上线了主网，EOS 主网这条主要的区块链开始正式运转。

从开发目标上来讲，比特币、以太坊、EOS 是渐进的，重心分别是货币、合约、应用。以太坊在实际应用中是以通证为主的。以太坊、EOS 均是借鉴与延续之前的思路重新开发，以太坊是比特币的改进，EOS 是以太坊的改进。

EOS 的组成部分与多数基础公链项目一致，包括三个部分：EOSIO 开源软件，EOS 主网，EOS 通证。EOSIO 这个开源软件是由 Block. one 公司发起并开发的，同时也是一个社区开发的开源软件，任何人都可以参与开发、提交代码。EOS 主网也是由分布式账本和去中心网络组成的。与其他基础公链的一个较大不同是，它支持并鼓励更多的人在主网之外使用和运行 EOSIO 开源软件来架设自己的区块链网络。EOS 通证由 Block. one 公司在以太坊上按 ERC20 通证标准发售。按发售条款，发售获得的 ETH 资金归属 Block. one 公司。历时一年的发售于 2018 年 6 月 2 日结束，之后，EOS 币被映射到上线的 EOS 主网上，它现在是 EOS 主网的原生数字货币。

（1）共识机制

为了提升区块链运行效率，EOS 的共识机制由传统的 DPoS 升级到 BFT - DPoS（拜占庭容错 - 委托权益共识），即存在一些节点在获得足够多的投票支持后，成为见证人节点或 EOS 中所说的区块生产者（BP，即 Block Producer，也称超级节点），负责区块链的区块生成，从理论上来说能够支持上百万笔/秒的速度。

- 该机制需要每个 EOS 平台通证的持有者通过投票选举出 21 个超级节点，由该 21 个超级节点轮流出块。

- 为了提升 EOS 的性能，出块速度缩短到 0.5 秒/块的同时，将原先的随机出块顺序改为由见证人商议后确定的出块顺序。网络连接延迟较低的见证人之间可以相邻出块，并且每个见证人连续生产 6 个区块，使得 6 个区块能够有足够的时间传递给下一个见证人。

- 区块的确认和生产是独立的，每个区块生产后立即进行全网广播，区块生产者一边等待 0.5 秒生产下一个区块，同时会接收其他见证人对上一个区块的确认结果。新区块的生产和旧区块确认的接收同时进行。大部分情况下，交易会在 1 秒内得到确认。

（2）石墨烯技术

区块链中的石墨烯是指 Graphene Blockchain library，即石墨烯区块链库，是基于 DPoS 实现“拜占庭共识”的一些算法和代码库的集合，可以看作一个区块链工具组，由 cryptonomex 公司开发，采用 C + + 编写。EOS 创始人 Daniel Larimer 基于此架构开发了 BitShares、Steem、EOS 等具有深远影响的项目，基于此架构开发的著名区块链项目还有 Oracle Chain、Crypviser、Dascoin、DEEX、公信宝、YOYOW、Peerplays、Cybex、Decent、MUSE、Ark、Scorum、Karma、Payger、μNEST、SEER、ECHO 等，在全球范围内有近百个基于石墨烯的区块链项目。EOS 的 DPoS 共识、高度模块化等特点其实都是石墨烯架构包含的内容，凡是基于石墨烯技术的项目都具有通用的特性，比如较快的转账速度、较高的交易吞吐量以及稳定、功能强大等。不同的项目基于石墨烯架构则会有不同的修改和开发，例如，EOS 基于 DPoS 共识增加了 BFT 容错算法，手续费改成了免费等。

EOS 的石墨烯体现在 2 个方面：基于 DPoS 协议达成“拜占庭将军共识”，高内聚、低耦合的分层设计模式。EOS 石墨烯架构体现出系统的高度模块化，将内部节点间的分布式通信能力封装成插件（plugins），由上层的应用程序（DApp）动态加载调用，使得应用开发者无须关注区块链底层细节，极大降低了开发难度，同时更具可扩展性。其代码层次架构大概可以分为以下 4 层：

• 应用层 Executables：最下层的可执行程序有见证节点 witness_node，独立钱包 cli_wallet 和构造创世区块的工具 genesis_util。应用层是对插件库、核心 API 库以及通用工具库的调用组合，实现其业务功能。

• 插件层 Plugin - Ins：插件对核心 API 进行封装以提供较为完整独立的服务，如区块链查询、交易验证执行、打包区块、P2P 网络通信等服务。EOS 插件层由 3 类组成：抽象类，插件模板类，具体插件类，通过在抽象插件类和具体功能类之间引入一层模板类，来将插件间依赖调用从具体类中解耦出来，有利于插件功能内聚以及新插件扩展。

• 核心 API 层 API/Core：实现了基础核心业务功能组件，如网络、数据库、钱包相关功能（签名，私钥生成，验证），区块打包计算。

• 通用工具库 FC utilities：提供业务无关的基础功能工具。

NEO

NEO，原名小蚁，被称为“中国的以太坊”，2014 年正式立项，2015 年 6

月于 Github 开源；NEO 区块链通过将点对点网络、拜占庭容错、数字证书、智能合约、超导交易、跨链互操作协议等一系列技术相结合，让用户快速、高效、安全、合法地管理其智能资产。

（1）设计目标及特性

NEO 是利用区块链技术和数字身份进行资产数字化，利用智能合约对数字资产进行自动化管理，通过区块链基础技术保证其信任问题，以实现“智能经济”为目标的一种分布式网络。根据 NEO 的设计理念和思路，其主要应用集中表现在数字资产、数字身份、智能合约 3 方面。

- 数字资产：数字资产是以电子数据的形式存在的、可编程控制的资产。用区块链技术可以实现资产数字化具备去中心、去中介、免信任、可追溯、高度透明等特点。NEO 在底层支持多种数字资产，用户可在 NEO 链上自行注册、登记资产，并可以自由交易，在交易过程中通过数字身份解决拥有者与实体资产的映射关系。用户通过合规的数字身份所注册登记的资产应受到法律的保护。目前，NEO 中有 2 种形式的数字资产：全局资产和合约资产。全局资产能够被记录在整个系统空间，可以被所有客户端所识别以及所有智能合约参与该资产的流通过程；而合约资产仅被记录在所属的合约的私有存储区中，只能被兼容该智能合约的客户端识别，其他合约均不可见；多个合约资产之间可以参照某种约定的标准，从而实现与多数客户端的兼容。

- 数字身份：数字身份是指以电子数据形式存在的个人、组织机构的身份信息。目前较为成熟的数字身份体系是基于 PKI（Public Key Infrastructure）的 X. 509 标准。NEO 实现的是一套兼容 X. 509 的数字身份标准。这套数字身份标准除了兼容 X. 509 的层级式的证书签发模式，还将支持点对点的证书签发模式，并可以通过人脸、指纹、语音、短信等多种传统认证手段实现签发阶段和使用阶段的真实身份比对。

- 智能合约：智能合约最早是 1994 年由密码学家尼克·萨博（Nick Szabo）提出的理念，最初与区块链无关。当一个预先编好的条件被触发时，智能合约执行相应的合同条款；而区块链技术给我们带来了一个去中心化的、不可篡改的、高可靠性的分布式系统，在这种环境下，智能合约才大有用武之地。NEO 具备独立的智能合约体系，叫做 Neo Contract。Neo Contract 智能合约体系的最大特点是无缝对接现有的开发者生态。开发者无须学习新的编程语言，就能用 C#、Java 等主流编程语言在熟悉的 IDE 环境中进行智能合约的开发、调试、编译，NEO 的智能合约可以在 NEO 的通用轻量级虚拟机 NeoVM 上运行，

NeoVM 具有高确定性、高并发性、高扩展性等优点。

（2）共识机制 DBFT

NEO 采用的共识机制是 DBFT，全称为 Delegated Byzantine Fault Tolerant，从名称来看有 2 个关键点，一个是代理，一个是拜占庭容错，这种机制是集成代理投票的方式来实现的大规模节点参与共识的拜占庭容错型共识机制，既有代理投票机制的效率，也有 BFT 的在不稳定、不安全网络情况下的可信数据传输。

具体来说，NEO 代币的持有者通过投票选出其所支持的记账人，接下来，由这些被选出的记账人团体通过 BFT 算法，来达成共识并生成新的区块。投票在网络持续、实时地进行，而非按照固定任期。DBFT 对 n 个共识节点组成的共识系统，提供 $f = floor((n-1)/3)$ 的容错能力，这种容错能力同时包含安全性和可用性，可以抵抗一般性故障和拜占庭故障，并适用于任何网络环境。

在 NEO 的 DBFT 共识机制下，大约每 15—20 秒生成一个区块，交易吞吐量实测可达到约 1000TPS，在现有公链中性能优秀。在可控网络中通过适当优化，有能力到达 10000TPS，可以支持较大规模的商业化应用。

（3）NEO 是对外开放的私链

该明确一点，NEO 到目前为止，是一条对外开放的私链，而不是一条公链。什么意思呢？公链就如比特币、以太坊，理论上任何计算机都只要遵守相关协议，即可加入比特币、以太坊的网络，成为其中的一个节点，在遵守协议的前提下，甚至可以自己来决定节点上运行什么样的程序。而在 NEO 上，目前所有的节点都是归属于 OnChain 公司管理；未得 OnChain 公司的准许，计算机是不能随意加入网络的。NEO 网络节点都对外开放接口，并提供服务，例如，资产登记，转账，部署运行智能合约等。所以说，它是一条对外开放的私链。

ONT

本体，Ontology（ONT），是新一代公有基础链项目与分布式信任协作平台，包括完整的分布式账本和智能合约体系支持。本体架构支持公链网体系，除了提供基础的公链服务，还支持通过本体区块链框架定制不同应用的公链，并通过不同协议群进行链网协作。在基础层之上，本体将持续提供各类分布式应用中的通用性模块，如分布式身份框架、分布式数据交换协议等支持分布式信任协作的组件，并会根据应用需求持续扩展新的通用模块。

本体项目的亮点是，本体是一个多链、多系统融合的链群结构，除了本体本身的分布式账本框架可以支持实现不同治理模式下的区块链体系，也可与来自不同业务领域、不同地区的不同链，通过本体的各类协议进行协作，形成各类异构区块链和传统信息系统的跨链、跨系统交互映射。因此，本体又被称为本体链群或本体链网，即区块链之间的互联网。因此，本体可以看成连接器和业务支持的基础设施。在本体中，来自各行业的伙伴可以实现各类分布式体系的新业务模式，而这些多样化的分布式应用服务，又通过本体连接成一个更大的体系化服务生态，为用户提供更好的服务体验，为社会带来更好的协作信任与效率。

（1）共识机制 VBFT

ONT 采用 VBFT 共识机制。VBFT 是一个结合 PoS、VRF（Verifiable Random Function）和 BFT 的全新共识算法，是 OCE（Ontology Consensus Engine）的核心共识算法。VBFT 支持共识群体的规模性扩展，通过 VRF 保障了共识群体生成的随机性和公平性，同时保证快速地达到状态终局性。

VBFT 是传统拜占庭容错 BFT 算法在可验证随机方向的一个改进。在 VBFT 算法中，首先基于 VRF 在共识网络中依次选择出一轮共识的备选区块提案节点集、区块验证节点集和区块确认节点集，然后由选出的节点集完成共识。由于 VRF 引入的随机性，每轮区块的备选提案节点/验证节点/确认节点都不相同，而且难以预测，从而极大提高共识算法的抗攻击性。在 VBFT 的每轮共识中：1）根据 VRF 从共识网络中选择备选提案节点，各个备选节点将独立提出备选区块。2）根据 VRF 从共识网络中选择多个验证节点，每个验证节点将从网络中收集备选的区块，进行验证，然后对最高优先级的备选区块进行投票。3）根据 VRF 从共识网络中选择多个确认节点，对上述验证节点的投票结果进行统计验证，并确定出最终的共识结果；所有节点都将接收确认节点的共识结果，并在一轮共识确认后开启新的共识。

在 VBFT 共识机制下，本体的核心网络主要由共识网络和共识候选网络组成。其中，共识网络由所有共识节点组成，负责对本体网络中的事务请求进行共识，生成区块，维护一致性账本，并将共识后的区块分发到同步节点网络中；而对于共识候选网络来说，候选网络中的节点不参与共识，但保持与共识网络的同步状态，实时将最新的共识区块更新到自己维护的账本中；同时，候选网络也对共识网络进行监控，监控共识网络状态，对共识区块进行验证，并协助管理本体网络。

（2）智能合约

本体智能合约是一个集多功能、轻量级、高可用、可并发、多语言、跨合约、跨虚拟机等于一体的完备体系。与以太坊平台应用开发的区别是，本体智能合约支持多种主流开发语言，如 C#、Python 等，开发者不需要学习新的语言即可很方便地开发本体智能合约。本体智能合约具有确定性、高性能、扩展性的特性，包括两大模块：

• 交互服务提供了虚拟机和区块链账本之间的交互，交互服务包括原生服务和 NEO 虚拟机服务。1）原生服务提供了基础链上特殊智能合约的实现，这种合约能被快速方便地使用。2）NEO 虚拟机服务提供了外部访问 NEO 虚拟机的 API，它能增强智能合约的调用功能。

• 虚拟机提供了智能合约的运行环境。

在本体的架构下，智能合约有 2 种类型：Native 合约和 NeoVM 合约。Native 合约是在本体底层直接编写的合约，不需要像部署普通合约那样编写合约代码，具有很高的执行效率，是对普通合约的极大优化，通用的服务包括：Oracle，DID 和权限管理，数据交易所都将采用 Native 合约实现。NeoVM 合约是采用 NeoVm 虚拟机运行的合约，需要编写相应的合约代码，现支持的语言包含：Java，C#，Python。NeoVM 本身具有轻量级、可扩展、高性能的特性，通过结合 InteropService 层能很好地实现虚拟机与账本层间的交互。

（3）应用场景

本体作为分布式的基础设施，可以为大量应用场景的分布式服务提供技术基础体系，让各行业服务提供团队在无须掌握区块链、分布式账本、密码机制、分布式网络、各类业务协议等复杂体系和技术的前提下，便捷地提供各领域的分布式服务。主要的应用场景有：

• 分布式流程协作：当医生、医院和病人均在区块链上注册身份时，区块链作为一个关键信息基础设施，就能够填充药店与病人之间的信任间隔，因为关于处方的大部分关键信息都可以进行溯源和跟踪查询。药品零售企业通过核验医生资质和医院资质，并经过处方核验医师的确认，就可以将处方药卖给病人。

• 分布式权益管理：新的经济体系有大量的新型权益管理模式。但由于透明度低、信息不对称等，这些项目的运作过程中往往缺乏可靠的信任机制，在权益管理中存在不少难点：项目评估难，风险提示难，信息披露难，权益流转难及权利委托难。鉴于此，本体设计了一套基于信任的分布式权益管理体系。

• 分布式社群管理：现在的社群主要通过中心化的服务商提供服务，通过本体支持以分布式的体系管理一个社群。

- 分布式内容生产与交易体系：内容作为无形资产，现有的技术和服务已经可以将其转化为有形资产（付费内容），或其他无形资产（注意力－广告的盈利模式），但代价较大。在信息生产者与信息消费者的关系里，从多个角度引入分布式信任体系可以促进两者之间更良好的互动。

- 分布式声誉体系：在现实生活中，多类主体希望甚至需要获得他人的认同与评价，并以此作为一种证明或标榜，例如，医院的锦旗，军人的军功章，学生的奖状。但是，声誉从本质上是一种“软信任”，需要通过特定主体的历史行为，来对其将来的行为进行预测，这需要大量数据、信息的支撑。

- 分布式普惠金融服务：普惠金融服务对象以小微企业及个人客户为主，其信用记录一般较少、分散，验证成本高，也普遍缺乏有效的抵质押物。因此，在普惠金融中，银行等金融机构的风控风险较大，并采用较高的贷款利率；同时，普惠金融中的单笔交易金额小，规模效应难以发挥，导致运营成本过高。此外，较高的利率水平又带来企业社会责任和道德评价等声誉风险，让普惠金融的发展陷入两难境地。

星云链 Nebulas

星云链 Nebulas，其代币为 NAS，是全球首个区块链搜索引擎，发掘区块链价值新维度。通过定义区块链世界的基本价值尺度，帮助用户更高效地发现和使用区块链上日渐丰富的价值信息。

区块链技术的应用场景已经从最初的数字化货币本身逐步扩展到更多的场景及用户群体中；同时，一些商业和技术上的挑战也被发现，比如：缺乏普适的价值尺度来衡量用户和智能合约的价值；缺乏有效的区块链系统及应用升级的手段。区块链系统由于其天生的去中心化特性，无法强制用户升级其客户端及协议，因此，区块链系统中的协议升级往往会引发区块链“硬分叉”或“软分叉”，从而造成巨大的损失，这更进一步限制了区块链系统的应用场景，难以建立良好的区块链应用生态。面对这些挑战，星云链的目标是实现一个基于价值激励的自进化区块链系统，为此，星云链设计了以下 3 个原则：

- 公正的排名算法，定义价值尺度：类似 Google 的 Page Rank 算法，提出区块链世界的 NR（Nebulas Rank，星云指数），综合考虑了区块链上的资金流动性，以及资金传播的速度、广度和深度，给区块链用户做公正的排名。NR 是星云链赋予区块链世界的价值尺度，用来帮助开发者结合自身场景有效衡量区块链中各个用户、智能合约、DApp 的重要性。NR 有巨大的商业潜力，可以用在搜索、推荐、广告等领域中。

- 区块链系统及应用的自我进化：在星云链的系统架构中，通过在区块结构上的良好设计，基础协议将会成为链上数据的一部分，并通过链上数据的追加实现基础协议的升级；对于星云链中的应用（智能合约），星云链通过在智能合约底层存储支持状态变量可跨合约访问的设计，完成智能合约的升级。
- 区块链应用生态环境的建设：星云链提出了基于账户贡献度的 PoD 共识机制，利用 NR 的价值尺度评估找出对生态贡献度较高的账户，平等地赋予记账资格，遏制记账权被垄断，并且融合 PoS 中的经济惩罚，防止公链被恶意破坏，为生态自由发展助力。

（1）共识机制

星云链使用 PoD 共识机制，试图在公平性和效率上找到一个更好的平衡点。PoD（Proof of Devotion），将评估账户综合影响力的 PoI（Proof of Importance）重要度证明共识算法和具有严格经济惩罚的 PoS（Proof of Stake）股权证明共识算法相融合，利用 PoS 强化 PoI 的不可逆性，使用 PoI 反向遏制了 PoS 的垄断性，以此为区块链应用生态自由快速发展助力。

当新区块产生时，PoD 将选取生态中贡献度较高的账户，并赋予选取出来的账户平等概率的记账权来参与产生新区块，防止概率倾斜衍生垄断。在选择贡献度较高的账户时，使用星云链原生的 NR 普适价值尺度来进行评估。而在 NR 的算法设计中，着重考虑了账户的流动性和传播性，一个基本共识是满足这些性质的账户对生态建设贡献度较高。所以，在 PoD 中，将选取 NR 排名 Top N 的账户，这些账户自愿缴纳一定数量的 NAS 代币作为押金后则有资格成为新区块的验证者，参与记账。在给定验证者集合之后，PoD 算法通过伪随机数来决定验证者集合中谁是新的区块的提议者，提议者产生新区块。验证者集合不是固定不变的，有资格的账户可以选择加入或者退出验证者集合，而随着周期性 NR 的变化，有资格的账户也会不一样。通过验证者集合动态变化机制，来实现验证者集合的更迭。

总体来说，PoD 共识机制的设计理念是在优先保证快速和不可逆的前提下，尽可能地追求公平性，维护公链建设者的利益。

（2）项目贡献

整体来看，星云链意图构建一个能够量化价值尺度、具备自进化能力，并能促进区块链生态建设的区块链系统，作出的主要贡献有：定义价值尺度的星云指数，支持核心协议和智能合约链上升级的星云原力，开发者激励协议，贡献度证明共识算法，去中心化应用的搜索引擎 。

- 定义价值尺度的星云指数 NR：通过综合考虑链中各个账户的流动性及传播性，NR 试图为每个账户建立一个可信、可计算及可复现的普适价值尺度。在 NR 之上，通过挖掘更大纵深的价值，促进星云链的平台涌现更多、更丰富的应用。

- 支持核心协议和智能合约链上升级的星云原力 NF：帮助星云链自身及其上的应用实现自我进化，动态适应社区或市场变化，从而使得星云链及应用将会有更快的发展速度和更大的生存潜力。开发者亦能够通过星云链构建更丰富的应用，并进行快速迭代。

- 开发者激励协议 Developer Incentive Protocol（DIP）：为了更好地建立区块链应用生态环境，星云链将通过星云币来激励为生态助力的优秀应用开发者，促进星云链更加丰富多元的价值沉淀。

- 贡献度证明共识算法：从星云链生态健康自由发展出发，星云链提出了共识算法的 3 个重要指标，即快速、不可逆和公平性，PoD 通过融合 PoS 和 PoI 的优势，结合星云链中的价值尺度，在保证快速和不可逆的前提下，率先加入了公平性的考量。

- 去中心化应用的搜索引擎：基于我们所定义的价值尺度，星云链构建了一个针对去中心化应用的搜索引擎，帮助用户在海量区块链应用中，找到符合用户期望及应用场景的应用。

总之，通过星云指数、星云原力、贡献度证明共识算法、去中心化应用搜索引擎 4 个模块 3 次搭建能实现价值尺度量化、具备自进化能力，并促进区块链生态建设的区块链系统。

5.5 区块链的云计算模式

云计算与区块链

如今，越来越多的应用正在迁移到“云”上，比如云主机、云存储、云应用等。云计算是一种便捷、可靠、可扩展的计算提供方式，计算机基础设施

IaaS（Infrastructure as a Service）、计算平台 PaaS（Platform as a Service）、业务软件 SaaS（Software as a Service），以及后来延展出来的云数据库、云容器等。可以预见的是，下一个 10 年中，几乎所有的应用都会部署到云端，而它们中的大部分都将直接通过你手中的移动设备，为我们提供各种各样的服务。

云计算正逐渐成为计算、存储、网络等资源提供的流行方式，其内在原因在于：在移动互联网时代，应用正在变得越来越复杂且容量也发展迅速，为了能够弹性地支持更多的用户，需要更可控的计算资源。而为了支撑这些不断增长的需求，企业不得不去购买各类硬件设备和软件，同时还需要组建一个完整的运维团队来支持这些软硬件的正常运作。这些维护工作就包括日常的安装、配置、测试、运行、升级以及保证系统的安全等，这就使得支持这些应用的成本变得非常巨大，而且它们的费用会随着你应用的数量、规模、业务的承载量的增加而不断提高。这对于所有企业都是一种冲击。所以，云计算应运而生。将应用部署到云端后，可以不必再关注那些令人头疼的硬件和软件问题，应用运行的底层环境由云服务提供商的专业团队去解决。由于使用的是共享的硬件，这意味着可以像使用一个工具一样去利用云服务，就像使用电器时只需要把插头插上插座，就能使用电一样简单，而不需要再去购买发电机这样的底层设备。

当区块链作为可信的底层数据存储或合约执行环境时，越来越多的应用会将区块链作为必要的计算资源的支撑；但区块链的搭建及维护具有一定的门槛，相对于简单数据库的应用更具有专业性，尤其是在区块链新生时期，将区块链资源作为云服务，即 BaaS（Blockchain as a Service），以云计算的形式向企业提供服务是一种简单有效的形式。对应用 BaaS 的企业来说，可以快速构建区块链基础设施，一键完成区块链应用开发、部署，享受开放、透明、可信的服务。

目前，国内的 BaaS 提供商及产品主要有：阿里巴巴的蚂蚁 BaaS，华为的区块链服务 BCS，腾讯云区块链服务 TBaaS，百度的超级链 XuperChain 以及京东的智臻链等。下面依次介绍其主要内容和特点。

蚂蚁 BaaS

阿里巴巴的蚂蚁金服金融科技[①]区块链以联盟链为目标，突破商业与金融应用场景，率先实现拥有自主权的工业级与金融级的区块链系统，具有高可靠

① 参见 https://tech.antfin.com/。

性、高可运维性、高安全性和适配全球部署等优势。该平台依托蚂蚁金服金融科技平台的区块链基础设施，对终端用户提供简单易用、一键部署、快速验证、可灵活定制的区块链服务，从而加速业务应用以区块链为底层平台的开发、测试、上线，助力各行业领域区块链商业应用场景落地。

（1）功能特性

蚂蚁金服金融科技区块链提供简单易用、一键部署、快速验证、灵活可定制的区块链服务，主要功能及特性有：

- 创建联盟：用户可以在“我的联盟页”申请创建联盟，填入创建联盟的相关信息后，后台管理员会根据申请信息作出审批操作。通过，则创建联盟成功，在联盟页可看到已创建的联盟；不通过，联盟无法创建。
- 加入联盟：联盟内的用户，可邀请其他机构的用户加入已经存在的联盟，已被邀请的用户待联盟内所有机构审批通过后，即可成为联盟中的一员，如果有机构不通过，则无法加入联盟。
- 联盟链准入：用户可以通过上传证书请求，申请加入某联盟链。
- 证书与密钥：用户在本地生成证书请求和私钥后，须保管自己的私钥文件和密码。申请加入联盟链时，用户须上传证书请求，证书请求审核通过时，用户上传的证书请求将由 CA 中心签名。用户应下载签名后的证书，用户访问区块链须使用签名的证书请求和私钥。
- 自动化部署：区块链节点软件采用自动化部署方式，根据用户申请需求快速自动地建立区块链平台。对于区块链节点软件版本更新，可在后台各节点逐步升级，同时不影响区块链功能。
- 区块链平台：提供拜占庭容错的 3F+1 个独立区块链节点，运行蚂蚁金服自研的区块链软件。
- 区块链数据存证：用户可以通过以下 5 种方式完成数据上链存证：1）内容存证：文件内容直接存证。2）哈希存证：文件内容计算后的哈希值上链存证。3）链接存证：文件的哈希值和文件链接 URI 地址上链存证。4）隐私存证：源文件通过对称加密算法加密后上链。5）分享隐私存证：源文件通过对称加密算法加密后上链，加密密钥通过另一把私密密钥加密，加密后的明文和加密后的密钥上链保存。
- 业务数据格式配置：为维护业务数据的可操作性、可维护性，区块链预先配置了不同业务场景下对应的数据格式规范（Schema），作为所有用户的存证数据格式约定。上链数据必须满足规范要求，用户可以查看区块链的数据格式规范或协商修订数据格式规范。数据格式规范由多个业务数据分类（Category）组成。用户可以通过识别数据的分类在链上检索和过滤存证数据。

- 区块链应用：用户可以在联盟内创建区块链应用，可将区块链应用发布到所处的联盟，联盟内的所有机构共享联盟内的区块链应用。
- 区块链浏览器：可通过区块链浏览器查询交易数目、节点信息、最近出块信息、块中包含的交易信息。

（2）产品优势

作为行业领先的区块链服务平台，阿里巴巴的蚂蚁 BaaS 平台具备以下优势：

- 高性能：金融科技区块链基于全球领先的并行共识技术，处理存证类型交易最高可达25000TPS，轻松满足金融领域的高频场景应用。
- 高可靠性：业务可靠受理，峰值业务缓冲，基于 PBFT 的共识技术提供可用的拜占庭容错能力，支持共识状态自动恢复，区块数据互备恢复，数据存储自动均衡，节点服务自动路由。
- 双重权限信任保护：提供双重权限信任保护。第一重，联盟链的可信参与方对该联盟链可见，其他用户对该联盟链不可见；第二重，参与联盟链须提交用户 CA 证书申请并等待审核，通过审核后方可参与联盟链操作。
- 跨网络部署：可以根据联盟参与方需求跨云平台部署区块链节点，即部分参与共识的节点运行在金融科技平台，部分参与共识的节点运行在用户的 IT 环境。
- 数据隐私及安全：用户可以选择明文数据上链，也可以对称加密的方式对上链数据进行加密。同时，支持分享隐私模型，即将加密密钥通过另一把私密密钥加密，加密后的明文和加密后的密钥上链保存。私密密钥通过特定的密钥导出函数进行管理，根据不同安全级别和分享范围分享不同的私密密钥。
- 网络安全保障：多个独立的区块链节点部署在金融区的 VPC 网络中，保证网络安全性。同时，该 VPC 网络与用户在金融科技平台上的 VPC 可以连通，保证用户应用在安全的网络环境中访问操作区块链。
- 简单易用：减小区块链使用门槛，用户无须精通或掌握区块链底层技术细节，无需相关的资源环境运维投入，从而使用户专注于基于区块链技术的业务应用和场景的创新与开发。

（3）当前典型应用

A. 新型养老模式

蚂蚁区块链携手南京“时间银行”打造新型养老模式。所谓“时间银行”，指低龄老人和在校大学生通过照顾高龄或者生活有困难的老人，获取时间积分，在将来需要的时候兑换时间换取相同时间的服务。时间银行类似普通银行，不过其银行体系中的货币为时间积分，以互助养老为核心理念，时间银行通过整合社区资源，满足养老服务需求，实现社区互助。

事实上，社会上各项慈善助老机构与活动并不少见，但一般自愿服务型活动对于参与者来说，单靠爱心难免激励不足。而时间银行以服务交换为主体、以时间为计量基础、以志愿精神为核心，给予参与者一种来自未来的激励，大大提高了助老热情。

南京是全国最早进入人口老龄化阶段的城市之一，目前 60 岁以上的老年人已达 147 万人，占户籍人口的 21%；65 岁以上老年人 100 万人，占户籍人口的 15%。自 2012 年起，南京已在建邺等地探索出一些行之有效的“时间银行”新型养老模式，在全市层面建立统一的养老服务时间银行体系，目前系国内首创，对缓解大城市养老服务难题有积极意义；其中，南京市建邺区“五微共享社区”党群服务平台以“一行两档案”模式大力推动“时间银行”推广落地，为提升城市社区治理效能提供了新的思路模式。

为了解决这些问题，蚂蚁金服携手浩鲸科技，以蚂蚁区块链为技术基础打造“时间银行”产品方案，以区块链技术作为创造信任的新模式，完美解决“时间银行”运转过程中面临的“痛点”。

因为区块链上的数据不可篡改，永久保存，终生可追溯，志愿者们在存储“时间财富”时不用担心现在储存的时间因为被修改、丢失或确权不明确而导致未来可能无法兑换的问题。

关于志愿者城际流动时，存储时间如何处理的问题，区块链各个节点上的数据实时一致，天然打通跨社区、跨机构、跨异地等互联互通问题，自由流通，节约成本，同时满足高安全隐私保护。志愿者服务存储的时间不仅可以在全国范围内流转和兑换，还能做到时间代际传播，将时间转让、传承和捐助，传世给后人。产品还将爱心基金、慈善企业和保险机构纳入运营体系，保障“时间银行”持续和长效运营。

跟许多社区、机构等区域性类似服务活动相比，“时间银行”产品以用户基数、流量巨大的支付宝为入口和平台，老人、养老机构等在平台上发布需求，志愿者接单提供服务，加上区块链的智能合约账户体系，实现不同比例价值的自动累计支取计算，高效流转，实时对帐，通存通兑，发挥最大的价值，让养老服务范围覆盖整个社会。同时，依托蚂蚁信用的分数、用户画像、AI 智能推荐分析等技术，保障公益的诚信度，也不断优化和提升志愿者的服务质量。

“时间银行”作为补充养老机制，可以一定程度上缓解社会以及政府的养老压力，更重要的是，“时间银行”契合人类与生俱来的利他、协作、依赖等社会性基础，倡导“奉献、友爱、互助、进步”志愿精神，以打造养老生态的方式，让社会崇尚公益，崇尚民族美德。

B. 链上农桑

以农为本，农以种为先。种子和农药是重要的农业生产资料，其品种和质量的好坏直接影响农产品质量和农民的收益。但由于违法成本低，多年来各种“假种子”“假农药”层出不穷，而维权却困难重重。对于一个种植户而言，要维权起诉就得做各种鉴定，这个费用几万元到几十万元不等，远大于种子、农药和种植成本。蚂蚁区块链牵手拜耳作物科学，共建农业“新双链”。

根据合作协议，拜耳作物科学将在合作中提供专业的数字化农作物植保与农艺方案，蚂蚁区块链将凭借先进的区块链技术、溯源技术及强大的营销、物流和金融资源，与拜耳共同建设农业“新双链”——区块链和价值链的新生态。

蚂蚁金服副总裁蒋国飞说，技术是蚂蚁区块链的基石，用技术来解决问题是蚂蚁区块链的技术价值观。蚂蚁区块链与拜耳一起，用最新的科技技术与最古老的行业结合，为农业产业链的重塑解决问题。未来，蚂蚁区块链要让更多的传统产业上链，以区块链技术为抓手，用信任打造商业社会的通行证；而且，蚂蚁区块链所提供的农业相关溯源不只是传统意义上的商品溯源，确保种子、农药等农资真实可追溯，还包括全产业链关键节点数据的获取、校验以及确保不可篡改。上链之后，将实现农户的生产过程数据化和资产化。将区块链技术应用于农业，其最大价值在于可以最大限度地消除信息不对称，提高整个产业链的信息透明度和及时反应能力，从而实现农业产业的整体增值。

此外，蚂蚁区块链还可以借助整个阿里巴巴经济体的生态力量，为拜耳及其合作伙伴提供销售、信贷等全方位的服务。以拜耳公司示范园的砀山酥梨为例，这些优质的农户经过溯源验证后，其生产的砀山酥梨可以直接进入天猫喵供，消费者可以买到高品质且安全正宗的砀山酥梨。同时，拜耳提供的优质农业科技，提升了产品品质，解决了天猫商家的进货需求，实现了多赢。

C. 冷链

为了解决冷链产业中小企业金融服务供给不足的问题，蚂蚁金融科技，携手蚂蚁生态联盟伙伴，与国内领先冷链物流企业武汉万吨集团达成合作意向，双方携手共同打造冷链行业金融服务平台，利用技术破解冷链行业小微金融服务难题，开展普惠金融服务，共同打造一个健康成长的万吨冷链生态圈。武汉万吨集团是国内知名的专业冷链物流公司，旗下企业分布于武汉、鄂州、重庆、昆明、扬州等，辐射全国20多个省市，自有冷库容量超过近百万吨，市场规模和货物吞吐量连续10年居全国三甲之列。旗下市场每年交易额超过500亿元，所供应农副产品占湖北、重庆、昆明、扬州地区居民冷藏保鲜副食品消费总量的70%以上，商品销售网覆盖近2亿人口。

此次蚂蚁金服与武汉万吨共同建立万吨冷链产业生态联盟，将通过蚂蚁区块链BaaS平台，链接武汉旗下万吨科技供应链平台，及冷链环节中各生产厂商、经销商、物流、不同金融机构和政府监管部门，将冷链业务中商流、信息流、物流、资金流四流合一，实现可信数据同步；同时，将冷链物流与供应链金融的特点相融合，结合蚂蚁BaaS平台移动、IoT、风控、溯源、安全认证等能力，共同构建面向冷链产业中的中小规模经销商的普惠金融服务。

华为BCS

华为云区块链服务简称BCS①，是基于开源的区块链框架、分布式计算、数据管理及运维、安全加密及权限管理等核心技术，开发的面向企业及开发者的区块链基础平台服务，致力于将自身技术赋能企业的创新成长。BCS面向企业及开发者提供一站式规划、采购、配置、开发、上线和运维的区块链平台服务，企业在BCS上可快速自主搭建一套基于区块链基础平台的，结合企业自身业务的高安全、高可靠、高性能的区块链系统。同时，BCS结合云计算特色的按需收费、弹性伸缩、可视化的运维管理等特性，可大幅提高用户使用区块链的效率，有效降低企业的初始成本和长期使用成本。

区块链服务BCS产品架构包括基础设施层、区块链平台、业务应用层和安全管理4个方面：

- 基础设施层是创建区块链网络需要使用的底层资源，包括节点计算资源、存储资源等，用于网络中数据的计算及存储。
- 区块链平台是基于Hyperledger Fabric框架，提供区块链技术的服务平

① 参见https：//support.huaweicloud.com/bcs/index.html。

台，包括服务管理、通道管理、成员管理等模块，帮助企业快速创建、方便管理、高效运维区块链网络，为上层应用提供企业级区块链系统。

- 华为云区块链服务 BCS 可应用于各大行业的多种场景中，如供应链金融、供应链溯源、数字资产、众筹公证等。

- 安全管理由华为云平台安全体系、Hyperledger Fabric 框架安全及创新的加密算法组成，为区块链节点、账本、智能合约以及上层应用提供安全保障。

华为在区块链发展中进行的创新主要涉及 3 个方面：共识算法创新，安全隐私保护和离链通道：

- 共识算法创新的主要原因在于保障区块链系统对外服务的稳定性。华为 BCS 采用了一种高效的、支持拜占庭容错 PBFT 且具有自主知识产权的共识算法，改进拜占庭容错算法 PBFT 带来的繁重系统开销，以及容错过程中主节点选举期间 PBFT 无法正常共识的缺陷。通过对共识算法的改进，华为区块链能够有效提升共识效率和扩展性，从而保证区块链基础服务的效率。

- 安全隐私保护是区块链应用中最受关注的领域。华为从国密算法、同态加密用户交易隐私保护、零知识证明、智能合约安全、共识安全、账本安全、通信端到端安全 7 个方面，通过软硬件共同保障用户隐私安全。

- 为实现区块链大规模应用，华为开发出适用于 Hyperledger Fabric 平台的离链通道交易系统，提高用户间单通道交易性能，增加离链交易通道数，提升系统在单位时间内的交易处理能力。

(1) 功能特性

华为区块链服务 BCS 为客户提供快速、安全、高效、低成本的上链服务，包括：

- 区块链服务部署：无需提前准备区块链系统需要的资源，可一键式完成购买资源与部署区块链网络。

- 部署时间从天级降至分钟级，一步到位完成区块链网络的配置和部署。

- 屏蔽底层技术细节，无须关注区块链底层技术实现和平台构建。

- 支持创建跨区域联盟链和私链。

- 账本存储：提供文件数据库（goleveldb）、关系数据库（MySQL）和 NoSQL（CouchDB）3 种区块链状态信息存储可选方案。

- 文件数据库：交易历史数据保存在区块链中，状态数据保存在 LevelDB 中。

- 关系数据库：状态数据存储在 MySQL 中，交易历史数据同时存储在区块链和 MySQL 中。

- NoSQL：CouchDB 存储交易数据和状态数据。
- 共识算法：提供多种算法以适应不同场景。
- 测试策略（SOLO）：简单共识算法只需一个节点即可提供共识排序功能，不支持容错，启动快速，节约资源，推荐测试时使用。
- 快速拜占庭容错共识算法（FBFT）：高性能、高可用性的容错共识算法，需要至少 4 个节点才能提供交易共识排序功能，可容忍不大于（节点总数 - 1）/3 个节点发生错误，建议生产环境使用。
- Kafka（CFT）：高速共识算法，能容忍一半以下节点发生错误；建议生产环境使用。
- 联盟成员/组织管理。
- 联盟发起方可动态邀请其他成员加入联盟，快速组建区块链、联盟链，既方便又灵活。各成员节点运行在独立的 VPC 中，独立管理，安全可控。
- 区块链服务同时支持动态添加节点组织，再也不用担心部署服务时节点组织规划不够的问题了。
- 节点弹性扩容：根据用户需求，无须重启系统，支持 Peer 节点和 Orderer 节点弹性扩容。
- 链代码管理：通过图形化界面可视化管理链代码的全生命周期，包括链代码编码、调试，链代码安装和链代码实例化。
- 区块链浏览器：区块链浏览器提供区块链相关信息的查询，包括区块数量、交易数量、区块详细信息、交易详细信息、性能数据及节点状态等，帮助了解整个区块链的状态，对区块链基本的维护提供数据支撑。
- 应用接入：提供 3 种应用接入方式，包括 SDK、JDBC、Restful API。
- 提供 SDK 配置文件下载功能，简单配置即可完成应用与区块链网络的对接。
- 提供 JDBC 接口，使应用查询数据更加容易，与区块链的不可篡改性完美结合。
- 提供 Restful 接口调用链代码功能，应用可以通过 Restful 接口直接调用链代码。同时支持多组织背书。
- 监控运维：对接监控服务平台，对数据和资源实时监控、告警、通知。
- 自动化运维：主动升级底层区块链平台和更新补丁，与华为云运维系统无缝集成。

• 企业级监控：集群全天候、实时、多维度监控，同时，可自定义并上报多渠道告警。

• 跨链数据交互：

1）引入跨链交易结果仲裁机制，采用链式结构，管理跨链交易确认结果，保障跨链交易的原子性操作。

2）仲裁节点只管理跨链交易的验证结果，不触碰原始交易数据，保障跨链业务的独立安全性。

3）引入跨链交易多方行为一致性验证机制，保障跨链交易中信息传递（资产转移等）的一致性。

（2）产品优势

企业级应用场景下使用区块链技术时，存在一些典型问题，包括系统性能、核心功能完备性、系统功能扩展性、接口易用性等。而华为 BCS 在这些方面进行了完善：

• 易用性：在开源矿机基础上部署企业级分布式区块链系统并非易事，不仅需要深入、专业的区块链知识，同时需要理解底层硬件、操作系统及中间价等复杂的设计和配置，容易出错。BCS 能帮助企业实现区块链基础平台的自动化配置，部署区块链应用，并提供区块链全生命周期管理，让客户尽可能简单地使用底层区块链系统，专注于上层应用的创新和开发。

• 成熟性：BCS 以超级账本 Hyperledger、容器及虚拟化技术 Kubernetes 和 Docker 等开源组件为基础进行搭建，为用户提供成熟先进的区块链底层基础系统；同时，华为企业秉承源于开源、优于开源、回馈开源的原则，积极投入多个开源社区的工作，对相关的开源平台共建共赢。

• 可靠性：华为云区块链服务在开源的基础上注重自主创新，目前在关键领域如共识算法、同态加密、零知识证明、电信级云安全、高速网络连接、海量存储等方面具有自主知识产权的专利和技术积累。BCS 是在华为云完善的用户、秘钥、权限管理、隔离处理、可靠的网络安全基础能力和运营安全基础上推出的区块链服务。

• 可伸缩性：区块链只有与具体的企业应用相结合才能真正产生价值，而应用系统的实现不仅仅需要区块链平台，还需要传统的云计算平台支持；华为云提供了区块链需要的各种可扩展的资源和丰富多样的云计算产品、定制化的各行业解决方案，BCS 和华为云计算平台相结合可以给企业带来更大的便利和价值。

(3) 应用场景

对于区块链的具体应用场景，华为 BCS 主要关注数据场景应用以及 IOT、电信、金融等 3 个行业应用。

数据相关的典型场景包括数据存证、身份认证。数据存证的关键点在于搭建可信的数据交易平台，实现数据资产的登记、交易、溯源，帮助企业进行数据资产变现；BCS 专注于实现 IoT 设备和用户的接入鉴权、固件管理等，以提高系统的安全性。

华为 BCS 在 IoT、电信、金融等行业方面的应用主要是通过区块链的公信力建立交易双方的信任度，降低交易风险和交易成本，并构建新的商业模式。

其中，IoT 应用包括新能源、供应链溯源、车联网等。新能源的应用目前主要在于搭建新能源点对点 P2P 交易系统，用来实现可信交易和价值转移相关业务应用。在供应链溯源方面，区块链可以实现业务链条上的上下游数据共享，打通各环节流程，提高数据透明性、可追溯性、可信度，从而实现信息和资源的整合和优化配置。在车联网方面，区块链可以在保证用户隐私的前提下共享汽车的里程、速度、驾驶人驾驶习惯（驾驶危险系数）等信息，以供给相关利益方如保险公司、车厂等，并以可信数据为支撑开展相应的商业活动。电信应用的典型场景是多云多网协同，通过区块链的身份机制、价值转移机制等支持多云多网可信接入，使得“多网 + 多云”业务实现全球无缝漫游。在金融方面，华为 BCS 侧重于供应链金融和普惠金融。通过区块链将金融系统与企业的业务系统相融合，实现供应链条上的上下游企业的可信放贷；通过区块链构建个人的可信信息，降低身份审核成本，提升金融业务的人权构建面，促进整个经济的发展。

华为的区块链布局并不高调。虽然入局较晚，但进展迅速。作为一家 ICT 基础设施和智能终端提供商，出于对数字效率和数据安全的考虑，华为对区块链应用的广度和深度将不亚于阿里、腾讯等互联网巨头公司，且由于其在 IOT 和电信领域的先天优势，华为区块链在创新和应用方面都能与传统互联网企业之间形成互补互赢的效应。

腾讯 TBaaS

腾讯云区块链服务[①]（Tencent Blockchain as a Service，TBaaS）是构建于腾

① 参见 TBaaS https：//cloud. tencent. com/product/tbaas。

讯云基础之上的一种结合区块链技术的云服务。TBaaS 平台系统不仅符合金融级别的安全合规性要求，同时还具备了腾讯云完备的能力，用户在弹性、开放的云平台上能够快速构建自己的 IT 基础设施和区块链服务。TBaaS 腾讯云区块链开放平台在支持 Hyperledger Fabric、FISCO BCOS、Tencent TrustSQL 区块链网络技术的同时，也将支持 Corda、EEA 等不同区块链底层技术，并打通周边技术生态，为用户基于区块链开发、测试、快速部署提供一整套企业级解决方案。

（1）功能特性

腾讯云区块链 TBaaS 提供高效、开放、安全、弹性的区块链服务，其主要功能包括：

- 区块链网络实例：可通过 TBaaS 提供的一键式自动化部署工具来搭建区块链网络，并且可以增配新组织加入区块链网络。在区块链网络实例（联盟链）上可方便灵活地部署业务通道、编辑智能合约，以满足不同业务种类的需求，且各个网络实例之间业务隔离互不影响。
- 通道管理：在业务通道的管理中可以查询到通道的整体概览，如区块数量/生成速率/列表与详情、节点数量/列表、交易数量/频次、智能合约数量、已实例化合约的详情/列表等信息；同时，也可以添加新的通道，管理和查询各个通道的配置详情。
- 合约管理：可通过合约管理添加新智能合约到某一通道上，并为合约组织上的节点安装合约和初始化该智能合约。合约管理也支持合约的升级，帮助开发者在线编译与试运行智能合约，使得用户更智能地管理合约。
- 策略管理：智能合约的执行需要通过背书策略的认证，策略管理有助于更快地编辑与管理合约背书。
- 运营监控：区块链的运营监控包括节点信息的监控、组织信息的查看、操作日志的查看与监控、支持多级事件告警、系统主动向注册邮箱推送告警信息、支持管理页面查询告警事件。

（2）产品优势

作为基于腾讯云的区块链 BaaS 平台，其产品优势在于：

- 全流程运维服务。
- 满足用户个性化需求，一站式快速交付定制 BaaS 服务。
- 支持底层区块链平台的版本选择与补丁更新、升级。
- 一体化监控。

- 集群全天候、实时多维度监控。
- 支持自定义、多渠道告警。
- 底层区块链产品。
- 兼容性：底层区块链平台源代码开放，兼容社区版本。
- 标准化：数据迁移标准化，迁移成本可控。
- 定制化：定制化安全特性，支持国密算法；定制化共识框架，支持RAFT、BFT 等共识算法。
- 高性能：15 节点的区块链网络中实现单通道超过 8500TPS。
- 网络扩展性：允许节点、成员动态加入/退出区块链网络。
- 基础设施弹性：支持物理基础设施无缝扩展，不中断现有业务。
- 支持多种智能合约开发语言，包括 go、nodeJS 等。
- 丰富的配套工具。
- 智能合约开发 IDE：支持智能合约在线编辑、调试和部署。
- 权威 CA：集成 CFCA 等权威证书认证中心。
- 证书管理：提供统一的证书管理中心，支持一站式证书申请、审批与吊销。
- 合约管理：管理智能合约，实现智能合约的部署、查看和升级。
- 用户管理：帮助组织更好地管理用户，实现用户身份认证、权限管理等功能。
- 区块链浏览器：区块与交易信息统计、浏览工具，实现区块链数据的可视化管理。

（3）应用场景

A. FISCO BCOS

FISCO BCOS 是首个由国内企业主导研发、对外开源、安全可控的企业级金融联盟链底层平台，由金融区块链合作联盟（深圳）（简称“金链盟”）成立的开源工作组协作打造，于 2017 年 12 月正式对外开源。目前，FISCO BCOS 单链性能达到万级 TPS。通过提供易用的工具，开发者可在极短时间内搭建联盟链，并基于智能合约和多种业务模板开发应用；同时，FISCO BCOS 采用权限控制、隐私保护等策略保护业务安全和隐私，可满足包括金融业在内的广泛行业对区块链解决方案的需求。

截至 2019 年 6 月，FISCO BCOS 开源生态圈已涵括 400 多家企业机构、逾

6000名社区成员，并且仍在与日俱增中。基于 FISCO BCOS 搭建的应用有数百个，投产上线的有数十个，场景覆盖政务、金融、公益、医疗、教育、交通、版权、商品溯源、供应链、招聘、农业、社交、游戏等多个领域，并且涌现出人民网人民版权平台、中国澳门智慧城市建设等重磅应用。

FISCO BCOS 采用联盟链的技术架构，以满足分布式商业场景中合法合规地进行多方对等协作为目标，兼顾金融创新与金融稳定，融汇吸收了分布式架构、分布式存储、点对点网络协议、加密算法、共识算法、智能合约以及虚拟机等多类技术。具备高性能、安全可控、功能丰富等优势，为开展区块链应用提供可靠的基础设施。

FISCO BCOS 平台基于价值联盟、安全可信、业务可行、自主可控、高效可用、智能监管、灵活配置七大理念进行设计。针对联盟链商业级生产面临的“高安全行、高性能、高可用性、业务落地、合法合规”五座大山提供以下解决方案：

- 在安全性方面：FISCO BCOS 通过节点准入控制、可靠的密钥管理、灵活的权限控制，在应用、存储、网络、主机层面实现全面的安全保障。
- 在性能优化方面：FISCO BCOS 优化网络通信模型，采用拜占庭容错的共识机制，结合多链架构和跨链交互方案，解决并发访问和热点账户的性能“痛点”，从而满足金融级高频交易场景需求。
- 在可用性方面：FISCO BCOS 设计为 7×24 小时运行，达到金融级高可用性。通过简化建链过程、适应多种环境的部署方式、全局配置更新，实现了高可用性。
- 在业务落地方面：FISCO BCOS 提供各种开发接口，方便程序员编写和调用智能合约。
- 在监管方面：FISCO BCOS 支持监管和审计机构作为观察节点加入联盟链，获取实时数据进行监管审计。

B. Tencent TrustSQL

Tencent TrustSQL 是腾讯区块链 TBaaS 的底层引擎之一，同时，也可作为区块链存储的组件，其核心目标是建立可信赖的区块链服务平台。在 TrustSQL 基础上，可以为企业提供便利的区块链基础设施、平台接口以及行业解决方案。在可实现安全可靠的交易对接的前提下，TrustSQL 通过高性能的区块链服务、便利的接口、可视化的数据管理手段，帮助企业机构有效降低区块链应用的运营综合成本，提高运营效率。

TrustSQL 针对行业场景特点，以提供更好的、有效的、自主创新的服务为前提，致力于保障新技术的快速迭代发展，并以此为基础打造兼顾安全和效率的技术特点：

- 共识算法可切换：支持 BFT - Raft 算法和 Raft 算法切换。
- 支持海量数据存储：支持 UTXO 记录 10 亿级以上，支持无限容量块文件存储。
- 支持 SPV 节点：支持节点只保存块头和 Merkle 树 hash 值的存储。
- 提供隐私数据的加、解密和授权设施：用户不仅可以调用加密 SDK 对自己的隐私数据进行保护，同时，也可以通过解密授权设施完成对相关人的授权访问。在访问结束后，用户还可以动态地收回授权。
- 提供用户身份管理设施：提供用户身份与公钥、地址之间的映射关系保存设施；同时，可由颁发机构生成数字证书，满足法律效力要求。

C. 动产质押区块链登记系统

腾讯云融资易 - 动产质押区块链登记系统（Tencent Blockchain Pledge Registration，TBPR）是支持大宗商品电子仓单区块链化的专业系统，其主要由仓单登记管理主系统、仓储智能子系统、电子仓单子系统和物联子系统构成。该产品充分结合了腾讯 TBaaS 和物联能力，通过接入各类智能化设备，实现对传统 WMS 系统的智能化升级和数据采集上链；同时，对仓储进、管、存各环节的业务数据采集上链，最终形成数据可溯源、不可逆、真实可信的区块链电子仓单，满足各方共识机制，大幅度提升仓单信用效力。该产品可广泛应用于金融、保险、证券、大宗商品交易所、电商等基于大宗商品仓单的供应链金融服务业务的专业机构。其产品特性有：

- 电子仓单区块链化：提供对电子仓单区块链化的支持，通过使用区块链技术，大幅度提升在库货物的真实性和公信力。区块链电子仓单可以有效满足各方共识机制，使其可以在各类专业供应链金融服务中有效发挥流通、确权、定价等价值。
- 仓储管理智能化：支持对各类物联设备进行管理，提供出入库车牌号码自动识别、货物铭牌信息 AI 解析、货物标签统一制作管理以及仓储业务无纸化改进等诸多智能化应用，帮助仓储企业提高管理透明度。通过这些设备的上链数据，能够采集更多支持区块链电子仓单的业务场景数据。

• 智慧监管：通过应用 AI 图像识别技术的电子围栏功能，实现 7×24 小时监控区域内货物，对货物出入自动告警。帮助仓储企业打造高安全性、强监控的业务场景，是区块链电子仓单的主要支撑能力之一。

当前，TBPR 的具体应用场景体现在：

• 动产电子仓单交易与流转：基于动产，例如大宗商品现货的仓储环节，通过动产质押区块链登记系统生成可信电子仓单，实现可信电子仓单在系统内的流转以及转出至第三方交易系统。

• 动产电子仓单供应链金融服务：基于动产质押区块链登记系统生成的可信电子仓单，可支持由第三方金融与保险机构提供的各类供应链金融服务，包括但不限于仓单抵押、仓单融资、仓单保险以及仓单担保等各类供应链金融服务。

• 智慧仓储监管：与本产品合作的企业，在完成现有业务系统与本产品相关系统的对接，并适量增加智能化设备和管理规则后，可快速部署物联设备及接入 AI 能力，实现智能化改造，大幅提升先进化技术以及业务规范程度。

百度超级链

百度超级链 XuperChain① 是一个多链架构，其由底向上主要包括 4 层，分别是公共组件层、core 层、API 层和应用层。公共组件层是所有链共享的模块，主要包括 Crypto 模块、存储模块、P2P 网络模块。Core 层是单链内部的主要模块，主要包括事务引擎、共识模块和账本模块。API 层是支持的调用方式，目前支持 Grpc 协议和 Http 协议。最上层是应用层，通过 SDK 和轻量级客户端为用户提供支持。

（1）产品优势

XuperChain 具备四大技术优势：第一，技术自研可控。作为国产自研的区块链技术，XuperChain 拥有 140 多项技术专利，更适合中国商业化的应用场景。第二，简单易用。支持网络、链、智能合约完全线上化部署、管理和使用，提供丰富的管理运维功能和多种区块链 SDK、开发指南，大大降低使用门槛，轻松监管多个区块链网络。第三，性能卓越。自研高性能虚拟机，使得资源消耗可衡量，独创链内并行技术，能并行执行和验证合约，最终达到单链每秒处理

① 参见 https：//xchain. baidu. com/。

交易数 8 万 TPS，整体网络可达到 20 万 TPS。第四，基础设施具备弹性。支持 DPoS、授权共识、PBFT 3 种热插拔共识机制，支持多种智能合约开发语言，包括 Go、C + + 、Solidity。

目前，XuperChain 开源了四大核心专利技术，分别为链内并行技术、可插拔共识机制、账号权限系统、一体化智能合约。

- 链内并行技术：支持对合约数据进行隐式的 DAG 构建和合约最大粒度的并行处理，能够充分利用多核和多机的计算资源。为了描述读写集，XuperChain 定义了一个名为 XuperModel 的新的事务模型。该模型是比特币 UTXO 模型的一个演变。在比特币的 UTXO 模型中，每个交易都需要在输入字段中引用早期交易的输出，以证明资金来源。同样，在 XuperModel 中，每个事务读取的数据需要引用早先的事务写入的数据。在 XuperModel 中，事务的输入表示在执行智能合约期间读取的数据源，即数据来自哪些事务的输出。事务的输出表示事务写入状态数据库的数据，而这些数据会被后续的合约调用所引用。

- 可插拔共识机制：不同的应用场景对共识的需求是不同的，为了支持不同业务，根据其特色选择不同的共识，百度超级链设计了一套可插拔共识机制。百度超级链共识模块主要包括 3 层：最底层为共识模块依赖的公共组件，包括 Consensus Interface、Chained - BFT、原子钟等；中间层为基于共识的公共接口，目前已经支持以及即将支持的主要有 TDPoS、PoW、XPoS 等；最上层由可插拔的共识组成，包括 Step Consensus 和 Pluggable Consensus，负责维护链从创建到当前高度的共识升级历史。

- 账号权限系统：支持多权限 AK（Access Key）控制的合约账户。采用更灵活的资产管理方式，可拥有多私钥持有账户、灵活的权限管理模型。支持账户对智能合约进行管理，智能合约需要部署在一个具体的账户内部，并且账户可设置合约方法的权限管理模型。支持多种权限模型，包括权重阈值模型、AK 集模型、CA 控制模型、社区治理模型。超级链的账户是支持嵌套的。权重阈值模型是其所有者的签名都会有一个权重，账户会设置一个通过其权限检验的最小阈值，当其多个拥有者的签名阈值和大于账户所要求的最低阈值时，则权限校验通过。假设账户 A 要求有≥0.4 的拥有者签名，则权限校验通过。账户 B 要求有≥0.6 的拥有者签名，则权限验证通过。那么，右边这 3 种签名组合，第二种和第三种签名组合能通过账户 A 的权限校验，第一种签名组合无法通过账户 A 的权限校验。

- 一体化智能合约：具备多语言架构、智能合约和核心架构分离、合约生命周期管理、预执行等特色。百度超级链的智能合约的研发聚焦于安全和速度。在合约设计里，主要通过 XuperBridge 用来访问。XuperBridge 是整个合约实现安全调用的桥梁，向下扩展虚拟机、语言，向上对接服务。

（2）应用场景

A. 溯源应用案例

百度超级链团队认为，区块链给解决溯源行业“痛点”带来了新的可能，但是，整套解决方案目前还处于发展阶段，与金融等行业高调的颠覆性不同，区块链为这个行业带来的更多是改良式创新，增强溯源信息的公信力。为此，百度超级链上进行溯源的方案具备以下特点：

- 区块链并不是单打独斗，区块链 + AI + IoT 设备（芯片）才是溯源顶配。
- 区块链溯源能力具备极强的营销价值，实现低成本接入、大声量营销，才能帮助企业最大化区块链溯源的价值。
- 区块链司法体系的建设实现溯源数据实时存证，提升数据公信力。

以溯源与家具行业的结合为例：首先，基于区块链记录特点、生产时间、地点、人物、批号等数据信息，不可篡改，永久保存。核心环节的溯源数据将同步传输至合作法院存证。其次，引入 AI 技术，识别家具上的木纹，保证货源与链上数据一致。最后，在家具中植入防伪芯片，提升造假难度。

B. 司法应用案例

在传统方式下，电子数据的存证、取证、示证、举证以及认定的整个司法流程，存在不同程度的“痛点”。基于区块链技术，百度超级链提供集电子数据取证、存证、出证、法律援助于一体的一站式电子数据保全解决方案，记录用户认证、数据创建、存储和传输等电子签约全过程，保证数据私密安全，联合权威公证处进行文件 hash 值存证，并支持一键出证。基于区块链技术的数据存证服务，赋予电子数据司法证明力，让电子数据成为呈堂证供，降低维权成本，提升司法效率。

XuperFair 是百度超级链在司法领域上的解决方案。由法院、公证处、司法鉴定中心等机构作为节点来构建的区块链法院联盟体系，实现了司法数据生成、存储、传输等环节的真实可信，并依靠联盟链节点的权威以及区块链的可信特性具备法律效力。在 XuperFair 解决方案中，区块链程序支持用户直接通过程序将操作行为全流程记录于区块链，比如，在线提交版权登记、取证过程等电子证据；由区块链全链路能力来提供实名认证、电子签名、时间戳、数据存证及区块链全流程的可信服务；而司法联盟链使用区块链技术将公证处、CA、司法鉴定中心及法院连接成联盟链，每个单位成为链上节点。

以知识产权为例，平台支持用户/媒体平台/版权方，将版权登记信息、侵权取证信息上传至区块链网络中，并引入鉴定、版权局作为存证平台的监督节点，保证随时可出具国家认证的具有司法效力的公证证明，并在遭遇侵权时作为法院能够采信的侵权证据。同时，与北京、广州互联网法院联合打造“区块链+知识产权+司法数据存证”的链接模式。

京东智臻链

“京东智臻链”① 是京东区块链的技术产品，致力于打造全方位、全生命周期的企业级区块链应用解决方案，让开发者和企业在进行以区块链为基础的应用开发和部署时，实现一站式的规划、配置、开发、上线、运维，能够一键自动配置、部署区块链基础网络，以降低区块链技术应用成本，共享区块链可信价值，提供值得的企业级区块链服务。

京东区块链的实践源于京东集团自身各项业务的应用，京东对接了大量企业，涉及不同品类，诸如生鲜农业、消费品、全球购。生鲜农业又分为蔬菜水果、猪牛羊鸡等各种肉类、水产海鲜等，在实践中摸索出一套积木式组件化灵活配置的 SaaS 平台，并于 2018 年 8 月 17 日发布其自主研发的区块链服务平台智臻链，包含 BaaS 平台和 Chain 引擎。

- JD BaaS 平台提供全面的区块链即服务功能，从企业和开发者角度出发，提供多种部署形式，既能灵活部署，又可安全易用，基于流行的 kubernetes 技术，提供高可靠、可扩展的区块链平台。
- JD Chain 引擎：是针对企业通用业务场景而设计的，高效、灵活、安全的区块链框架和系统；具有京东自主知识产权，能够根据企业需求进行积木化定制，支持更丰富的企业应用场景，降低区块链技术使用门槛和成本。

（1）功能特性

京东智臻链，作为 BaaS 平台来说，其功能特性有：

① 参见 https：//blockchain. jd. com/。

• 一键部署：帮助用户秒级启动企业级私链网络，用户可以无须关心区块链底层细节，零门槛进入区块链世界。

• 企业组网：帮助企业便捷地创建或加入生产环境的企业联盟链网络中，完美实现业务与区块链网络快速的无缝对接。

• 身份链：基于区块链的身份认证系统，为所有用户和区块链节点背书，去中心化地管理 BaaS 网络用户。

• 多底层支持：提供适用于不同应用场景的多种底层区块链网络方案，使企业可以根据实际业务需求，灵活选择真正适合自己的区块链网络。

• 密钥保险箱：全方位保护企业私密数据，保证用户在区块链上的数据、行为更加安全可靠。

• ChainEye 浏览器：通过内置在智能合约中的展现方式，提供交易数据和状态数据的可视化探查功能，助力企业轻松查看链上数据。

作为区块链底层引擎，JD Chain 的功能特性为：

• 高性能：全新的底层架构设计，满足企业级应用的性能要求。其交易处理达到万级 TPS，交易确认缩短至秒级；基于可动态伸缩的账本存储设计支持海量账户和交易；支持多核并行的高性能密码算法。

• 积木化定制：企业可以根据不同业务的需求，像搭积木般地对系统组件进行任意组合。其底层框架采用组件化设计；共识、账本、合约、存储各自独立，通过标准接口进行交互通信，并且可灵活切换不同的密码算法。

• 强安全和隐私保护：多方位、多渠道地构建安全体系，让企业在实际应用中兼顾安全与隐私。其运用“安全群组通信”“安全多方计算”“同态加密”与“零知识证明”保证数据机密性；运用“环签名”“群签名”和“匿名认证协议”保证身份隐私；同时，支持多密码体系并行，且支持国密标准。

• 有效数据治理：链上数据可以脱离区块链平台单独使用，让企业业务数据在真实有效的前提下挖掘更多价值。其数据账本采用标准化结构设计；支持业务数据穿透检索、多维分析治理；支持对数据独立备份、归档、监管和审计。

• 多链协同：有效地解决企业实际应用场景中的不同组织机构间的协同操作问题。其支持按业务的多链管理和并行共识；支持单链拆分与多链合并；支持多链数据验证与交易执行，以及可组合的轻量公链模式；提供公链与联盟链分层架构。

• 低成本、易维护：降低使用区块链技术的门槛和成本，简化接入和维护。其提供轻量网关节点；提供嵌入式极简部署方案；提供数据快速上链功能，无须开发合约；支持合约代码复用和版本升级；支持合约本地化单元测试，无缝衔接传统开发过程。

（2）应用场景

同阿里、腾讯、华为的 BaaS 平台类似，京东的区块链平台服务应用场景也集中在溯源、数字存证、信用网络、金融科技和价值创新等方面，但其特点在于其服务更多源于京东自身的零售、物流、数字科技等组合生态，将其自身在区块链上的实践经验集成到了京东的区块链服务器平台上。

A. 品质溯源

使用区块链技术来实施商品的追溯，既是供应链行业多主体参与、商品跨时空流转的客观特点的要求，也是京东作为 B2C 电商企业特殊的资源禀赋和企业核心价值决定的。纵观商品全流程流转的管理特点，需要与整个流转责任相关方，包括原料商、品牌商、生产商、渠道商、零售商、物流服务商、售后服务商、第三方检测机构以及对应的政府监管部门间，建立高效、互信、安全的可追溯的数据、业务管理体系，而这正是区块链联盟链技术的用武之地。

京东拥有业内领先的现代化供应链物流基础设施和服务能力，数字化程度很高的供应链使得上链信息采集的边际成本极低。同时，自身万亿元规模的零售业务带来的供应链上下游紧密协同的业务关系，也为区块链联盟链的成功搭建和管理创造了组织治理层面的便利。京东主动将分布于供应链上下游的品质追溯信息进行整合，将其存储在不可篡改的区块链中，并以友好的形式展现、传递给相关客户。此外，京东还积极配合政府各部门监管，履行企业责任，接入多家权威的第三方检测鉴定机构，作为联盟链上的重要节点，为商品提供官方鉴定数据，为客户体验保驾护航。在这一过程中，最为困难的便是保证上链源头数据的真实性和追溯业务的可持续性。通过结合物联网、大数据、云计算、机器学习等多种信息化技术，保证追溯信息采集、传递、合规应用的准确性、安全性、可持续性。

一个具体应用案例是在政府精准扶贫中的应用。京东在国家级贫困县落地“跑步鸡”“游水鸭”等项目，为家禽养殖过程量身定制，打造了移动端的养殖管理系统，借助计步脚环等物联网设备，结合图片、视频等技术，将家禽运动数据、喂食、饮水、除虫等相关信息进行采集，记录到区块链网络中，并整合加工、包装、仓储物流等信息，最终呈现给消费者，让消费者轻松扫码即可了解到所购农产品的养殖过程、生长环境等多媒体信息，大大提升了消费体验，在确保产品品质的同时提升了产品的溢价能力，从而增加了市场的认可度，也为贫困地区的农民增加了收入。

B. 数字存证

现代商业社会，每一种商业形态的形成和稳定都伴随着相关参与方之间达成某种形式的契约。这些契约的草拟签署、传递、确认（回执）、备案等全生命周期的管理，日益呈现出电子化存证的趋势，《中华人民共和国电子签名法》等国家层面的法律法规对此也给予了规范和认可。

京东将这些契约的电子化，统一概括为泛数字存证服务需求，并通过区块链技术，实现多方间的数字存证安全透明、高效流转、便捷验证，以及更高效的第三方存证。此外，还与仲裁司法互联网服务打通，形成证据数据化、区块链存验一体化、司法服务互联网化的新兴商业社会契约管理模式，可提升契约管理效率，为广大客户带来便利的同时，也能节约大量成本和时间。在未来，京东将在电子合同、电子发票、电子证照、电子票据、互联网诉讼、版权保护、业务单据无纸化等各类数字存证需求密集的领域，广泛地开展区块链存证服务的验证、推广和经验总结，提升自身存证服务能力的同时，为广大客户创造长期价值。

一个具体的应用案例是 2018 年 9 月京东发布的国内首个电商电子证照区块链应用平台。该平台联合宿迁市工商局、京东商城、益世商服三方，成功部署区块链节点，并实际应用于京东平台商家入驻执照申领、审核、变更等环节，实现数据保密传输、参与方共享、不可篡改等要求。目前，宿迁市境内入驻京东商城商家营业执照信息已成功上链，接入数据范围还在进一步扩大中，通过区块链电子证照的积极探索，不仅商家可以更快速地完成入驻的资质审核，而且为监管部门提供了更多政务协同应用场景的思路。

C. 数字身份

区块链的出现，将在身份信息验证领域掀起一场革命，区块链技术所遵循的规则定义及共识原则，为身份信息的安全存储提供了可靠的基础，这其中就包括了身份验证的问题。

目前，京东在区块链身份认证领域的应用仍处于探索阶段。京东区块链部门的统一身份认证平台是为了响应国家监管部门的要求，并为保证链上数据的真实有效而搭建的。该平台可以为生态内的所有应用提供身份认证服务，同时，系统可以关联企业端与用户端的身份信息，避免重复认证操作。此外，还可以为进入京东区块链体系内的用户验证身份并发放唯一的证书，保证其在链上写入和读取数据等业务都是带有身份标签的。在区块链技术的联合下，可以将身份主体的业务信息进行关联，形成业务表现记录数据，为企业征信信息提供依据。随着数据量的不断增大，信用数据也将越来越完善；同时，京东也引入了一些新的技术为数字身份认证的隐私提供解决方案，如安全多方计算、零知识证明等，旨在使区块链在身份管理方向发挥最大的价值，通过身份信息上链，将零散的身份信息进行聚合，服务更多的业务场景。

D. 金融科技

区块链安全、透明及不可篡改的特性将重构金融体系间的核心准则，随之而来的是更短的信任链条、彻底转变的第三方角色、全新的金融业务逻辑。这是技术改变金融的大势所趋。

京东努力尝试以技术服务者的身份参与金融科技的变革，通过成熟的区块链解决方案，提高资产证券化的效率，降低参与各方成本以及整体风险；打造全面的区块链供应链金融体系，实现债权的有效流转，服务供应链上的各参与方。

在资产证券化方面，一个具体案例是：2018 年 6 月 13 日，“京东金融－华泰资管 19 号京东白条应收账款债权资产支持专项计划”成功设立，并在深交所挂牌转让。京东金融与华泰证券资管、兴业银行共同组建资产证券化联盟链，此项目通过区块链技术的分布式记账、防篡改以及实时安全传输等核心特性应用，其底层资产及现金流、产品、账务等数据信息流在原始权益人、管理人、托管人等多个参与方之间实时共享并确认交易，这有助于实现信息透明化、提高操作效率，并降低信用风险。同时，由于白条资产是小而分散的特性，单笔金额小、笔数多，通过该项目的实践，可以看出区块链技术在技术性能上逐渐成熟，能够成功支持每日大数据量的读写。该项目首次购买入链资产约为 150 万笔，在项目存续期每日约有 5 万笔资产数据持续更新。

在供应链金融领域，京东数科“供应链保理区块链平台”基于区块链的底层技术，以核心企业应付债权为基础资产，帮助供应商解决对上游支付及融资的需求，提高整个供应链的效率，进而降低核心企业的采购成本。核心企业可以通过区块链技术提供多种供应链服务，一方面，可通过供应链商品追溯、防伪溯源等对商品进行管理，另一方面，也可以完成对企业上游供应商的金融服务，提高整个供应链的效率，真正做到科技服务于实体经济。

E. 价值创新

京东结合其核心业务特点，在价值创新方面做出了两方面探索：一是用户交易积分方面，二是用户行为的价值。

在用户交易积分方面，积分交易市场具有广阔的前景，但其卡密服务防伪困难、第三方信任度不足、流通过程监管透明性差等问题成为制约行业进一步发展的瓶颈。而运用分布式记账、密码学以及智能合约等区块链相关技术，借助其去中心化、公开透明、不可篡改及可追溯等特点，可有效解决积分流通交易过程中的溯源防伪需求。将区块链技术引入积分交易市场，合理利用区块链技术的可追溯和防篡改功能，解决了虚拟积分市场传统模式的“痛点”。通过资产方上链，可把分发渠道和消费者、生产方关联起来，使积分具备更高的保密性和安全性。不同的积分体系就是不同的价值体系，未来通过区块链将实现不同价值体系的互联互通。

在行为价值方面，区块链技术可通过身份认证机制，来实现对于各参与组织及节点各方的认证核实，进行准入审核。在区块链网络中，所有组织节点的上链信息将同步至其他所有节点，从而实现全网各节点对于每次上链信息的同步验证和记录，并且做到不可篡改和可追溯，形成数字化的权益证明。这些技术特点都为行为价值互联网场景下的信息不透明、信息安全保障不足、参与主体无法获取收益等问题提供了很好的解决方案。

一个具体案例是“哈希庄园”平台。京东基于自己的商业理解和技术积累，推出“哈希庄园”平台。该平台基于区块链技术开发，用于链接所参与的用户和企业行为价值，是实用的去中心化价值互信平台之一。它以所参与用户的“行为价值”链接京东生态，利用经济模型和技术手段，激励用户在购物、浏览、娱乐、生活服务等场景下的正向行为，实现用户与京东生态共创共建、互信共赢。

5.6 联盟链

目前，区块链架构主要分为公链和许可链两种。在公链架构下，任何用户均可自由地匿名加入或退出一个公链应用，并不受任何监管地进行数据交易和信息扩散，具有透明性、隐私性和完全去中心化的特性。公链应用一旦投入运行，其内部业务逻辑很难再进行改变或灵活调整，从而导致公链技术无法满足很多商业环境、行政体系以及个体之间的数据处理和监管需求。目前，除了大部分虚拟货币使用公链以外，几乎没有其他信息化应用采用纯公链架构。许可链架构不具备完全去中心化、透明性和隐私性的特点，所有业务属性均由应用所有方制定，用户须得到应用所有方批准后方能加入应用。在许可链架构下，如果应用所有方是一个由多方组成的联盟，则由全部联盟成员共同制定应用内部的所有机制，这种结构的许可链被称为联盟链；而仅由一方控制整个应用权限和规则的许可链则称为私链。

联盟链是介于公链和私链之间、实质上仍属于私链范畴的区块链。联盟链与公链的差别在于它只对特定的组织团体开放，在联盟链中，每个参与者都可以查阅和交易，但不能验证交易，或不能发布智能合约，简单来说，联盟链上的信息对每个人都是只读的，只有节点有权利进行验证或发布交易，这些节点组成了一个联盟。普通用户如果想发布或者验证交易，则须获得联盟的许可。因此，联盟链更类似一种分布式的数据库技术。比如，有一个 15 家金融企业组成的共同体，每家企业都有一个节点在运行着，而且要使每个区块链发生作用需要得到 10 家企业的共同确认才可以生效。从区块链中也许所有人都可以获取数据，也许参与者受到限制，或者走混合型线路，比如区块链的根哈希以及 API 对外是开放的，API 同意外界作用限制被访问查询的次数以及得到区块链的状态消息。相对公链，联盟链的主要特点是：

- 交易处理快：在公链中，一个新的区块是否能够上链，得由区块链中所有的节点来决定，所以，一笔交易的真伪至少要得到全网 51% 的节点验证才能被确定，导致公链对交易的处理速度很慢。目前，最快的公链 EOS 主网 TPS 最高达到 3590 次/秒。而对于联盟链来说，一个新的区块是否能够上链，只要其中几个权重较高的节点进行确定就可以了，这就意味着，一笔交易不需要所有节点的确认就可以进行，大大地降低了交易处理时间。

- 隐私保护强：联盟链上的信息并不是所有有访问条件的人都可以访问的，对于联盟链上的信息，只有该联盟链上的节点才可以进行读取、修改和访问。联盟链中的每个节点都有属于自己的一个私钥，每个节点自己产生的数据信息只有该节点自己知道，如果节点与节点之间需要进行信息交换和数据交流，就必须知道对方的节点私钥，这样能够在保证信息流通的同时，避免了节点隐私泄露的问题。

• 可控性较强：公链是一旦区块链形成，将不可篡改，这主要源于公链的节点一般是海量的，比如比特币节点太多，想要篡改区块数据，几乎不可能，而在联盟链中，只要所有机构中的大部分达成共识，即可对区块数据进行更改。

联盟链与多链架构

现有区块链技术尚未支持大规模应用，主要原因在于，在单链架构下存在性能、容量、隐私、隔离性、扩展上的瓶颈。不管是以以太坊为代表的区块链2.0，还是以EOS为代表的区块链3.0，其性能均未达到预定标准，更不用说对大规模应用的支持。主要原因在于单链架构本身的一些特性：数据存储采用链式本地存储，导致无法平行拓展，共识机制更多为了数据可信从而导致无法高效处理交易，同时，受限于网络中单节点的机器性能极限，因此，单链架构无法满足业务应用的性能、容量等要求。

另一些系统需要根据业务功能及相关标准的需要，对数据做切分，以达到数据隔离的业务要求和安全要求。由于当前区块链技术体系中的单链结构的每个全节点都拥有全网所有数据，只能通过数据加密的方式来实现，但会增加每个节点的压力。这也是单链情况下性能满足与应用需求之间的一个矛盾。

借鉴并行、分布式系统的理念，联盟链由于权限在许可范围内可控，可以根据需要采用多链架构，借助多链架构下的可扩展性、隔离性、高性能、互操作等特性，实现基于联盟链的复杂应用。

多链架构的核心是跨链技术，即如何实现多条链之间的数据和操作的互通。目前跨链项目的一个典型代表是2014年成立的跨链项目Cosmos，该项目由Tendermint团队推出，是一个支持跨链交互的异构网络，由许多独立的并行区块链组成，采用Tendermint共识算法，允许大量自主且易开发的区块链互相扩展和交互，解决区块链价值孤岛的问题，建立价值网络的桥梁。2019年3月，Cosmos主网Cosmos Hub正式上线。ATOM是Cosmos Hub的代币，可用于垃圾邮件防范机制、抵押分红以及社区管理投票机制。

从技术上来看，Cosmos区块链网络分为3层：上层应用层负责业务逻辑，中层共识层负责共识机制，底层网络层实现基础的数据结构和通信协议。其中，网络层和共识层被称为Tendermint，它包括一个共识引擎和一个接口协议。共识引擎与上层应用逻辑分别负责各自业务，底层业务由共识引擎负责，其他业务由上层应用逻辑负责，接口协议作为两者之间的回调接口，位于共识层和

Cosmos SDK 之间。Cosmos SDK 是 Cosmos 的应用层工具模块框架，主要用来简化区块链应用的构建，其功能包括抵押机制、惩罚机制、IBC（跨链通信协议），账户、治理、奖励和手续费等。

Cosmos 要实现不同区块链之间的跨链功能，关键在于 IBC，可以将其理解为 Cosmos 网络中的跨链结构，只要是具有这一结构的区块链即可实现互联互通。其中，存在两个核心的概念，一个是 Hub，跨链通信处理中心，另一个是 Zone，需要连通的区块链。这两者都是基于 Tendermint 的区块链，Zone 通过 IBC 与 Hub 连接。

Cosmos 可互通的不仅仅是内部的链，还包括外部链，在 Zone 的分类中有一类“外族链”。如果要将以太坊、比特币这些“外族链”接入 Cosmos 的话，就需要通过 Cosmos SDK 为其增设一个 IBC，来实现与 Hub 的连接。同时，不同的 Hub 之间还可以进行拓展链接，从而形成更为复杂的多链交互网络。

超级账本（Hyperledger）

2015 年 12 月 17 日，致力于推动开源操作系统 Linux 发展的非营利组织——Linux 基金会宣布，将开设一个新项目，用于发展区块链技术，这个项目就是“超级账本”（Hyperledger），也可以理解为一个“共享记账技术”社区。“超级账本”的成立是为了建立一个开源的企业级区块链技术平台，可以让开发者们专注地构建强大的、针对特定行业的技术平台以及软硬件系统，从而提高用于记录和验证交易的区块链技术。简言之，就是所有技术人员都可以参与其中，共享代码来促进区块链技术应用落地。由于 Linux 基金会一直以来都信仰通过开源可以实现巨大创新，因此，成立“超级账本”组织非常符合基金会的宗旨，同时也得到了科技领域的广泛支持。“超级账本”成立后 2 个月就宣布有 30 名创始成员，包括荷兰银行、埃森哲、澳新银行、纽约梅隆银行、思科等；国内的百度、蚂蚁金服、联想、华为、招商银行、民生银行、万达等企业也均是其会员，此外，还包括湖南大学、北京大学、中山大学、浙江大学等高校组织。“超级账本”项目不是一家公司，不是一个密码货币，也不是一个区块链，这是一项全球性的协作努力，以透明和公开的方式，开启区块链解决商业问题的潜力。

“超级账本”这个组织孵化了将近 15 种区块链技术，包括分布式账本框架（区块链技术框架）、智能合约引擎、用户数据库、图形界面等。根据不同的应用范围和功能，主要分为分布式账本、数据库、工具、特殊领域 4 个技术类别。

任何人都可以在“超级账本”相关技术页面下载阅读技术文档，贡献代码，访问维基百科以及加入社区聊天。

“超级账本”是基于联盟链的交易网络。各个行业领域或者个人都可以创建一个自己的交易网络（又称联盟链），在交易网络内部实现去中心化的业务数据存储与交互，维护自己的行业账本，对外提供会员制的数据权限。被授权的企业和机构能够查看自己联盟链里面账本的数据（可以按照一定的业务规则进行数据公开），而且交易网络多个账本之间又可以有相关API进行相互数据交互，众多的交易网络相互连接就组成了“超级账本”系统。

当交易网络收到一条交易信息后，首先由背书节点对交易进行检查和背书，初步判断交易是否合法，再由排序节点收集当前时间段内所发生的所有交易并排序、整理为区块，最后提交给确认节点，确认节点再次对交易结果进行检查，判断交易合法性，接受合法交易对账本的修改，写入区块链；以上所有的节点都必须由证书节点通过证书的形式进行授权，不拥有合法证书的节点不能参与交易的所有环节。

“超级账本”技术架构主要分为3部分：会员制，区块链，链上代码，其功能分别为：

- 会员制服务负责管理的是网络上的身份识别、隐私与机密。
- 区块链服务负责管理分布式账本。
- 链上代码负责提供安全又轻便的沙盒装载路径，供验证节点执行链上的代码，整个环境是一个安全又封闭的容器，超级账本链上代码主要是基于Docker进行管理与执行。

“超级账本”项目是一个伞形组织，包括许多正在开发的不同模块和系统。目前，有5个框架已开发：Sawtooth，Iroha，Fabric，Burrow和Indy。

- Hyperledger Sawtooth：由Intel主要发起和贡献的企业区块链平台，用于构建、部署和运行分布式账本。使用Python、C++、Go、Java、JavaScript和Rust等语言提供REST API和SDK，开发在Sawtooth平台上运行的应用程序。该平台可以为供应链带来可追溯性和责任性，消费者可以追溯所购买商品的来源；实现安全高效的债券结算，投资者可以追踪和转移债券；为发行和交换数字资产提供高效和安全的基础设施，用户能够在Sawtooth区块链上创建和交换数字资产。
- Hyperledger Iroha：由日本金融科技公司Soramitsu提供开源代码，其设计简单且用于轻松创建数字资产代码；此外，iOS和Android也将支持Iroha。采用

C + +语言设计，改良拜占庭式容错共识算法，将其命名为 Sumeragi。

- Hyperledger Fabric：由 Digital Asset 和 IBM 提供的区块链框架，初衷是服务于工业生产。这是一种区块链架构实现，采用模块化架构，使共识服务和成员服务等组件可以即插即用，保证了商业区块链解决方案的机密性、灵活性和可扩展性。
- Hyperledger Burrow：由 Monax 提供 Intel 共同发起的智能合约机器。
- Hyperledger Indy：用于私人的、安全的身份。它提供工具、库和可重用组件，用于创建和使用根据区块链或其他分布式账本进行相互操作的独立数字身份。

这 5 个框架中，Sawtooth 和 Fabric 应用发展较好，下面详细介绍。

（1）Hyperledger Sawtooth

超级账本 Sawtooth 作为一个主要由英特尔开发的区块链，旨在提供最终可应用于物联网和各种金融领域的区块链系统，该项目在测试一种新的称为“消逝时间证明”（PoeT）的共识机制的功能，并允许企业在没有中央权力机构的情况下运行分布式账本。PoeT 是一种尝试通过公平的随机系统分配网络挖掘权的算法，其目的是消除比特币和其他密码货币使用工作量证明共识算法存在的环境和能源消耗问题。这个过程遵循的是公平的彩票系统，而不是去奖励最强大的节点。简而言之，网络中的每个参与节点需要等待随机选择的时间段，而第一个完成指定等待时间的节点就赢得了新的区块。

在 Intel 的演示中，超级账本展示了 Sawtooth 在海鲜供应链方面的潜力，其中，Sawtooth 提供了不可更改的鱼类等各种商品的来源和种类信息记录。而运用物联网和 Sawtooth 相结合的传感器，企业可追踪任何鱼类从海洋到食客餐桌之间的整个过程。

（2）Hyperledger Fabric

超级账本 Fabric，是在 IBM 的指导下推动的项目，Fabric 也是目前被最多大企业所采用的区块链。Fabric 的诞生主要是因为在金融、销售、供应链等特殊应用领域中，一些机构的数据不能公开，而且并不是所有的机构都有权利发起交易。而在 Fabric 诞生之前，主流的区块链结构以太坊的体系结构不能满足数据的隐私与访问控制需求。Fabric 提供了设计和定制功能，它可以满足精确的要求。作为一个模块化框架，基于 Fabric 的应用可轻松地扩展到任何级别。

需要许可的和不需要许可的区块链：在以太坊这样的传统公链上，用户是匿名的，也就是任何人都可以参与，所以，以太坊是不需要许可的区块链，向以太坊网络中提交一个合法的交易，所有节点都会独立执行合约，得到输出并生成区块。对以太坊这种不需要许可的区块链来说，由于程序和数据在所有节点上执行，基本没有隐私可言，这对很多应用是不可靠的，比如销售的底价、用户的位置等隐私数据，不能被全网暴露。Fabric 针对不需要许可的区块链存在的问题提出需要许可的区块链，在所有节点中选择一部分，形成一个个的联盟，特定交易只在联盟内的节点独立运行，这样只有经过选择的特定节点参与执行交易，数据只在这部分节点范围内公开，这样隐私和访问控制就有可能缓解；同时，因为不需要全网验证，其交易执行效率也会得到提升。

先执行后验证：以太坊等技术是遵循顺序执行的体系结构，需要先验证所有交易的执行顺序，然后把状态复制到所有节点上，然后每个节点按各自顺序执行，其缺点是在架构上就没考虑过交易的并行。Fabric 引入了一种称为 execute－order－validate 的架构。先执行交易然后检查它的正确性，再为其背书；通过可插拔的共识协议给交易排序；在提交给账本前，根据应用程序描述的背书策略验证交易。这里所谓“程序描述的背书策略”是指哪些节点、多少节点、需要保证给定智能合约执行的正确性。这种结构允许交易并行执行，提高了效率，因为非确定性的、不一致的结果可以在排序前被过滤掉，使得 Fabric 可以支持标准编程语言，智能合约可以用 GoLang 或者 Javascript 来写。

多链与多通道：Fabric 中的链（chain）包含了链码（chain code）、账本（ledger）、通道（channel）的逻辑结构，它将参与方（organization）、交易（transaction）进行隔离，满足了在不同业务场景中不同的人访问不同数据的基本要求。通常说的多链在运维层次上也就是指多通道。一个 peer 节点可以接入多条通道，从而加入多条链，参与不同的业务。

账本结构：是一系列按照时间戳排序的、不可篡改的状态转移日志记录。状态转移是链码执行交易的结果。一系列有序的交易被打包成块，这样就将每一页账本的区块链串联成了区块链。同时，一个状态数据库维护当前全账本的状态信息，因此也被叫作世界状态。在 1.0 版本的 Fabric 中，每个通道都有其账本，每个 peer 节点都保存着其加入的通道的账本，包含着账本数据库、状态数据库以及历史数据库。

- 账本数据库基于文件系统，将区块存储于文件块中，然后在 LevelDB（google 实现的高效的 kv 数据库）中存储区块交易对应的文件块及其偏移，也就是将 LevelDB 作为账本数据库的索引。

- 账本状态数据库实际上存储的是所有曾经在交易中出现的键值对的最新

值。调用链码执行交易可以改变状态数据，为了高效地执行链码调用，所有数据的最新值都被存放在状态数据库中。就逻辑上来说，状态数据库仅仅是有序交易日志的快照，因此，在任何时候都可以根据交易日志重新生成。状态数据库会在 peer 节点启动的时候自动恢复或重构，未完备前，该节点不会接受新的交易。

- 可选的历史状态数据库用于查询某个 key 的历史修改记录，历史数据库并不存储 key 具体的值，而只记录在某个区块的某个交易里某 key 变动了一次。后续需要查询的时候，根据变动历史去查询实际变动的值，这样的做法减少了数据的存储，却增加了查询逻辑的复杂度。

Kafka 共识：Fabric 从 0.6 到 1.0 版本，其共识机制从 PBFT 实用拜占庭容错算法转变到 Kafka。其原因是 PBFT 交易性能达不到要求，并且在 Fabric 面向的联盟链环境中，因为节点都是有准入控制的，拜占庭容错的需求不是很强烈，反而是并发性能最重要，因此，也就有了 Kafka 共识的出现。在 Kafka 共识机制中，一个共识集群由多个 orderer 节点（OSN）和一个 kafka 集群组成。orderer 之间并不直接通信，它们仅仅和 Kafka 集群通信。在 orderer 的实现里，通道在 kafka 中是以 topic 的形式隔离。每个 orderer 内部，针对每个通道都会建立与 kafka 集群对应 topic 的生产者及消费者。生产者将 orderer 节点收到的交易发送到 kafka 集群进行排序，在生产的同时，消费者也同步消费排序后的交易。那么，如何鉴别某个交易属于哪个区块呢？Fabric 的区块结块由两个条件决定：区块交易量和区块时间间隔。当配置的交易量达到阈值时，无论是否达到时间间隔，都会触发结块操作；另外，如果触发了设置的时间间隔阈值，只要有交易就会触发结块操作，也就是说 fabric 中不会有空块。结块操作是由 orderer 节点中的 kafka 生产者发送一条 TTC - X（Time to cut block x）消息到 kafka 集群，当任意 orderer 节点的 kafka 消费者接收到任意节点发出的 TTC - X 消息时，都会将之前收到的交易打包结块，保存在 orderer 本地，之后再分发到各 peer 节点。

隐私保护：Fabric 并没有采用传统的数据加密和零知识证明机制，Fabric 认为，如果使用数据加密，加密数据被部署到每个节点上，只要给定足够的时间和计算资源，加密可以被破解；而零知识证明需要相当可观的时间和计算资源。因此，为了解决数据的访问控制与隐私保护问题，Fabric 提出了一种被称为 channel 的体系结构，只有参加 channel 的节点有权访问智能合约和数据。

区块链服务网络（BSN）

区块链服务网络（Blockchain - based Service Network，BSN）是首个国家级的联盟链，是由国家信息中心顶层规划，多个企业共同发起的跨公网、跨地域、跨机构的，基于联盟链技术和共识信任机制的全球性区块链服务基础设施。BSN 目前适配的联盟链底层框架为 Hyperledger Fabric，后续将支持国内外主流的区块链框架，让开发者有更多选择。开发者在完全没有区块链开发经验的情况下，可以使用自己熟悉的编程语言进行区块链开发。BSN 将逐步适配 5G、物联网和 AI 等前沿科技，为建设智慧城市、发展数字经济、支撑“一带一路”政策提供基础设施服务，成为第二代智能专业互联网。

BSN 由区块链服务网络发展联盟（BSN Development Association）负责具体的管理、运营和维护等工作。服务网络的所有事宜，包括规划设计、技术标准、开发运维管理、运营模式、服务定价和对外合作等，均由发展联盟根据内部机制决策和执行。发展联盟的宗旨在于整合及协调联盟各成员在技术研发、云资源、金融产品和媒体宣传等领域的资源和能力，形成联盟内服务网络全方位发展的合力与协调机制，确保服务网络的长期稳定发展和运营。

BSN 是开放的，任何拥有云资源和 IDC 机房资源的企事业单位，均可以申请建立城市节点，并加入 BSN。BSN 将统一运营，并与城市节点所有方进行收入分账。截至 2019 年 9 月底，在中国移动、中国电信和中国联通的大力支持下，BSN 已经在全国已建或在建超过 100 个城市节点。在中国香港和新加坡也建立了城市节点。预计在 2020 年年底，BSN 的城市节点数目将达到 200 个，并在东南亚、欧洲和北美洲等地进行城市节点的部署。

BSN 致力于改变目前联盟链应用的高成本局域网架构的问题。传统联盟链应用的各参与方须共建一个共识排序节点，并须单独建立和运维自身专属的记账节点。每个节点均须使用物理服务器或者云服务，所有节点通过互联网或云服务内部网络连接在一起，从而形成类似局域网的孤立区块链应用。这种传统结构意味着应用的参与方每参与一个不同组织联盟的区块链应用就需要建立一套区块链运行环境，从而导致参与者负担过重，并且绝大多数情况下服务器资源处于低负荷运行或闲置状态。这种高成本的部署和运维架构是当前区块链应用发展的主要瓶颈。

另外，各局域网式的区块链应用所采用的底层平台异构，没有统一的技术标准，业务数据无法交互，制约了区块链的技术转化和产业布局，因此，行业内亟须建立一个各方认可的公共基础设施网络。BSN以互联网理念为开发者提供公共区块链资源环境，极大降低区块链应用的成本，从而使区块链技术得到快速发展和普及，其核心目的是建成一个能够持续降低联盟链应用的开发、部署、运维、互通和监管成本的全球性基础设施。

核心架构：BSN核心架构由公共城市节点、共识排序集群服务、权限管理链、智能网关、预制链码机制组成。

- 公共城市节点：BSN的基础运行单元，其主要功能是为区块链应用运行提供访问控制、交易处理、数据存储和计算力等系统资源。每个城市节点的所有方为云资源或数据中心的提供者。所有方在云资源内安装公共城市节点软件并完成入网流程后，即可建成BSN上的一个城市节点。每个城市节点均动态部署一定数量的公共交易背书和记账节点，并通过负载均衡机制，为高并发应用动态分配独享的高性能资源配置记账节点，而让多个低并发应用共享一个记账节点。BSN原则上是一个多链多账本区块链系统，部署在若干城市节点上的每个应用通过专用通道进行交易处理、数据通信和存储。通道与通道之间完全隔离，但如果两个应用相互授权，通道之间则可以进行数据的相互调用。这样的机制既保证了每个应用的绝对隐私权，同时又有足够的灵活性进行链与链之间的业务处理。

- 共识排序集群服务：传统联盟链应用都要部署和维护单一共识排序节点。该节点确定应用交易时序并达成共识后，发送给各个记账节点并永久性地写入账本内。共识排序节点作为区块链应用的数据处理中枢，对效率和并发数有较高要求。与城市节点内记账节点的共享理念一致，为了降低区块链应用的部署和运营成本，服务网络为所有应用提供统一的共识排序集群服务。共识排序集群服务由中国银联负责建设和运营。作为国内少数具备处理高并发交易经验的企业之一，中国银联能够为服务网络所有应用提供高效、可信、成本可控的高质量服务。

权限管理链：是服务网络中专门用于管理每个应用内用户角色与权限配置关系的系统基础链。该链部署在所有的城市节点内，为各应用提供统一链上存储、应用开发者完全控制、基于应用角色访问控制模型（Application Role Based Access Control，ARBAC）的权限管理机制。

- 智能网关：部署在每个城市节点内的智能网关负责链下业务系统与城市节点之间的适配，除了提供应用身份认证、操作鉴权和接入管理外，还提供通用和易学的网关接口标准，使服务网络的复杂性对外部业务系统隐藏，从而帮助链下业务系统简单、高效地使用服务网络。

- 预制链码机制：进一步降低开发者的成本和简化开发者使用服务网络的学习过程，服务网络推出了预制链码机制。对于很多传统业务系统来说，区块链是一种特殊的业务数据库，在具体的链码操作上，只须增、删、改、查，即可应对大多数业务需求。应用发布者在服务网络上发布应用时，可以直接选择服务网络提供的基础预制链码包完成部署。智能网关和预制链码机制的结合能够使传统业务系统开发者在完全没有区块链开发人员和完全不了解区块链编程语言的情况下，仅使用自己熟悉的编程语言和运行环境即可接入服务网络，进行区块链数据处理，使传统业务系统拥有区块链功能。

BSN 优势：建设 BSN 的核心目的是建成一个能够持续降低联盟链应用的开发、部署、运维、互通和监管成本的全球性基础设施。应用 BSN 可以降低区块链应用开发者和使用者的门槛，目前 BSN 的主要优势如下：

- 节省区块链应用部署和运维成本：BSN 提供一站式的区块链运行环境，开发者无须再单独购买云服务或硬件服务器去搭建和维护自己的区块链系统。公共城市节点和共识排序集群服务通过负载均衡机制和资源共享原则，让 BSN 能够为区块链应用提供长期、高效、稳定和价格合理的服务，使所有企业和个人开发者均可以进入区块链行业。

- 降低区块链应用开发门槛：精通区块链相关编程语言的开发人员是开发者群体中的极少数，智能网关和预制链码机制使广大开发者均可轻松使用 BSN，在传统业务系统内增加区块链功能。BSN 将与传统数据库和互联网一样，成为开发者在业务设计、系统开发、产品运营过程中的一个常规选项。

- 提高用户参与区块链应用的便利程度：用户参与传统局域网架构下的区块链应用时，不同的联盟链要部署单独的节点运行环境，并在每个联盟链内须拥有不同的身份证书，这导致参与应用的过程变得重复、烦琐。在 BSN 上，用户可使用单一的身份证书，随时加入不受数量限制的应用。当应用之间能够相互授权时，用户还可极方便地在链与链之间进行数据交互。

- 提供灵活的接入方式：参与方可以通过互联网或专线的方式接入就近的城市节点，从而连入 BSN。绝大多数联盟链应用都与金融、交易和支付业务相关，为保证信息安全，多数金融业务系统的数据传输要求使用专线。传统云服务商的数据中心大部分是集中式的，由于跨省跨区专线的成本非常高，所以多数云服务商无法为区块链应用提供完善的专线服务。而 BSN 在全国每个地级市都设有城市节点，所有城市节点均支持同城专线接入，价格远低于跨省跨区专线。

- 具有快速组网的机制：为了使 BSN 像互联网一样得到广泛使用和高速发展，BSN 的组网机制将遵循互联网精神，公共城市节点的建设可充分利用闲置和已有的云服务和数据中心，无须重复投入。全球任何拥有云服务或数据中心资源的机构均可以在符合 BSN 标准和规范的前提下，申请建立城市节点并接入 BSN。BSN 与互联网一样，没有唯一的所有者，每个城市节点的所有权属于云服务或数据中心所有方。

综上所述，BSN 是一个跨行业协作的基础服务设施，截至 2019 年 11 月，BSN 已经开放内测申请。相信建设 BSN 可以促进我国的区块链行业发展，打造区块链创新应用示范，激发区块链创新活力。

6 区块链金融相关应用

著名的《经济学人》杂志在文章《区块链，信任的机器》中提到："区块链让人们在互不信任，并没有中立中央机构的情况下，能够做到互相协作。简单地说，它是一台创造信任的机器。"应用区块链技术能够在社会各个领域的信息流中起到产生、锚定、共享信任的作用，使互联网上传递的纷乱的信息变得可信，而基于可信数据在多个行业领域，如金融、版权、慈善、医疗、教育等重塑规则，在不需要传统的信任中介的情况下促成陌生人之间的协作，从而提升效率、降低风险，而整体的运营成本也会变低。所以，可以预言，区块链技术将继电力、蒸汽机和互联网之后掀起又一个底层技术浪潮。

本章先对区块链应用领域进行简单介绍，而后介绍区块链在发票、通证经济、共享经济方面的应用方式，最后着重讲解区块链在金融相关行业的应用。

6.1 区块链应用领域简介

下面简单列出一些区块链可以应用的领域：

- 金融行业：区块链技术可应用于金融行业的征信、价值转移、资产证券化等领域。金融的数据安全、信息的隐私、资产价值以及网络的安全与分布式区域块技术十分匹配，区块链在金融方面可以形成点对点（而不需要中心化机构参与）的价值转移，从而提升传输和交易的效率和安全。
- 物流供应链：供应链行业往往涉及诸多实体的流通，包括物流、资金流、信息流等，这些实体之间存在大量复杂的协作关系。通过区块链可以为各方提供一个透明、可靠、可信的统一信息平台，可以实时查看各实体状态，降低物流成本，追溯物品的生产和运送整个过程，从而提高供应链管理的效率。同时，当发生纠纷时，举证和追查也变得更加清晰和容易。

- 医疗健康：可应用于医院挂号、数字病例。当这些数据记录在链上时，可以在保证我们的健康数据不被侵犯的情况下得到最便利的医疗服务，同时在区块链上更可以体现数据的价值，运用大数据技术，综合大规模数据产生的价值也可以反馈给数据提供者，从而促进医疗健康研究的发展。

- 保险行业：在保险公司的日常业务中，虽然交易不像银行和证券行业那样频繁，但是，对可信数据的依赖、对个人隐私数据的保护同样重要。利用区块链技术，从数据管理的角度切入，结合物联网、移动互联网、大数据、人工智能等信息化手段，能够有效地帮助保险公司提高产品服务和风险管理能力。

- 社会管理：用于身份认证、档案管理、公证遗产继承、个人及社会信用等。以区块链技术进行记录，放在分布式数据库当中，永久保存。

- 教育：用于学籍证明、档案管理、学生征信、成绩证明、产学合作等。利用区块链都可以把教育上的数据通过一种资产的方式存储在分布式的数据库当中，可以永久保留。

- 物联网：用于物品的溯源、防伪、认证，还有网络效率的提升，可以把每个物品当成一个节点进行存储流转。

- 共享经济：用于租车租房、智能硬件租赁、知识技能租赁。它可以把这些资产本身放在区块链的链条当中，对于使用权，进行流转，享受一些使用权的费用。

- 通信：区块链技术可以让每个人的社交 ID 进行确权，比如在运营商的社交数据，它可以变成一种资产进行管理。

- 文化娱乐：用于视频版权、音乐版权、软件防伪数字等。它们本身属于数字资产，容易被追诉，容易被记录，容易被进行透明化改造。

- 慈善公益：可以实现整个捐助流程的阳光化、透明化。

6.2 区块链发票

区块链发票是区块链技术发展下的产物，区块链具有数据全流程完整追溯、信息不可篡改等特性，与发票自身的逻辑契合。在发票领域应用区块链技术能够有效规避假发票，提升发票相关业务运行效率，完善发票监管流程；同时，具有降低成本、简化流程、保障数据安全和隐私的优势。

区块链发票的由来和现状

从历史发展来看，基于区块链的发票应该是我国“发票电子化”的一个新阶段。早在1994年分税制开始，我国的电子化发票就开始了探索，这个过程中出现的“网络发票”“电子发票”都是特定阶段结合发票技术特点对某一类型的电子化发票的命名。现阶段常说的“电子发票”主要指2016年全面推行税务营改增后，增值税发票管理新系统支撑下的增值税电子普通发票。但从现有的电子化发票运行模式来看，仍然存在着一些问题需要改进。电子发票开具一方的成本向接受一方转移，甚至部分企业接收电子发票痛苦大于开具电子发票的便捷；政府引导的“税控+平台”模式并没有完善解决流程中各个环节之间的发票信息传递问题，发票信息流多处不连接，加之企业可能存在遵从主观意识和财务管控能力的原因，导致假电子发票也有出现。

随着信息技术的发展，以区块链、云计算、物联网、大数据和人工智能为代表的新一代信息技术的出现，为电子化发票的进一步发展提供了技术机遇。这些技术中以区块链技术最为典型，也最为直接，其以去中心化、信息不可篡改、完整追溯等主要技术特性，与发票业务多用户、多环节、链条紧密等业务特点天然契合，为下一代发票电子化提供了良好的底层技术架构基础。

在此背景下，深圳、广州等地税务部门纷纷开展了应用探索。

2018年，国家税务总局、深圳市税务局开始加强对区块链技术的研究，从纳税人用票“痛点”“堵点”出发，提炼区块链电子发票需求，联合相关科技公司研究解决方案，掌握了拥有完全知识产权的区块链电子发票技术。

2018年5月24日，深圳市税务局成立“智税”创新实验室，推出基于区块链的电子发票解决方案，8月10日，深圳国贸旋转餐厅开出全国首张区块链电子发票。2019年3月18日，首张轨道交通区块链电子发票在深圳地铁福田站开出，宣告深圳区块链电子发票推广至交通领域。同年5月30日，深圳市税务局联合市交通运输局、腾讯公司共同打造的“出租车助手”小程序正式上线。

2019年8月，在首张区块链发票开具一年之后，深圳有超过5300家企业注册使用区块链电子发票，累计开票金额达39亿元，覆盖超过113个明细行业，其中，深圳交通运输行业总开票量累计超过227万张，日均约有2万人次开具区块链电子发票。

对于企业来说，区块链电子发票实现无须提前申领，线上直接开具，企业开票、用票更加便捷。“微信支付开具区块链电子发票”是区块链电子发票与移动支付平台对接的第一站。此外，区块链电子发票系统未来还可打通移动支付平台、接入更多开票服务商，让发票与移动支付结合，基于大型连锁超市和金融企业的辐射效应，区块链电子发票扩展至更多与民生息息相关的行业。

相较于传统纸质发票，区块链发票的优点在于：

- 区块链发票是基于联盟链的一个应用场景，由国家税务总局牵头，深圳市税务局联合腾讯执行落地，集合了政府、开发者、企业、消费者的参与，它打通了发票申领、开票、报销、报税全流程，利用区块链不可篡改、低成本信任的技术特性来处理发票的出具和实现自动报销。
- 传统纸质发票存在发票造假、一票多开、买卖发票、偷税漏税、报销流程复杂等问题。而区块链发票，具有全流程完整追溯、信息不可篡改等特性，让发票信息全场景流通成为现实，解决了发票流转过程中一票多报、虚报虚抵、真假难验等难题，完善了发票监管流程。
- 对于消费者而言，通过手机微信功能，结账后即可自助申请开票，发票信息同步至企业和税局，实现了一键报销，免去了来回奔波的烦琐流程。
- 对于商户而言，发票在线申领、在线开具，更加便捷，更加规范，提高了店面运转效率，节省了管理成本，提升了顾客消费体验。
- 对于税务管理方而言，通过区块链管理平台，可实时监控发票开具、流转、报销全流程，能够有效规避假发票，管理更加可控。
- 从更深的层次来看，区块链发票是对用户消费数据的确权。“数据驱动未来”已是共识，大数据时代，数据就是黄金。以电商为例，大量的消费数据被电商平台所掌控，电商平台利用这些数据为自己的业务服务，或者转卖给第三方。电商平台没有经过用户的同意，默认数据归自己所有。这是数据确权问题，而区块链能有效解决这一问题。区块链全网记账、不可篡改、可追溯的特性，无需第三方认证，即具有可确权。如果区块链发票应用到电商平台，消费数据被保存在区块链上，每一份消费数据都可以被定义权属关系，那么，用户就拥有了个人数据100%的所有权，商家就不能非法使用。如要使用，必须付费给用户，获取授权。也就是说，消费数据确权了，它才具有了真正的流通价值，从而让用户掌控属于自己的数据黄金。

区块链发票的未来

通过区块链发票，要实现的不仅仅是发票的上链，更重要的是建立完整的、可信的、可拓展的发票生态链，不仅将现在的电子发票模式涵盖开具前、开具中和开具后的全流程，还要涵盖税务管理方、基础平台提供方、应用开发方、开票方、受票方以及服务方等多个参与者的业务，实现以发票为起点的业务创新。对于区块链发票的未来发展方向，可以从两个方面来看：

- 区块链发票作为一种新的技术与产品结合的业务形态，应用新技术的收益要大于选择新技术的成本。区块链给发票电子化带来的本质契机在于对发票全链条各环节生命周期电子化的提升机会。

- 另外，我们不希望区块链发票在实施过程中仍然出现原来的“数据烟囱”“数据孤岛”的老问题；区块链作为分布式信息处理的技术，在协调发票业务各个参与方的数据融合共享、数据赋能各自业务等方面发挥更大作用。

能够达到上述两方面要求的区块链发票，应该是基于一种新的运行和管理机制，各个发票参与方的相关业务都需要调整，而不仅仅是将发票数据上链。面对逐渐形成的数字化经济社会新形态，既需要新技术，但更值得期待的是新的管理和运行机制。区块链发票将给我们带来的就是发票管理和运行机制的转换，从以往的控“真票”到控“真人”的延伸和转换，实现交易和开票环节的合二为一，实现企业业务和税务的同意，摆脱以往以票管税的依赖。依托区块链发票，要辩证地认识区块链技术的特点，认识区块链在发票以及税务管理中的“能”与“不能”，不仅需要探索将区块链发票的涉税行为与企业经营行为联系在一起，还要将以前分离的交易、开票、税务等多个环节融合在一起，形成新机制以及诚信经营的纳税信用体系和经营风气。

假想有 Token 的区块链发票

目前，发票区块链尚未发行 Token。如果有一天，区块链发票开始发行 Token，基于其广泛的应用场景，未来有可能会对传统的实体经济带来颠覆性的改变。例如，为了鼓励普通民众多使用区块链发票，区块链发票发行了 Token，规定每一次开具区块链发票都可以获得对应的 Token 奖励。在政策允许的情况下，可以赋予 Token 分红权。用户在商店消费，获得了区块链发票的 Token，商店拿出部分利润，给在本商店消费过的用户分红，用户在商店消费越多，获得的分红也就越多。

同时，可由联盟内的各方主体商议固定发行的 Token 数量，若根据实际运营情况，确实需要增发，须各方主体共同商议，达成共识后，才可增发。因为

Token总量一定，各商户的营业情况又有不同，最后，各方持有的Token数量就会不同，持有Token数量少的商户就需要付费向其他主体购买Token，或者向消费者回购Token，这也是用户获取分红的一种体现。如此，Token在用户与商户之间、商户与商户之间，更有流通价值，也加速了Token流通，形成了基于Token的生态平台。

这其实也是应用区块链改进现有行业运行的一种模式，一来可以加速推广区块链发票的使用，二来可以为可开具区块链发票的商家带来更多的客流。可以说，区块链发票的推行，为票据领域的区块链技术应用乃至整个区块链技术落地打开了一扇窗。

如何建设区块链电子发票系统

区块链目前分为公链，联盟链和私链。公链无官方发行机构，由参与者自发组成，任何节点都可以随时加入，随时退出。联盟链的节点加入需要申请和身份验证，并签订协议，采用基于协议的共识机制，由预设经过许可的某些节点进行记账，建立区块，实现分布式账本，联盟链中所有节点都可以参与交易，并查看所有账本。私链建立在某个机构内部，具体规则由机构自己来设定。

从目前电子发票的架构形式分析，所有企业已经使用税控系统进行电子发票开具，构建电子发票公链不适合电子发票业务管理模式，企业成员太多，加入公链后，共识效率非常低，性能也无法保障，也不符合税控管理监控的需要。私链属于某个机构内部控制，规则自己制定，也不符合现在税控管理体系中由税务机关监管、企业参与的管理要求，因此，也不适合采用私链。所以，较适合使用联盟链的方式，构建电子发票区块链，可以采用第三方平台作为联盟链的节点，税务机关作为监管方加入区块链，统一制定区块链的运行标准和合约条件，区块链上的各节点和加入者都必须按照事先制定的交易规则参与和运行，共同来维护联盟链。企业通过第三方平台提供的服务进行电子发票开具，第三方平台向联盟链输入电子发票信息，不改变目前税控开票方式，后期在电子发票利用过程中，共同维护一个电子发票账本。

由于电子发票开出、流转、存储、报销、报税等环节涉及多个部门，可以将税务机关作为联盟链的规则制定者，以及区块链共识算法制度的管理者；也可引入财政部门、档案管理部门、消协部门或审计部门等作为电子发票区块链的监管机构；进一步，也可以授权电子发票第三方开发企业作为区块链节点发票生产者，为企业提供电子发票服务，如电子发票开具、上传、查询和报销入账等服务。以此，依赖区块链底层技术，综合发票业务相关者各自的业务，形成以发票可信数据为核心的业务生态体系。

6.3 区块链与通证经济

通证

区块链的核心在于构建新一代价值互联网，实现价值的可信任、低成本的网络化流通，价值的数字化符号表示被统称为通证（Token）。

区块链的 Token 被广泛认识，归功于以太坊及其订立的 ERC20 标准。基于这个标准，任何人都可以在以太坊上发行自定义的 Token，这个 Token 可以代表任何权益和价值。从这个意义上而言，加密数字货币其实只是一种特殊的 Token。Token 可以代表任何权益证明，我们可以把任何有价值的权益“Token 化”，如股权、积分、信用、名誉，甚至是物理世界的资产等。人类社会所有的价值交换行为都是建立在权益证明之上的，所有的账目、所有权、资格、证明、信用、名誉等，全部都是权益证明。如果这些权益证明全部数字化、电子化，并且以密码学来保护并验证其真实性、完整性和隐私性，那么人类经济社会将会发生巨大的转变。

通证（Token）这个词包含了三个含义：一是其在一定范围内的自由流通。二是其体现了某种共识并具备可信度。三是其具备一定的权益或使用属性，具有价值。

Token 结合区块链技术之后，我们可以从过去的共享收益权（股权）融资，变为直接共享使用权（证权）融资。只要企业有收入，即当用户开始购买 Token 以求兑换企业的产品和服务的时候，Token 就被流通了；甚至只要企业有流水，在其平台上有交易额的时候，用户就开始购买 Token 作为货币，在企业的平台上进行交易，Token 就被流通了。流通就会形成价格。传统的商业模式都是先有用户、后有交易额、再有收入、最后才有利润，而 Token 经济却是采取用户定价的方式。一家企业发行了一种 Token，并将 Token 和企业权益绑在一起，用户在购买 Token 时也就给企业进行了定价。有了 Token，人、项目方、产品在组织和社区内有机地流动起来，社区连接的人越多，Token 就越有价值。

在网络时代，Token的网络效应拥有无比强大的力量，因为背后是共识的达成，这一点在比特币身上已经淋漓尽致地体现了。而Token还远远不仅仅是这些，Token背后也是权益的实现，体现了Token持有者在整个社区治理中的权力和要求，除了共担风险、共享收益的原则外，Token还可以依赖区块链的智能合约技术方便地以极低的成本实现陌生人间可信的投票和表决，以及社区带来的更多业务和管理体验。

通证经济

因为通证具有价值并且具有自由流通的特性，因此，在通证所流通的体系内必然伴随价值的转移和流动，这就形成了一个局部的经济体，也就诞生了“通证经济”的提法。

区块链服务产业的商业落地的关键路径是构建“通证经济体”（Token Economy），即以通证为核心，通过激励机制，架设投资者、交易所环节、区块链应用与用户之间的沟通桥梁，解决价值创造和价格发现的孤立“痛点”，从而构建产业生态圈。

通证经济新应用是每个通证经济体的核心，既可以通过区块链项目直接实现，也可以通过区块链技术赋能传统互联网，实现信息与价值的融合，形成通证交易闭环。而分布式自组织商业体（DAC）在其中扮演了重要角色，借助区块链技术和经济手段，通过创建通证经济新应用，打造基于通证经济的产业生态，将会对数字内容、共享经济、新零售、资产通证化等产业领域产生重大变革和影响。

传统世界的流量逻辑和规则由中心化的互联网平台来实现与制定，这也是BAT等平台型巨头在互联网领域快速崛起的核心。而共享经济的出现，虽然一定程度上解决了信息和资源匹配的问题，但仍无法实现价值的高效流通。相反，中心化平台的整合最终导致利益分配的高度集中，个体贡献者并没有获取合理的回报。而借助区块链技术，可以充分实现无须可信第三方的价值表示和价值转移，大大弱化中心化平台的作用；同时，构建起以价值流通为核心的去中心化分布式产业生态，为贡献者提供充分的激励，将会彻底改变依赖于平台流量的传统经济模式。

通证设计模式

区块链的一个创新点在于通证经济可以赋能传统企业及项目。区块链社区是一个全新的组织模式，它从最大化利润到最大化全体参与者福利，这是一个巨大的改变，值得所有人研究和思考。通证经济模式的玩法体现了区块链的共识、激励、去中心化等众多思想，几乎可以这样说，通证经济代表了区块链的未来。目前，可以概括起来的通证设计模式有：

- 货币模式：货币模式的 Token 本质上就是数字加密代币 CryptoCoin，最典型的代表就是比特币。
- 溯源模式：溯源模式的 Token 主要来自于食品安全的上链追溯，是利用区块链的分布式账本和数字加密技术，对物联网采集的食品、农产品数据进行加密上链和分布式储存，并通过每一个食品链条上的节点进行确认上链，最终实现溯源的闭环。
- 积分模式：积分模式的 Token 比较特殊，因为积分本身就类似虚拟货币，所以，很多区块链的 Token 模式都是在做积分币。但积分模式的 Token 不只是积分币，而是要巧妙设计不同的 Token，基于消费者的消费和行为进行吸引、刺激和激励，进行差异化服务和关怀，并能够实现预期收益的增长。
- 矿机模式：矿机模式的 Token 是一种组合模式，它基于“矿机币”的模式，用户和投资人可以用矿机（专用硬件设备或者 DApp 软件）进行“挖矿”，获得平台专属的数字加密代币，通过兑换或交易赚取收益。
- 资产模式：资产模式的 Token 比较形象，就是一种上链的数字资产，既包括实物资产的上链数字化，也包括链上的数字加密资产。这意味着资产模式的 Token 可能会与实物资产有对应关系，但也可能没有对应关系。它也可能是数字加密的所有权、共有权、使用权、经营权、受益权或者数字权益。
- 数据模式：数据模式的 Token 是将数据资产化，通过数据 Token 将个人数据货币化，并将数据控制权和收益权还给个人，这里面包括了个人数据的确权、赋权和数据的价值发现。
- 内容模式：内容模式的 Token 是围绕内容创作、知识版权、艺术品的分布式账本和货币化，通过 Token 将内容和版权货币化，实现内容真伪、版权追溯，打造创作人、评论人、策展人、收藏人等产业的共识价值。
- 服务模式：服务模式的 Token 是一种分布式的服务合约，实现服务需求者和提供者的智能撮合和智能合约，通过对服务合约的数字化和支付结算的代币化，实现一个自带激励机制和代币增值的分散式共享经济生态。

- 粉丝模式：粉丝模式的 Token 是将娱乐经济的偶像或 IP 网红打造成为一个娱乐链的 Token，进一步衍生出来的商品、内容、打赏、服务、权益和票务等场景，形成一个分布式的娱乐价值协议。
- 存储模式：存储模式的 Token 是利用闲置的带宽和存储空间共享，实现分布式存储和带宽共享，贡献出来给有需要的人或机构使用，获得对方给的 Token，从而实现一个与存储、带宽相结合的共享经济的应用场景模式。

6.4 区块链与共享经济

共享经济是一种快速增长的商业模式，被定义为获取、提供或分享商品和服务的访问的对等活动，通常由基于社区的在线平台来实现。在共享经济中提供服务的公司，最突出的例子包括 Airbnb，它提供短期住宿服务，利用一个平台，将有空余房间、公寓以及有房客和游客的家庭联系起来。还有国外的优步（Uber）以及国内的滴滴，是一种交通服务，用户可以共享私家车提供的便捷的出行服务。

共享经济面临的问题

2019 年，曾经热门的共享经济遇到较大挫折：滴滴不断出现的安全隐患，OFO 退不完的押金，共享租车的冷却……各种迹象似乎都在说明，共享经济在离开风口后正面临巨大的挑战；市场洗牌，管理失控，烧钱恶性循环，资本逃离，甚至挪用押金填补缺口，共享经济正在经历一段坎坷的旅程。

目前共享经济的商业模式，某种程度上恰恰并不进行共享，它们通过中心化聚合资源，然后统一分配出去，性质偏向于聚合经济。而区块链的弱控制、去中心化、自治机制、网络架构和耦合连接特性，让其成为一种完全区别于工业社会的信息社会时代新型社会结构。从实施方式来看，现阶段的共享经济，是由一个平台将资源共享者和消费者分为两类，一边负责提供产品或服务，另一边负责消费。这种阵营对立的市场让作为聚合中心的平台获取巨额利润，真正的资源共享者反而时常抱怨获利与付出不匹配。在很多企业和机构的商业模式中，经常吹嘘包括共享生态在内的各种生态系统，其本质并没有离开价值链这个传统思维，都是在为自己的企业服务，把自身立于价值链条上最挣钱、最获益的环节。中心化的运营平台拥有了平台上所有用户的数据，通过利用这些资源而获得巨额利润，这些资源仅仅是通过引入这些用户而获得的。

从本质来看，陌生人之间的共享经济底层需要牢固的信任机制；如果要实现共享经济的全部潜力，就必须解决信任缺失这一问题。如果没有信任的支撑，就不会有共享经济，也不会有优步、Airbnb、滴滴、OFO 等。但事实上，这些公司平台运行在中心化的应用程序和服务器之上，完全受到私人投资者的控制，乘客和司机不能修改或改进这个应用程序，一旦他们加入其中，他们就会被限制在严格的规则之内。

区块链与共享经济天生契合

从结构上来说，共享经济所提倡的去中心化模式与区块链技术能够完美融合。

共享经济是互联网时代实现的一种技术、制度和组织相组合，将物权、使用权分离并优化配置、互补互赢的创新方式，能够大幅降低交易过程中供需双方的寻租、议价、安全保障等成本，提升资源配置效率，其核心就是整合各类分散资源，分离资源的物权和使用权，挖掘更多样化的需求，实现供需双方快速匹配的最优化资源配置方式。而区块链技术的应用和分散化信任比人们当前所认知的更为强大。会计、法律服务、房地产和电子商务等行业都以在买家和卖家之间建立的信任为基础，构建其商业模型。区块链能够替代法律、中介等传统商业模型的核心，而无需中央管理机构。这几乎将边际交易成本减少为零，给互联网上的所有人提供了一种可伸缩的商业模型。

从技术上来说，共享经济和区块链有着相同的生存土壤。共享经济的一个特征是：高度的数字化。共享经济的核心就是利用移动互联、物联网、人工智能等技术实现资源优化配置；另外，区块链技术及其衍生出的数字货币同样依托于这些技术来淘汰低效率的中心化组织模式。

区块链技术通过在 P2P 网络中建立点对点之间可靠的信任，去除价值传递过程传统中介的成本，既公开信息又保护隐私，既实现价值传递又降低交易成本，既共同决策又保护个体权益，为实现共享经济提供了全新的技术支撑，能够支撑实现共享交通、共享教育、共享住房、共享能源等多个共享经济场景。

应用区块链作为底层技术基础是实现共享经济的一种非常理想的解决方案。区块链服务于共享经济，存在以下基础支持：

- 区块链数据公开透明，为共享经济提供信用保障。区块链最具革命性的方面在于，它可以重塑信任，可以在一个高度安全、去中心化的环境中运行。有了区块链，共享经济平台将不再需要部署在中央服务器上，它们可以运行在一个真正的点对点网络上，区块链本身即为一个大型分布式数据库，记录在链上的所有数据和信息都是公开透明的，任何节点都可以在区块链平台进行信息查询，任何参与者都无法将记录在区块链上的已有信息进行修改或删除，从而便于公众监督和审计。这种体现为“公正性”的技术优势，使得区块链技术在金融、选举、知识产权、慈善公益等多领域都具有广泛深入的应用价值。这些平台可用于协调大量的个人活动，可以在没有第三方帮助的情况下开展活动。最终，区块链在不涉及任何第三方的情况下，个人协调共同活动、直接相互作用，并以安全、透明和去中心化的方式实现自我管理。从结构上来说，共享经济所依仗的去中心化模式与区块链技术能够完美融合。

- 通过智能合约为共享经济提供业务解决方案。智能合约是在区块链上可以自动执行的合同、契约的体现。基于区块链技术的智能合约系统兼具自动执行和可信任性的双重优点，使其可以帮助实现共享经济中的各种业务应用，包括产品预约、违约赔付等涉及网络信任的商业情景，使共享经济更加完善、可信、可靠。

- 区块链让共享经济不再只是聚合经济。区块链的特性与共享经济存在某种程度上的共通性。共享经济的本质是不再强调集中，把分散化的社会资源用点对点的方式，让参与者各自以不同的方式付出和受益，而区块链和共享经济这两个相互契合的互联网热点恰恰存在着充分的合作空间。

应用区块链到共享交通

从表面上看，互联网打车改变了传统的打车方式，颠覆了人们固有的“路边拦车”体验，利用移动互联网的特性，将线上与线下服务相融合，打造了乘客、司机的共享利益闭环。这样的闭环看似完美而平等，但实际上，打车软件扮演着中心角色。从服务器到软件，所有基础设施都是平台所有，司机和乘客是通过平台连接的，人与人之间的联系也离不开平台。

打车软件背后的公司拥有了控制权，能够制定运营与服务协议，在某种程度上导致出现“双输”局面：当运营与服务内容一旦有所偏差，即便是再小的概率，也会通过舆论发酵与法律追究，牵连到打车软件。而提供服务者的司机和享受服务的乘客，也会因为费用与提成而产生新的不满。基于存在这样的弊端，打车软件注定在已有技术系统下，无法为出租与共享交通领域带来更为纯粹的体验。

如果应用区块链，将共享出行数据存储到分布式账本，链上的数据不只是储存在中心服务器，还分布在不同节点设备的各个区块上。从技术上而言，整条区块链上拥有绝对控制权的中心不复存在，提供服务的一方、消费的一方，能够在区块链网络上直接联系，而支付环节也同样可以建立在其中。这样共享交通服务和平台可以不用依赖任何中心化的组织，每个司机都能够将服务相关的数据信息，包括服务开始的地点、评价等，添加到带有个人法定身份信息的特定文件夹上，然后记录在区块链上。一旦记录，任何人都无法对此加以更改。当有人需要打车时，区块链就可以从海量信息中筛选出匹配度最高的司机，之后司机与乘客之间的交易也能够在区块链上完成。与传统的打车软件相比，基于区块链的打车平台，主要能够解决以下问题：

• 价格控制：通过区块链技术，网络打车的价格算法是完全公开透明的，而不再由中心化的机构决定。同时，正因其透明性，人们也不再怀疑中心机构操纵了价格。

• 市场垄断：新的打车软件将能容纳多方的服务商加入这个网络，提供更多的资源与算力，从而形成覆盖全社会的区块链联盟。这样，网络打车市场不会再呈现“大鱼吃小鱼”的一家独大局面，而是凭借区块链建立良性共存与竞争关系。

• 数据失信：区块链具有天然的分布式数据库特征，能够让数据在打车平台、监管部门、司机、乘客等多方之间有效共享，充分打破对数据的垄断，发挥应有价值。

Origin Protocol 案例

Origin Protocol 是基于以太坊上的共享经济平台，并用星际文件系统 IPFS 解决文件的存储问题，在分布式网络环境中促进开放、免费的服务交换，旨在让企业和开发商可以快速建立自己的去中心化共享经济应用，如去中心化的 Uber、Airbnb。Origin Protocol 同时具有共享经济资源配置和区块链公开透明、社区自治等优势。

Origin Protocol 平台主要由 4 个部分组成：

- Origin DApp 分布式应用：服务提供者能够锁定一定的代币作为抵押来创建列表，让用户搜索服务，在 DApp 中能够利用法币、ERC20 token 来进行结算。在不同垂直行业可以开发不同的应用来做到定制化。并且，在 Origin Protocol 中注册的用户能够方便地访问基于 Origin Protocol 的所有共享应用。

- Origin 共享数据层和标准：共享数据层能够让所有人都能够访问数据库。这些数据存储在 IPFS 和以太坊中，任何人都可以从中获取列表项目、交易记录和买卖双方的信誉评级，从而能够被信任。

- 智能合约：每个列表都有一组智能合约，用于发布或管理商品、服务清单，确认预订并管理买家和卖家之间的其他交互。

- 列表索引服务器：这是以太坊上存储的数据与存储在 IPFS 上的内容之间的桥梁。服务器不断识别来自智能合约的内容散列值，并检索 IPFS 上的列表内容，通过为这些列表建立索引，使得 DApp 能够对列表进行基本搜索和过滤。

Origin Protocol 是在以太坊基础上开发的，选择了 IPFS 存储列表，来避免网络中的昂贵的计算、存储成本和交易效率较低等问题，是基于成熟的公链技术开发的，稳定性和扩张度都比较好。不过，目前公链技术处于发展阶段，以太坊及技术体系能否成为未来区块链运用开发的主流平台仍是一个未知数。一旦被其他技术体系取代，基于此的技术开发优势将不存在。

不过，总的来说，Origin 专注于为共享经济带来变革和创新，能有机会降低费用，强化创新，解除客户和交易数据的限制以及减少审查和不必要的监管。未来共享经济与区块链的结合能够在多快的速度和程度上实现完美落地仍要观察。

6.5 区块链与金融

区块链技术已经成为金融科技领域的热点话题。区块链存在去中心化、数据安全不可更改、可编程等特性，在强调严监管的今天，区块链技术可以为整治金融业的一些乱象、提升金融行业的效率提供解决方案。

区块链技术在传统金融业的应用

(1) 在银行业的应用

A. 跨境支付

区块链技术在支付清算领域尤其是跨境支付领域的潜在优势格外突出，传统的跨境支付典型代表为 SWIFT。SWIFT 全称为“世界银行同业电信协会”，成立于 20 世纪 70 年代，是目前国际银行间跨境结算的主要服务商，主要为金融机构的结算提供金融交易的电文交换业务，提供规则统一的金融行业安全报文服务和接口服务。由于跨境不同金融机构间的系统不相融，直接结算成本比较高；同时，由于跨境业务相对传统业务占比低以及跨境对方存在不确定性和距离，很难构建直接合作关系。在这种情况下，跨境支付业务需要代理行的存在、协议的沟通以及交易信息的反复确认，结果就是结算周期平均需要 3—5 天，即使是比较快地通过 SWIFT 进行转账也往往需要 1—2 天。而通过 SWIFT 支付成本高昂，支付成本包含银行手续费、SWIFT 通道费、交易延迟损失和准备金等。综合来说，由于流程涉及方众多，中间参与方在手续费上拥有更大的议价权，导致目前的情况是从收款方到付款方的单次交易需要 25—35 美金的交易费用，其中，因交易时间过长造成的流动性损失占比达 34%，资金运作成本占比达 24%。总结起来就是 SWIFT 形式耗时长、手续费高。

区块链的分布式架构和信任机制可以简化金融机构电汇的流程，缩短 3—5 天的结算周期，同时降低 SWIFT 协议的高昂手续费。应用区块链技术于跨境支付领域，相当于创建了一个跨国金融机构间的点对点网络，汇出行和汇入行的交易需求可以直接得到匹配，可大大降低 SWIFT 体系中的流动性损失、资金运作和换汇成本。一个典型代表是 Ripple，其代币为 XRP。Ripple 提供非中心化的公共账本，提高跨境支付的效率并降低其成本，是一种基于区块链的标准化解决方案，使跨境支付变得更加高效而可信，可以为银行节省一半以上的成本。当前，转账效率难以提升的主要问题在于信任和安全，而区块链技术可以很大程度上将其解决，Ripple 提供的跨境支付区块链解决方案在一些方面具有竞争优势。Ripple 提供 xCurrent、xRapid 和 xVia 3 种服务。xCurrent 可以为客户之间提供任一货币或所有货币之间的互操作性，各银行可以发行自己的信用凭证，银行间能够实时同步数据，实现快捷、便利、低成本的端对端跨境转账。xRapid 是一种提供流动性保证的解决方案，即通过 XRP 使用 xCurrent 支付服务。由于 XRP 是基于区块链的原生资产，使用 XRP 进行 xCurrent 支付时，对手方可以直接验证发起方的 XRP 储备情况并迅速做出反应，所以转账的速度和可信度会进一步提高。xRapid 也支持其他的数字通证，是一个相对开放的系统，随着区块链技术的发展，可能实现更快的速度和更低的成本。xVia 则是使用 Ripple 网络服务的标准化 API 接口，用户可以通过此接口直接使用 xCurrent 和 xRapid 的功能，而无须下载客户端，是一种轻量级产品，有助于 Ripple 网络在更多的场景下得到应用。

国内方面，招商银行在 2016 年 6 月开发了基于区块链的跨境直联清算系统，该系统采用私链的方式，招行总行与 6 个海外机构均部署在这个系统中，任意两个机构之间均可以在区块链上发起清算请求，并及时进行清算。这个系统大大优化了清算业务：首先，由于不需要中转行或代理行之间的业务关系，中转行费用、代理行费用、外汇汇兑等成本得以节省。其次，区块链点对点的支付简化了处理流程，加快了清算速度。据报道，招商银行的清算平台去中心化后，报文传递时间由 6 分钟减少至秒级。最后，区块链还降低了人工操作差错率，分布式账本提高了数据安全性，处于一个私有链封闭的网络环境中，信息不易被外界攻击篡改，而区块链的可信数据为实时审计以及合规检查提供了可能。

B. 联合贷款

除了跨境支付场景，区块链技术还可以应用在清算联合贷款方面。微众银行已经开发出基于区块链清算联合贷款的应用。微众银行是基于与合作银行联合放贷的模式运行，80% 的资金来自其他银行，每天都涉及大量的利息、本金清算。传统金融交易的方式是各方银行各自记账，在交易完成后对账清算。一方面，各方均要花费大量人工成本，另一方面，数据可能会被人为篡改，而对账又要花费更多的时间和精力。而基于区块链系统的交易和清算，可以在通过非对称加密算法确保身份可信与安全性的同时，交易相关方实时同步更新共享数据，提升效率。

C. 征信

征信是依法收集、处理自然人、企业以及其他组织的信用信息，并对外提供信用报告、信用评估、信用咨询等服务。征信系统的建设，无论是对信用风险的防范还是对于信用交易的扩大都有着重要作用，进而提高整个经济的运行效率。目前，个人和企业的征信市场主要由具有政府背景的信用信息服务机构和社会征信机构主导。

随着数据量和征信维度的增加，各个征信机构只能在某一方面做到专业，例如，芝麻信用有着较多的支付数据，但缺乏腾讯征信的社交数据，在公共部门的数据也略显不足，导致同一个客户可能在多个征信机构有着不同的征信数据，存在着严重的“信息孤岛”问题，单靠某一个征信机构的数据无法将某一个客户的征信完全展现出来，导致片面的决策和风险；同时，征信体系的数据归属错位。个人和企业的信用信息应归个人和企业所有，现行的征信体系，相关信息都在征信机构手中，由此会带来数据安全和隐私问题。

而在区块链技术架构上，通过系统各节点的信息共享，可以构建一个完整的、既能保护信息主体隐私又能综合多方面信用信息而实现的信用评价体系，根据信用主体各项行为对信用的影响程度高低来评估其整体的信用水平，解决信用信息难以融合的问题。

LinkEye 是一套基于区块链技术的征信共享的解决方案，采用联盟链的区块链模式，通过区块链技术和信贷经济模型的整合，来构建联盟成员（金融公司）之间的征信数据共享和服务平台。LinkEye 采用的是基于主权的征信联盟链解决方案，这样的方式在一定程度上会牺牲去中心化的特性，但它能够兼顾落地执行，具备更好的均衡性。提出主权联盟链的概念，主要是为了现实的场景落地，比如，要应对不同地区的法律和监管问题。有了主权联盟链的解决方案，可以在不同国家和地区更好地落地。联盟成员在借贷行为发生前，与借款人达成协议，任何一方如果发生失信行为都将在平台公示，区块链的签名机制和不可篡改特性加大失信行为的代价。

从平台架构方面来看，LinkEye 为应用开发者提供区块链基础设施，LinkEye 主权联盟链计划搭建完全公开的区块链服务平台 BaaS，为开发者提供一站式的测试网络搭建、分布式账本呈现、智能合约开发与测试、网络监控和分析等功能。

从业务实现方面来看，LinkEye 提出了 8 种解决“征信孤岛”问题的机制：黑名单机制，联盟成员入驻机制，成员信用机制，仲裁机制，信息共享机制，智能定价机制，数据安全防火墙机制，开放全网查询接口。

- 黑名单机制是 LinkEye 首先要做的，它会采用脱敏方式，通过掩码形式在全区块链上发布。包括标识符、带掩码的用户 ID、信用评价和发布人（可匿名)、签名。黑名单失信数据包括用户 ID、姓名、借款时间、借款金额、借款平台、逾期时间等。LinkEye 上的联盟成员可以发布失信人黑名单，也就是发布“老赖”名单，只要联盟成员与借贷人签订借贷协议时约定一旦失信在 LinkEye 平台公布即可。签名机制主要是为了实现数据的不可篡改，签名信息与该失信数据报告同时生成，保证了数据不可逆。

- 联盟成员入驻机制主要目的是保证征信数据的真实有效，会有严格的审核要求，所有入驻机构均采用实名制。
- 成员信用机制则是防止数据造假行为。联盟成员入驻开始获得 100 的信用初始值。不诚信会被扣 5 分，并向全链广播，一旦信用值归零，成员会被清退。
- 仲裁机制主要是针对成员上传的数据产生异议时的解决方式，比如，数据需求方（其他的联盟成员）或数据关联人提出不同看法。LinkEye 基金会组织仲裁，数据上传方举证，每社区成员 1 票，LinkEye 有 33.33% 的投票权，超过有效投票数 50%，则仲裁成立，结果会被发到链上公布。
- 信息共享机制主要是联盟成员之间查询个人信用报告，用户 ID 完全匹配，即可查到数据。查询数据，可以通过 LinkEye 代币 LET 交换。
- 智能定价机制主要是为了促进交易顺利进行，它是实时的，让个人征信数据价值与市场价值持平或略低于市场价值。
- 数据安全防火墙机制主要是防止数据被爬取，它针对不正常的查询会有预警机制。
- 开放全网查询接口，可以让任何用户通过平台（比如微信、App 等）实现查询 LinkEye 失信人数据。用户想获得详细报告，需要支付 LET 代币。

D. 资管托管

在传统金融领域的资管托管业务中，业务涉及多个参与方，包括资产委托方、管理方、托管方以及第三方顾问等多方金融机构，各方都有自己的信息系统，各方之间需要通过电话、邮件、即时消息等方式进行数据和信息的传输以及核实确认，在这个过程中，为保证数据的真实性和有效性需要耗费大量的成本。中国邮储银行与 IBM 合作，采用超级账本架构推出了具备共享账本、智能合约、隐私保护、共识机制等四大机制的资管托管区块链应用系统，包括资产委托方、管理方、托管方、投资顾问和审计方共五方主体可以在区块链上共享托管信息，实时同步信息，并共同监督资产使用情况。实现了信用信息的更及时高效的交换，此外，审计方和监管方因为更准确、快速地获取信息，可以对危险业务实现提前干预和管控。

E. 票据业务

在金融票据业务方面，票据承担的价值十分大，但票据真实性难以保证、资金转移不及时、票据掮客业务透明度较低，这是目前金融行业在票据业务操作中存在的几大“痛点”。目前，多家银行，包括中国工商银行、中国银行、浦发银行和杭州银行，在上海票据交易所开发的数字票据交易平台上完成了基于区块链技术的数字票据签发、承兑、贴现和转贴现业务。数字加密票据将以数字资产的方式在统一的平台上进行存储、交易、流通，信息不易篡改，安全性更强。同时，区块链的分布式结构可以降低中心化带来的运营和操作风险；因为消除中介的介入，就不需要特定的实物票据和中心系统进行控制验证，解决了可能存在的人为舞弊行为导致违规操作的行业“痛点”；另外，通过区块链记录的完整的票据数据生存周期，所有业务参与者可以看到整体的资金流向和细节上的交易记录，无论是大票还是零散的小票，无论是银行票还是中小企业汇票，都能真实反映票据权利转移的全过程，可以有效防范传统金融票据市场“一票多卖”“打款背书不同步”等欺诈问题。

（2）在保险业的应用

《2018 年世界保险技术报告》将区块链、人工智能、无人机、可穿戴设备和机器人流程自动化列为将颠覆保险行业的技术。其中，区块链凭借密码学、分布式结构、不可篡改性、可追溯性、公开透明性等优势切入保险业，将提升保险在产品设计、市场销售、保险承保、保险理赔、客户服务等方面的运作效率与服务质量。保险公司已经利用区块链技术来简化流程，提高透明度，增强安全性，以及数据的管理和保护，降低管理成本，提高消费者的信任和忠诚度。

从当前保险行业的“痛点”来看，区块链主要从以下几个方面提出解决方案：

- 数据可得性：由于传统保险固有的“道德风险”与“逆向选择”问题，保险公司为了对保险进行勘察，往往需要建立强大的核保部门或者依靠公估等第三方机构。利用区块自证明模式，可以通过区块链的公开信息对个人身份信息、健康医疗记录、资产信息和各项交易记录进行验证。

- 数据连续性：在国外，驾驶行为车险（UBI 车险）普及很快。消费者行为数据由承保保险公司所有，行业间数据不共享。利用区块链存储用户数据，客户信息独立于承保人存在，数据能够通过客户的公共密钥让第三方获得，完善的行为记录可以强化风险评估和核保核赔工作。

• 特殊风险：艺术品或其他特殊物品保险需要对保险标的进行合理评估，但传统保险未能有统一、有效的办法；对艺术品、宝石等的特殊风险评估难度大，误差高。运用区块链技术易于追溯保险标的的来源，并且所有者及物品所在地都会被记录上链，以确保传承有序。

• 减少欺诈：保险欺诈金额巨大，尽管保险公司投入大量资金解决此类问题，但依然无法避免，对保险公司造成巨大损失。区块链技术在保证隐私的前提下，实现理赔透明，通过公链对索赔历史进行检索，侦测潜在骗保行为，不会产生重复理赔问题。

• 保险代理：中介代理成本高，结算不及时，中介造假时有发生。保险公司通过与区块链平台进行交易确认、记录，借助智能合约自动执行相关协议，能够有效避免造假，提高效率。

• 敏感信息的核验和授权共享：传统保险核保核赔过程经常涉及验核用户的敏感信息，如身份、健康档案、消费行为和出行记录等。从国家法规到公司内部管控都对这类敏感信息的处理有严格的规定，信息拥有方几乎不可能允许敏感信息离开自己的管理范围，因此，这类信息往往分散留存，难以实现核保核赔和反欺诈的协同。这种保险行业经常面对的信息不对称问题或将由区块链技术来解决。

从保险模式的角度看，区块链技术既可以提供自主执行的智能合约，也可以在保证隐私的前提下鼓励多维真实的终端用户数据的收集，依赖区块链保险行业衍生出一种不依赖保险中介的、可以“自管理”的新型保险商业模式——互助保险。互助保险是指面临同样风险而产生共同保险需求的人自愿组织起来，形成自治组织，共同协商制定风险补偿规则，预交风险补偿分摊资金，从而共担每一个参与者的风险损失。在这种模式下，保单的定价和保单涉及业务的执行可以通过开发智能合约来自动执行，并通过对业务数据的实时监控来实现不断的自我重置和动态调整。与传统商业保险相比，互助保险的保障范围更广，主要面对的目标客户群较小且是同类人群，并且由于是自治组织，应用区块链技术，可以减少以往的中介机构而产生的管理支出，从而使得更多利益返还给投保人。

目前，保险行业运用区块链技术值得关注的案例有：

• 安盛 AXA：2017 年底，法国安盛 AXA 推出航空保险产品 Fizzy，该产品在以太坊区块链上的智能合约存储保险条款。当用户乘坐的航班延误时，会记录在智能合约中，该合约与全球空中交通数据库网络相连。如果航班延误超过2小时，保单持有人将自动获得赔偿。AXA表示："智能合约决定我们是否应该赔偿投保人，并触发我们的赔付系统。使用智能合约来触发索赔，将增加保险公司与投保人之间的信任度。"

- 安永会计师事务所：2017年9月，安永会计师事务所携手区块链专业公司Guardtime、马士基集团、美国保险标准协会、微软、MS阿姆林、韦莱韬悦和信利集团宣告创建全球首个航运保险区块链平台。基于该平台，保险客户、保险经纪、保险公司和第三方机构通过分布式分类账安全共享客户信息、风险类别、风险敞口及保险合同相关信息，将不同的数据和流程连接在一起，让数据更加一致和透明，大幅减轻业务的复杂程度，使得业务运转更加高效。

- 中再集团：2018年8月，中再集团与布比区块链合作，用区块链技术实现再保险业务多场景的数据安全共享。再保险行业一直存在两个难题：一是交易双方信息不对称导致的道德问题，二是交易信息化水平低导致的操作风险。布比结合区块链技术特点步步明确了再保险区块链技术的设计思路和应用场景：以"一区、双块、多链、全程"为核心，即所有再保险主体全部运行在一个以区块链为底层的分布式系统内，核心数据和校验数据分开"双块"并行，再保险交易过程按照交易流程、信息存证、合同管理等场景形成交易链、存证链等多种不同类型的链，支撑整个再保险交易过程的安全与完整，业务全流程执行数据均在链上体现。中再集团与布比的合作实现了简化业务流程来降低成本，实现再保险数据的共享和交换，报费收入自动化清结算以及智能合约的使用，将区块链技术广泛应用于财产险合约再保险、财产险临分再保险、人身险合约再保险、人身险临分再保险和转分保等业务场景。

从这些具体的应用案例，可以简单总结出区块链技术在保险行业的主要应用场景：

- 身份认证：身份信息上链可以保证个人信息的去伪存真，对于传统保险固有的"道德风险"问题，可以简化步骤、减少时间成本，通过区块链的透明性，对个人身份信息、医疗记录、资产信息等交易记录进行验证。

- 数据储存：由于消费者行为数据一般为承保公司所有，导致了数据连续性降低，消费者如果更换投保公司则会产生信息断裂，利用区块链储存用户数据，数据信息则可以通过客户秘钥让第三方可知，实现一定程度的行为数据共享，强化风险测评和核保核赔等工作。

• 智能合约：保险理赔处理一般为纸质合同、人工处理，校验工作需要耗费人力资源成本，时间维度长，错误率高，引发消费者投诉，由于人工操作的局限，索赔进程缓慢。区块链可将自动化保险政策写入智能合约，合约由代码定义并自动强制执行，从投保到索赔无需人工干涉，过程透明，结果准确，保护消费者隐私。

• 风险评估：珍稀物品和艺术品保险往往需要对保险标的进行合理评估，人工评估过程难度大、误差高，区块链技术可以对物品出处以时间戳形式进行记录，用于追溯投保标的来源，帮助评估风险标的。

• 保险欺诈：骗保时间逐年增加，保险欺诈识别难度也越来越大，传统的保险欺诈预防动作监管费用高，避免程度差，区块链的透明性和分布式网络可以使赔付具有透明性，共识机制可以预防同次事件的多次索赔；同时，可随时检索公链上的大量数据，最大限度地预防了骗保行为的产生。

• 保险代理：保险的第三方中介机构越来越多，渠道也越来越丰富，如旅行社、车票的第三方网站等，市场的中介代理费用高、渠道费用无法准时结算引发矛盾、中介机构造假等事件时有发生。联盟链可解决这一问题，双方基于区块链平台进行交易确认、记录、对账、结算，智能合约可自动执行相关协议，一旦确认信息真实，则可快速入账，避免造假。

（3）在资产证券化方面的应用

资产证券化 ABS，指的是将缺乏流动性但具有可预期收入的资产进行打包，通过在资本市场上发行证券的方式予以出售，以最大化提高资产的流动性。作为一种通过在资本市场和货币市场发行证券筹资的直接融资方式，ABS 非常受银行和资产管理公司的青睐，因为这些银行有短存长贷的矛盾，资产管理公司也有回收不良资产的压力。如果能够通过发行 ABS 直接融资，就会大大降低自身风险。从 ABS 的本意来讲，不止是要服务于大型银行和资产管理公司，对于中小机构来说，只要拥有优质的资产就可以通过 ABS 获得低成本融资。这样一来，那些评级较低、规模较小的中小机构也能很容易地实现低成本融资。

ABS 的创新之处在于实现了主体评级和债项评级的分离，但国内的 ABS 并没有实现这一点，中小机构即便有债项评级较高的优质资产，却因为自身的主体评级不够高而与这种融资利器失之交臂。造成这一问题的主要原因在于债项评级很难做到客观公正，因此，大家都以主体评级为主，这就造成投资者更加信赖主体评级较高的大型机构，即便这些机构发行的 ABS 产品债项评级低也没关系。以消费金融 ABS 为例，消费金融底层资产具有典型的笔数多、金额小、分散度高的特点，这大大增加了债项评级的难度，因此，不管是投资人，还是资产评估、资产提供方，抑或是业务监管方，都对消费金融 ABS 持观望态度。

如果在 ABS 领域应用区块链技术，借助区块链的去中心化、防篡改、交易可追溯等特性，可以实现对基础资产全生命周期的管理，包括放款、还款、逾期以及交易等全流程的数据上链，以达到对现金流进行实时监控和精准预测的目的。有了这些做支撑，就可以有效解决 ABS 中存在的环节多、流程复杂、底层资产透明度差等问题，使得债项评级更加精准。可以说，对于 ABS，区块链技术的应用有望真正实现“主体信用与债项信用的分离”，全面释放 ABS 的价值，将融资的抵押物由资产扩展为未来的现金流，可大大提升发债融资企业的范围和数量级，真正缓解中小机构低成本融资难的问题。区块链技术在 ABS 领域的应用，对于中介机构来说，可以提升 ABS 产品的尽调置信程度，提升尽调效率；对于投资者来说，可以增强所投资产的透明度；对于监管机构来说，可以最大限度地满足穿透式审核和监管的要求；对于项目方来说，则可以增加投资收益，降低融资和沟通成本，提高资金流转速度。

从区块链的特性及实践应用来看，债权类资产是区块链最适合的 ABS 领域，主要原因在于信用。消费金融具有小而分散且现金流稳定的特点，天然适合作为资产证券化的底层资产。但是，互联网消费金融中的信用问题成为影响其融资的重要障碍，而区块链无须借助第三方就能对交易双方的信用历史进行真实呈现，这能有效解决消费金融中的信用问题。同样，应收账款 ABS 普遍存在信息不对称导致的信用问题，如票据、信用证、企业应收账款、保理债权等，而区块链技术的引入，则能使供应链上的每笔交易得以录入并开放给所有参与者。

从 ABS 运行流程来看，与区块链契合的环节在于：

• 底层资产的形成：目前，区块链对 ABS 的应用切入点多集中于底层资产的形成过程。运用区块链技术，每一笔基础资产的真实性可被所有参与主体确认并共享，极大地降低了信息不对称。这对于 PRE－ABS 基金尤为适合。另外，在循环购买的 ABS 结构中，区块链上的多重签名可极大地提高循环购买的安全性及效率。通过设置多重签名，可约定至少获得两方参与主体（如资产服务机构和管理人）的一致签名同意后才能决定资金流向，实现共同决策。

• 基础资产的转让：资产的每一次转让都完整真实地记录在区块链上，方便追踪资产所有权，这能有效防止“一笔多卖”现象。另外，区块链上的交易通过脚本实现，减少人为干预，其中可内置智能合约，提高资产转让的效率和便利性。

• 基础资产的存续期监控：存续期对基础资产的监控与上述资产的形成和转让思路相似，均是依托区块链的开放与共享精神，对整个资产池的存续期进行严格的跟踪和监控，方便数据分析和处理。同时，在区块链上记录每笔资产及其逾期早偿情况的行为天然就是信息披露。

• 二级市场的证券交易：目前，ABS 二级市场流动性不足是 ABS 发展中的一大症结。ABS 持有人记录在区块链上，甚至随着不同区块链之间的联结形成区块链，投资者可共享 ABS 的底层资产状况，这为 ABS 交易提供了一个透明、安全的交易平台。另外，区块链技术能提高对证券进行登记、交易与结算的效率，满足监管和审计的要求。

目前，区块链应用于 ABS 领域已有的案例有：

• 佰仟汽车租赁 ABS：2017 年 5 月，佰仟携手百度、华能信托等多家合作方联合发行国内首单以区块链作为底层技术支持的个人消费汽车租赁债权私募 AB，发行规模达 4.24 亿元。其中，佰仟租赁作为项目的原始权益人，华能信托作为计划管理人，百度金融作为特定资产服务商提供金融科技的技术支撑，多方通力合作确保了该项目的成功发行。该 ABS 的特别之处在于，依赖区块链技术的运用为资产运作透明化提供了有力保障。其中，区块链主要使用了去中心化存储、非对称加密、共识算法等技术，具有去中介的信任、数据防篡改、交易可追溯等特性，这些技术特性与 ABS 行业的结合，大幅度提升了项目运营的效率、安全性和可追溯性，从而解决了交易各方之间的信任问题。

• 德邦 - 浙商池融供应链金融 ABS：2017 年 12 月，德邦证券浙商银行池融 2 号资产支持专项计划成功在深交所发行，是国内首单区块链供应链金融 ABS 产品。该系列产品由浙商银行与德邦证券联手打造，是国内交易所首个基础资产涵盖国内信用证类资产、银行付款保函类资产、电子银行承兑汇票类资产、电子商业承兑汇票类资产 4 种不同贸易融资应收账款的储架式资产证券化项目。

• 中骏集团供应链应收账款债权：2018 年 3 月，中骏集团首单供应链应收账款债权融资计划在北京金融资产交易所成功发行，规模 7.69 亿元。这也是北金所首单应用区块链技术的供应链 ABS。本笔供应链 ABS 是首单应用最新及更完善的区块链技术风控手段实现底层资产穿透管理的业务。

• 博时资本 - 第 1 车贷 ABS：2018 年 7 月，由开通金融任数据信息服务商、第 1 车贷作为原始权益人和资产服务机构、博时资本担任计划管理人的

“博时资本－第1车贷汽车金融资产支持专项计划”在上海证券交易正式挂牌上市。该计划由第1车贷发起，中合担保作为外部增信方，发行总规模2亿元，是国内第一款使用区块链技术，在公募市场发行的以汽车供应链金融为底层资产、以汽车行业小微企业为服务对象的ABS产品。

- 交盈2018年第一期个人住房抵押贷款ABS：2018年9月，交通银行成功发行“交盈2018年第一期个人住房抵押贷款资产支持证券”，该产品是市场首单基于区块链技术的信贷资产证券化项目。交行通过自主研发的区块链资产证券化平台“聚财链”，实现了ABS项目信息与资产信息双上链，业务参与方在链上完成资产筛选、尽职调查、现金流测算等业务，降低操作风险，提升参与方之间的业务可信度，缩短发行周期，提高发行效率，最大限度地保证了基础资产的真实性与披露的有效性，实现了基础资产快速共享与流转。

区块链对新型金融业态的渗透与影响

（1）在众筹的应用

现代众筹指通过互联网方式发布筹款项目并募集资金。相对于传统的融资方式，众筹更为开放，只要是网友喜欢的项目，都可以通过众筹方式获得项目启动的第一笔资金，为更多小本经营或创作的人提供了无限的可能。众筹也被证明是可以有效填补资金缺口、验证产品创意并为社区带来重大价值的方式。

众筹客观上来讲是非常好的一种新型合作模式，这种模式对年龄职业等没有过高的限制，只要利益分配合理，团队和项目靠谱，就很容易建立一个良性的合作发展模式。像Kickstarter和indiegogo这样的众筹平台的确为我们带来了创新，推动了科技的进步。但就目前的众筹行业发展看来，很多众筹项目都是因为项目方的贪婪和欺诈，造成项目流产，所得众筹的收益十分少。而众筹平台也往往存在缺乏透明度、缺乏问责制、过于集中化等问题，由此造成平台难以保护项目支持者的资金安全，也很难保证项目创建者的发展。出现这种情况，主要是因为当前众筹行业存在以下业务“痛点”：中心化平台的系统性风险，过程数据透明度和可信度不高，资金去向缺乏完善管理，监管机构只能事后监管。

而区块链有去中心化、不可篡改、透明可追溯以及集体维护等特点，将区块链技术与众筹进行良好的整合，打造区块链众筹系统，使得交易的各方都可实时查看融资款项使用情况和监督众筹项目回报风险，增加众筹项目市场的透明度、稳定性和公信力。区块链技术有助于解决众筹领域的“信任”问题，尤其是开始的众筹过程以及后续的资金使用过程中存在的信息不对称、不透明问题，降低业务运营成本，提高众筹效率。以股权众筹为例，股权流通是股权众筹业务的重要一环，依赖区块链技术使得众筹平台之间投资人和项目可共享，激发用户的活跃度，促使更多的登记发行，从而促进股权流通和资源共享，并提升众筹效率。

基于区块链技术的众筹平台可以通过创建自己的数字资产来筹集资金，以token的形式分发自己的“数字股权”给早期支持者，token即是投资者获得支持初创公司所获股份的凭证。区块链众筹平台通常由3层结构组成：区块链网络，中间业务逻辑层，终端用户服务层。

一个具体的案例是Pledgecamp（PLG），采用区块链技术实现安全和问责的众筹平台。Pledgecamp会提供一个钱包托管服务，叫做支持者保险。和传统众筹平台不同的是，一个项目筹集的资金不会一次性全部都给到项目方，而是以一部分代币资产的形式锁定在智能合约中，只有产品的进度得到认可后，这些筹资才会被释放出来。项目方需要使用资金，一定要得到投资人的投票通过，这既保障了投资人的合理权益，不会像普通募资那样大家募资完就跑路，也不会让做事的项目方陷入资金困境，从而帮助优质的项目方成长。

Pledgecamp采用了双层双通证经济模型设计，鼓励信任和长期持有通证以支持众筹项目的发展。

- 第一层：Pledge，基于ERC20实用代币，可以实现平台的关键功能，如支付、安全、激励奖励、质押。
- 第二层：Camp股票CS，是一种非交易型token，作为持有投资项目的股份凭证。CS持有者将获得平台从项目中收取的入驻费收入。发布PLG还允许用户转换其为CS，CS持有者将获得平台从项目中收取的入驻费收入，这些项目以PLG计价。

PLG两层token对应的所有入住和交易都是透明的公开访问，为众筹全部流程提供公开、透明、可溯源的服务。PLG运用区块链技术，最终的愿景是激励创造分布式创新模式。让每个人本身都成为价值体系，比如PLG平台上的管理人角色，一旦有项目或用户违反服务条款，管理人都会执行删除任务，以此维护系统的运行。与之相对，由于管理人愿意花时间和精力来维护平台利益，是因为它能通过维护平台利益获得奖励：平台代币的激励。这种不断的自我激励，使得去中心化生态系统更加完整。

（2）在 P2P 网贷的应用

P2P 网贷（peer to peer lending），即点对点信贷或者“人人贷”，是指借贷业务双方在互联网信贷平台上进行自由竞价、撮合成交，借入方还本付息，借出方收息担险，中介收取服务费。P2P 网贷运行在互联网上，但由于业务参与方的利益问题和监管手段缺失或不到位，同样存在着信息不对称性，导致诸多问题和乱象，比如“非法集资”“客户信息泄露”“贷款者无力偿还风险”等，阻碍了 P2P 网贷的发展；而区块链技术的账本贡献、信息透明和数据不可篡改特性恰好契合了 P2P 网贷的“痛点”。

当前，网贷平台的良性退出过程面临涉众决策难问题，该问题的原因在于网贷机构管理的资产权属于出借人，但出借人数量庞大，分布在全国各地，结构复杂诉求不一，平台与出借人沟通成本高、出借人对平台不信任。2019 年，深圳推出以区块链技术为核心的 P2P 网贷机构良性退出统一投票表决系统，来解决这一问题。首先，深圳市互联网金融协会率先推出《良性退出指引》，创新设置出借人监督委员会、“三分之二加双过半”的表决规则等一系列良性退出规则要求，并配套推出投票系统，由深圳市互联网金融协会联合微众银行共同搭建。投票系统是基于 FISCO BCOS 区块链开源底层平台搭建，同时引入人工智能、生物识别、数字认证等多项国内领先技术，拥有完全自主知识产权。

投票系统通过在以下 3 方面应用区块链技术，来确保投票结果具有公信力：

- 引入智能语音、交互机器人和人脸识别等多种信息技术，搭建投票人身份标识链，用于核实并记录投票人身份标识。一方面，通过自动机器人与出借人进行语音交互，确认债权信息并留存语音记录；另一方面，利用人脸识别和数字证书认证方式确认出借人身份，并将投票人的身份标识记载上区块链，既可防止投票过程中存在他人伪冒的情况，又避免了将投票人的全部隐私信息上链，在保护用户隐私的同时，确保了投票结果的公信力。

- 充分利用区块链技术防篡改、去中心化的技术优势，搭建司法存证仲裁链。通过将所有投票记录和结果数据的摘要在链上进行记录，在保障用户隐私的前提下，使得每笔投票结果准确被记录且无法被篡改；同时，链上每笔存证均有权威仲裁机构参与，从法律角度确保了投票结果的证据可信保存，最终保障了全过程投票数据的司法有效和真实可信。

- 搭建了独立的投票验证服务，任何参与者都可以通过此服务，来验证投票系统的数据和链上存证的数据是否一致，实现对整个投票过程完全透明化，增强投票结果的公信力。

（3）在供应链金融方面的应用

供应链金融一般是指利用供应链上核心企业的信用支持为上下游中小企业提供相关的金融信贷服务。与传统对公信贷侧重大中型企业不同，供应链金融能够在掌握整条供应链上的商流、信息流、物流和资金流的全局图景后，为中小企业提供更快捷方便的资金融通支持。

在当前的市场环境下，供应链金融努力的方向，是基于产业链中的核心企业与上下游企业的贸易信息进行征信，尝试为上下游企业解决融资困难问题。由于供应链金融的参与方较多，贸易链较长，供应链信息流、物流以及商流的数据真实性难以保证，信息不够透明导致中小企业融资难、成本高。目前，供应链金融业务开展过程中仍存在的问题与挑战，主要有以下几点：

• 供应链上存在信息孤岛：同一供应链上企业之间的 ERP 系统并不互通，导致企业间信息割裂，全链条信息难以融汇贯通。对银行等金融机构来说，企业的信息不透明意味着风控难度增大，对企业融资与金融机构渗透都是巨大的障碍。

• 核心企业信用不能传递：信息孤岛问题导致上游供应商与核心企业的间接贸易信息不能得到证明，而传统的供应链金融工具传递核心企业信用能力有限。银承准入条件比较高，商业汇票存在信用度低的问题，导致核心企业的信用只传递到一级供应商层级，不能在整条供应链上做到跨级传递。

• 缺乏可信的贸易场景：在供应链场景下，核心企业为可信的贸易背景做背书，银行通常只服务核心企业及其一级供应商的融资需求。而供应链上的其他中小企业缺乏实力来证实自身的还款能力及贸易关系的存在，在现存的银行风控体系下，难以获得银行融资；相对地，银行也很难渗透入供应链进行获客和放款。整体来讲，可信的贸易场景只存在于核心企业及其一级供应商之间，缺乏丰富的可信贸易场景。

• 履约风险无法有效控制：供应商与买方之间、融资方和金融机构之间的支付和约定结算受限于各参与主体的契约精神和履约意愿，尤其是涉及多级供应商结算时，不确定性因素较多，存在资金挪用、恶意违约或操作风险。

• 融资难，融资贵：在目前赊销模式盛行的市场背景下，供应链上游的供应商往往存在较大资金缺口。但是，如果没有核心企业的背书，他们难以获得银行的优质贷款。而民间借贷利息成本往往很高，导致融资难、融资贵现象突出。

而通过区块链技术，可赋能供应链金融，主要从以下几个方面着手：基于加密数据的交易确权，基于存证的真实性证明，基于共享账本的信用拆解，基于智能合约的合约执行。最终，可以满足供应链上多元信息来源的相互印证与匹配，解决资金方对交易数据不信任的"痛点"。

（4）Chained Finance

2017 年 3 月，互联网金融平台点融网和富士康集团旗下金融平台富金通合作推出区块链金融平台"Chained Finance"。该方案已在富士康电子制造业供应链上成功试运行，并在线上成功发放多笔贷款。Chained Finance 首先将核心企业的应付账款转化为区块链上的线上资产 eAP，eAP 可以在各级供应商之间流通，用于支付或用于融资取现。当核心企业与一级供应商 L1 形成应付账款并写入区块链后，L1 可以任意分拆 eAP 并用于支付自己的供应商 L2，以此类推至 L3、L4 等，最终 eAP 成为区块链平台上的"商票银票"。而线上资产 eAP 通过密码学加密具有不可篡改、不可被重复支付的特性，这将有助于增进供应链上下游之间的互信；区块链的可追溯性也保证了所有交易和流通过程的透明可见。Chained Finance 目前为私有链模式，为富士康的核心企业提供相关融资服务，已经覆盖供应商 150 家，金额已达 5 亿元人民币，并且最深层服务至第五级供应商。

（5）微企链

2018 年，由腾讯与联易融（运营主体为深圳前海联易融金融服务有限公司）共同合作、运用腾讯区块链技术打造的区块链供应链金融平台"微企链"上线，腾讯将其定义为"供应链金融 + 区块链 + ABS 平台"。2018 年末，微企链在运行不到一年的时间内，已服务核心企业 71 家，接入合作银行 12 家，服务领域涵盖地产、能源、汽车、医药等，完成链上流水达百亿元级别，穿透供应商层级大概一两级；2019 年 5 月，微企链与渣打银行达成合作。

平台通过区块链连通供应链中的各方企业和金融机构，完整真实地记录资产（基于核心企业应付账款）的上链、流通、拆分和兑付。由于区块链上的数据经多方记录确认，不可篡改、不可抵赖、可以追溯，从而实现应收账款的拆分转让，并全部能够追溯至登记上链的初始资产。其中，在原始资产登记上链时，通过对供应商的应收账款进行审核校验与确权，确认贸易关系真实有效，以保证上链资产的真实可信，并实现核心企业对多级供应商的信用穿透。

以微企链与渣打银行达成的合作为例，来看具体运行方式：核心企业在收到从上游供应商采购的货物后，往往不会立即付款，这便让供应商有了具备一定账期时间的应收账款债权。供应商需要资金时，可用与核心企业之间的债权凭证提出融资请求。微企链平台利用区块链技术对该贸易背景的真实有效性进行审核，并得到核心企业将如期支付应收账款的承诺。完成后，供应商将核心企业给予的应收账款债权凭证转让给渣打银行，并得到融资资金。而渣打银行将成为相关债权新的债权方，核心企业应在账期到期时向渣打银行支付对应的货款资金。

区块链在金融领域的发展趋势

金融行业中应用区块链技术，会不断创造新的业务模式、新的应用和新的产品，从而对金融市场、金融机构、金融服务的提供方式形成更大的影响。目前存在的区块链应用已经可以解决金融业当前面临的一些“痛点”问题，尤其是身份认证、信任、资产的可信流转等问题，并能提升传统金融业务的运行效率。

目前，世界各国政府、金融界和学术界都高度关注区块链的应用发展，从目前的趋势展望看，未来区块链技术在金融业的应用具体呈现出以下几个方面的趋势：

一是各金融机构可能会逐步组建联盟，共同制定区块链技术标准。金融行业的各项业务往往需要多方参与，不仅仅是金融企业，还包括监管部门。组建联盟，并建设以区块链为底层可信基础设施的平台，有助于金融行业各参与方的数据共享和业务协作。由于区块链发展处于初级阶段，技术不够完善，监管法规也尚不明晰；金融科技公司、传统金融机构以及国家监管部门都会从自身的角度去影响区块链的应用和发展。现阶段，国内和国际上的标准化组织对金融行业区块链技术标准化的布局工作已有初步框架，以摩根大通、花旗银行为代表的商业银行连同金融科技公司共同组建了行业联盟 R3 CEV，期望在监管部门的参与下，建立符合监管要求及金融业需要的区块链分布式账本体系，制定区块链技术的行业标准，抢占市场先机。中国分布式总账基础协议联盟也希望可以结合国家政策法规、行业逻辑，开发符合政策标准和行业逻辑习惯的区块链技术底层协议。

二是各金融机构将继续重点在传统核心业务中开发区块链应用的场景。传统核心业务是各金融机构的首要创新试点，也是区块链去中心化信任能够解决关键问题的着力点；目前，各金融机构已尝试联合科技公司探索可应用于核心业务的区块链技术，且颇有成效；就目前来看，区块链的去中心化、不可篡改等特性有可能对现有金融体系的制度基础和商业模式产生较大影响。

三是应当理性、务实看待和推动区块链技术及应用的创新发展，客观认识其发展阶段及对市场的影响。区块链是当前国家政策和金融科技共同关注和积极探索的新兴技术，但由于其在起步阶段内生性的一些技术缺陷，小范围原型验证系统虽然已获得很多成果，但是否能够得到大规模应用还有待于观察，相信随着区块链以及相关的物联网、5G、人工智能技术的发展以及在金融领域的结合，将逐步形成可以适应区块链技术的大规模金融场景的应用。